雷达成像与运动船只图像重聚焦处理技术

周 鹏 编著

山东大学出版社
SHANDONG UNIVERSITY PRESS
·济南·

图书在版编目(CIP)数据

雷达成像与运动船只图像重聚焦处理技术/周鹏编著.—济南:山东大学出版社,2022.9

ISBN 978-7-5607-7608-8

Ⅰ. ①雷…　Ⅱ. ①周…　Ⅲ. ①船用雷达－逆合成孔径雷达－雷达成像－研究　Ⅳ. ①U665.22

中国版本图书馆 CIP 数据核字(2022)第 156909 号

责任编辑　宋亚卿

封面设计　王秋忆

雷达成像与运动船只图像重聚焦处理技术

LEIDA CHENGXIANG YU YUNDONG CHUANZHI TUXIANG CHONGJUJIAO CHULI JISHU

出版发行　山东大学出版社

社　　址　山东省济南市山大南路 20 号

邮政编码　250100

发行热线　(0531)88363008

经　　销　新华书店

印　　刷　济南新科印务有限公司

规　　格　720 毫米×1000 毫米　1/16

　　　　　15.25 印张　270 千字

版　　次　2022 年 9 月第 1 版

印　　次　2022 年 9 月第 1 次印刷

定　　价　56.00 元

内容简介

本书系统阐述了雷达成像与运动船只图像重聚焦处理技术的原理，为进一步研究运动船只雷达成像及识别技术奠定了理论基础。全书共分为五章，内容分别为船只目标雷达成像技术概述、合成孔径雷达（Synthetic Aperture Radar，SAR）成像原理、合成孔径雷达成像技术、逆合成孔径雷达（Inverse Synthetic Aperture Radar，ISAR）成像技术、基于 SAR/ISAR 联合处理的运动船只图像重聚焦技术。除介绍与雷达成像技术、运动船只图像重聚焦处理技术相关的理论内容外，本书还给出了关于合成孔径雷达距离多普勒算法、逆合成孔径雷达成像、基于 SAR/ISAR 联合处理的船只目标雷达成像的 MATLAB 程序，便于读者理解相关内容的原理。

本书可为从事雷达成像技术研究的技术人员提供一定的借鉴，也可作为高等学校电子信息类专业本科生及研究生学习雷达成像原理的参考用书。

前 言

国家海洋权益的维护与国家主权和国家安全息息相关，同时也是国民经济可持续发展的重要保障，因此世界各沿海国家都非常重视对领海以及专属经济区海洋权益的维护。探索船只监视监测新技术对于海洋权益维护、海洋经济发展具有重要意义。

SAR 具有全天时、全天候、大范围发现船只目标的能力，现已成为船只目标监测的重要手段之一。但 SAR 系统被设计用于对静止地物进行成像，因此直接通过 SAR 系统得到的运动船只图像通常是散焦的。SAR/ISAR 联合处理技术是近年来涌现出来的一种对运动船只 SAR 图像进行重聚焦处理的技术，其将 SAR 的大范围场景成像能力和 ISAR 的运动目标成像能力相结合，可实现大范围场景内多艘运动船只的同时清晰成像。

本书对雷达成像与运动船只图像重聚焦处理技术的原理进行了系统性的阐述。全书共分为五章：第一章为船只目标雷达成像技术概述，主要介绍船只目标探测技术的应用、利用成像雷达进行船只探测的优势、船只目标雷达成像技术的发展等；第二章介绍合成孔径雷达成像原理，包括合成孔径雷达技术的发展、合成孔径雷达技术基础、驻定相位原理和脉冲压缩技术等；第三章介绍合成孔径雷达成像技术，包括合成孔径雷达常用成像算法原理、多普勒参数估计算法原理、几何和辐射定标原理等；第四章介绍逆合成孔径雷达成像技术，包括包络对齐、平动相位补偿、时窗选取、转动相位补偿、经典成像算法、方位向定标、时频分析成像方法等；第五章介绍基于 SAR/ISAR 联合处理的运动船只图像重聚焦技术，包括分别适用于星载 SAR、机载 SAR 的基于复图像和基于回波定位的船只重聚焦算法，并给出了重聚焦处理的仿真结果和实测数据处理结果。

为便于读者理解原理，除介绍与雷达成像技术、运动船只图像重聚焦处理技术相关的理论内容外，本书还给出了关于合成孔径雷达距离多普勒算法、逆合成孔径雷达成像、基于 SAR/ISAR 联合处理的船只目标雷达成像的 MATLAB 程序。

本书由周鹏撰写，在撰写过程中，受到了中国石油大学（华东）张杰研究员、哈尔滨工业大学王勇教授的指导，在此表示感谢。另外，尹晓舜、朱燕丽、张海鑫、曹楚文、郑佳辉、李谕汝、赵家兴、马明玉、孙鑫伟、宋玉营、马潇、李肖珂、王洁雨、宋栩潮等研究生为本书的出版进行了大量的文字录入和校对等工作，在此一并表示感谢。

限于作者水平，书中难免有不足和疏漏之处，敬请同行和专家学者批评指正。来信请寄中国石油大学（华东）海洋与空间信息学院（邮编：266580），联系人：周鹏。E-mail：zhoupeng@upc.edu.cn。

编著者

2022 年 8 月

目 录

第一章　船只目标雷达成像技术概述

本章主要介绍船只目标探测技术的广泛应用，讨论利用成像雷达进行船只目标探测的优势，总结国内外利用 SAR 动目标成像、ISAR 成像、SAR/ISAR 联合处理三类技术进行船只目标成像的发展历程。

第一节　船只目标探测技术的应用

船只目标探测技术的应用非常广泛，涉及国家国防、外交、法律、海洋环境、海上安全等诸多方面，具有非常重要的意义。在海洋主权的维护方面，利用船只目标探测技术可以及时发现侵犯我国领海、专属经济区合法权益（如非法进入我国管辖海域获取水文和地质资料等重要信息、布设水下监视监听设备、进行渔业捕捞等）的他国军事船只、测量船、调查船、捕捞船等，维护国家的海洋权益。在海上行政执法方面，利用船只目标探测技术可以及时发现在休渔期进行捕鱼的渔船、未经允许跨区域进行作业的渔船等，便于执法部门及时进行行政执法。在海洋环境保护方面，利用船只目标探测技术可以发现在港口附近运输石油、危险化学品等的货运船只，以对可能出现的泄漏事故做好防范。在防范海上走私方面，利用船只目标探测技术有助于发现可能从事走私活动的可疑船只。在失事船只救助方面，利用船只目标探测技术可以帮助救助人员及时发现失事船只的位置和船只的类型，从而便于开展救助活动。在海上交通管控方面，利用船只目标探测技术可以形成船只分布态势图，从而便于海事部门对海上交通进行管理。在海洋经济活动分析方面，利用船只目标探测技术获取船只分布、船只类型等信息，同时结合大数据技术可以分析海域、海峡、海港等处船只运输的频度、密度，从而归纳出所关注地区的海洋经济活动规律。

船只目标探测技术通常包括船只的检测、跟踪、成像、分类、识别等多个环节的专门技术。船只目标成像技术在船只目标探测领域中起着非常重要的作用，清晰船只图像的生成有利于提高对船只进行分类、识别的准确度和效率。

第二节　利用成像雷达进行船只探测的优势

目前，有很多船只目标探测技术手段，应用比较广泛的有光学照相技术、红外探测技术、地波雷达技术、船载雷达技术、船舶自动识别系统（Automatic Identification System，AIS）技术、机载 SAR 技术、星载 SAR 技术等手段。光学照相技术的优点是图像的分辨率较高，成像结果非常直观，但在夜晚、天气较差等环境下无法正常使用。红外探测技术的优点是可在夜晚环境下进行成像，但其探测距离相对较小，容易受障碍物的遮挡。地波雷达技术的优点是时间分辨率较高、探测范围大，但其空间分辨率相对较低，且一般只能获得船只的位置和速度等信息。船载雷达技术的优点是船载平台可较长时间地航行，但其探测范围一般只能覆盖船只周围较小的区域。AIS 技术的优点是探测精度高，但由于船载 AIS 设备容易被人为关闭，因此在探测非合作船只时受到了较大的限制。另外，AIS 设备与岸基接收站间的有效距离一般不超过 80 km，这也限制了 AIS 技术的应用。SAR 技术的优点是可全天时、全天候地工作，成像分辨率较高，探测距离较远，覆盖范围大。综合比较各技术手段，利用 SAR 技术进行较大范围内的船只目标探测，具有成本相对较低、工作效率较高、对光照和天气不敏感等优势，且成像质量也比较好。表 1-1 对船只遥感探测的主要技术手段进行了对比。

表 1-1　船只遥感探测主要技术手段的对比

技术手段	主要优点	主要缺点
光学照相技术	成像清晰	夜晚、天气差时无法使用
红外探测技术	可用于夜晚环境	探测距离较小
地波雷达技术	宽覆盖，时间分辨率高	空间分辨率低
船载雷达技术	船载平台可长时间航行	仅覆盖船只周围

续表

技术手段	主要优点	主要缺点
AIS 技术	探测精度高	容易被人为关闭
机载 SAR 技术	全天时、全天候，机动灵活	机载平台航时短
星载 SAR 技术	全天时、全天候，宽覆盖	非实时，重访周期长

第三节　船只目标雷达成像技术的发展

一、船只目标雷达成像处理技术的分类

SAR 具有全天时、全天候、大范围发现船只目标的能力，现已成为船只目标监测的重要手段。星载 SAR 具有覆盖范围广、可全球观测等突出优点。机载 SAR 具有时效性和灵活性强、分辨率和信噪比(Signal-to-Noise Ratio, SNR)高等多方面的优点。但与对地成像不同，SAR 对海面船只成像时，成像区域静止不动的假设显然不再成立。若只采用传统的 SAR 成像算法，图像中的船只部分常会出现明显散焦，这是 SAR 技术应用于船只成像时面临的最大挑战。

对海面船只目标的成像处理而言，目前常用的成像处理技术主要包括如下三大类型：SAR 动目标成像技术、ISAR 成像技术、SAR 与 ISAR 相结合的成像处理技术。

SAR 动目标成像技术的基本思路是：不考虑船只目标的转动因素影响，只是将船只目标视为仅进行平动的地面运动目标，达到 SAR 船只成像的目的。比较典型的处理过程是：利用广义二阶楔石形变换(Keystone 变换)去除运动目标的距离多普勒(Range Doppler, RD)耦合，在距离多普勒域进行二阶相位的粗校正和高阶相位的精校正，即可获得距离校正后的船只回波信号。之后，可利用传统的成像处理方法进行处理，也可利用短时傅里叶变换(Short Time Fourier Transform, STFT)、维格纳-威利分布(Wigner-Ville Distribution, WVD)等时频分析方法精确估计多普勒参数，实现较高精度的成像。该类方法的优点是完全利用 SAR 体制成像，可用于子孔径和全孔径成像，并且适用于地面场景的动目标成像；缺点是未考虑船只转动因素对成像结果的影响，影响船

只目标的成像质量。

ISAR 成像技术常用于机载 SAR 的船只成像，其基本思路是：在设计新型机载 SAR 系统或对原有机载 SAR 系统进行改造时，增加专门的 ISAR 模式，实现单艘船只目标的 ISAR 回波采集，然后利用 ISAR 技术对运动目标成像的能力进行成像。当船只运动较平稳时，采用距离多普勒算法即可得到较好的成像质量。当船只运动不平稳时，一般应采用距离瞬时多普勒（Range Instantaneous Doppler，RID）算法进行成像。为实现目标回波的采集，需要采用专门的技术手段保证能在成像时间内获知船只所在位置的信息，以便让雷达波束的照射范围覆盖目标。通常让波束的照射范围相对较小，以提高信噪比并降低数据率。对于合作船只，常可通过在雷达平台上安装 AIS 接收机的方法，接收船只 AIS 设备发出的位置信息，从而控制雷达波束的照射范围。对于非合作船只，通常要求机载雷达同时具备实时海面动目标检测的能力，发现疑似目标后由操作员触发转入 ISAR 模式。对于单通道 SAR，当工作在 ISAR 模式时，一次只能对一个目标进行成像。因此，该方法一般用于对单个特定目标进行成像。这里的特定目标通常是某合作船只或者通过海上移动目标指示器（Maritime Moving Target Indicator，MMTI）等手段发现的某非合作船只。

SAR 与 ISAR 相结合的成像技术的基本思路是：先利用 SAR 对大范围场景进行成像的能力得到场景图像，然后对场景中的多艘船只分别进行重聚焦处理。大致的处理流程为：先对 SAR 回波数据采用传统的 SAR 成像算法进行成像，接下来利用船只检测的方法在 SAR 图像中提取各船只所在区域的若干子图像，然后对每幅船只子图像进行逆变换得到虚拟 ISAR 回波，最后对虚拟 ISAR 回波进行 ISAR 处理得到各艘船只的清晰图像。

二、利用 SAR 动目标成像技术进行船只成像的发展

弗雷曼（A. Freeman）于 1984 年分析了运动目标的频谱与静止地杂波频谱的不同之处，并提出了前置滤波法，可以对运动目标进行检测和成像[1]。该方法实用快捷，能够在多普勒域上进行操作，但它无法检测慢速目标，同时又要求雷达要有高脉冲重复频率（Pulse Repetition Frequency，PRF）。为了克服上述方法的缺点，1989 年，巴巴罗萨（S. Barbarossa）提出了一种多普勒速率滤波法[2]。遗憾的是，该方法依然存在两个缺点：一是散焦和走动超过一个距离单元的动目标会被对消掉，二是如果目标的运动速度很快将会引起漏警。

1990 年，巴巴罗萨和法里纳（A. Farina）提出了时频分布（Time-Frequency

Distribution,TFD),并利用 WVD 来估计运动目标的瞬时多普勒频率和多普勒参数[3],这对于后来的时频分析方法有着重要的意义。陈(H. Chen)和麦吉伦(C. D. McGillem)于 1992 年从目标距离向速度能够引起频移的角度出发,提出了一种估计目标径向速度的改进方法[4],提高了对方位向偏移目标进行重新定位的精度。1999 年,佩里(R. P. Perry)等人提出了 Keystone 变换[5],针对动目标的距离徙动校正,可以有效校正在速度未知的情况下目标的线性距离走动。

2006 年,汤立波等学者提出利用 Keystone 变换去除运动目标的距离多普勒耦合[6],在距离多普勒域完成高阶相位精校正、二阶相位粗校正,获得了距离徙动校正之后的船只回波信号。然后通过 WVD 的时频分析方法估计多普勒的相关参数,最后获得了处理后的 SAR 船只图像。但是这种 SAR 船只成像方法并没有考虑海面船只的三维转动对成像的影响,对存在三维转动的船只成像效果并不理想。

2009 年,张云等人将船只目标的 SAR 成像问题转换为基于稀疏贝叶斯学习(Sparse Bayesian Learning,SBL)的稀疏信号方面的处理问题[7]。从 SAR 回波的一维距离像中检测出船只目标,然后提取船只目标回波。将提取出来的船只目标回波进行二维成像处理,从而获得 SAR 船只图像。但是这种稀疏信号处理的方法也存在运算量庞大等局限性,难以满足实际海上船只成像的要求。

2017 年,杨传安等人提出了一种基于附加多普勒参数估计与相位补偿的成像方法[8]。该方法利用包络最小熵法校正舰船振荡或摇摆引起的距离误差,采用平滑伪维格纳-威利分布(Smoothing Pesudo-Wigner-Ville Distribution,SPWVD)时频变换方法提取时变附加多普勒参数,综合附加多普勒参数对相位误差进行补偿而获得振荡及摇摆舰船聚焦图像。

三、利用 ISAR 技术进行船只成像的发展

20 世纪 80 年代,美国海军实验室与德州仪器公司(TI)合作,成功实现了不同海情下非合作船只目标的 ISAR 成像。海洋上运动目标的外形状态信息可以在雷达上展现出来,从而方便对目标进行初步辨别以及分类。之后,许多国家开始重视雷达成像技术,并陆续对船只目标的 ISAR 成像技术展开了研究。

沃德(K. D. Ward)在 20 世纪 80 年代末给出了 ISAR 对转角小的船只目标进行成像的方法[9]。20 世纪 90 年代,许多研究学者对船只目标的运动参数估计问题进行了分析和探讨。澳大利亚的吉宾斯(D. Gibbins)等人率先开展了对船只目标运动参数的估计实验[10],但只做了一些初步的研究,未进行深入讨论。

意大利比萨大学的贝里齐(F. Berizzi)和迪亚尼(M. Diani)研究了船只目标在不同运动姿态下的 ISAR 图像,并分析了目标处于不同的运动状态时给 ISAR 图像带来的影响[11]。罗马大学的帕斯蒂纳(D. Pastina)等人完成了一些船只目标二维 ISAR 成像方面的技术研究[12]。1998 年,陈(V. C. Chen)和钱(S. Qian)将时频分析理论应用于非匀速旋转船只目标的 ISAR 成像中,从而诞生了瞬时成像的概念[13]。

近年来,船只目标 ISAR 成像技术的研究在国际上也逐步走向了实用化的道路。目前,ISAR 成像技术在大多数国家已被直接投入实际雷达设备中并得到了应用,且为各国的军事和民用事业做出了应有的贡献。同时,国际上的许多学者也提出了一些基于最优成像时间段选取算法来实现高海情下舰船目标的高分辨 ISAR 成像。例如,马托瑞拉(M. Martorella)和贝里齐提出了基于图像对比度的自适应时间窗的方法[14],哈伊杜克(G. Hajduch)等人研究了基于短时距离多普勒成像的最优成像时间段选取算法[15],李(Y. Li)等人提出了基于三次相位估计的方法用于估计对目标进行 ISAR 成像的理想成像时间[16],帕斯蒂纳等人提出了基于散射点转动参数估计的最优成像时间选取算法[17]等。

我国对于海上船只目标的 ISAR 成像的研究工作是从 21 世纪初开始的。由于海情等因素的影响,海上船只的运动形式更为复杂多样,其成像难度也相对较高。相对于飞机目标的研究,国内有关海上船只目标的 ISAR 成像的研究工作较少一些。西安电子科技大学和哈尔滨工业大学等大学于近些年开始展开对船只 ISAR 成像的研究工作并且顺利地获取了大批岸基 ISAR 实际测量的数据,而后通过这些数据成功获取了目标的成像结果。从总体上来看,现如今国内在 ISAR 相关成像理论研究和信号处理方面发展迅速,已经取得了很大的进步和成就。然而,在将理论应用到实际的 ISAR 装备方面我国还有些差距,尚有待提高。

四、利用 SAR/ISAR 联合处理技术进行船只成像的发展

沃德和波特(N. J. Porter)等学者在 20 世纪 90 年代初提出了一种扩展的极坐标格式算法(Polar Format Algorithm,PFA)[18-20]。该算法是 ISAR 和聚束式 SAR 中常用的 PFA 的发展,在成像模型中同时考虑平台和目标的运动,将平台的运动等效为雷达到目标中心的相对运动和照射角的变化,将目标的运动等效为目标中心的整体运动和目标上其他散射点相对于中心的旋转运动,对目标回波在空间频域进行处理,利用子孔径相关、对比度最优等自聚焦方法在

运动参数空间中搜索，从而得到最优图像。

达米尼(A. Damini)和凯勒(H. P. Keller)等学者在 1996 年的欧洲合成孔径雷达会议(European Conference on Synthetic Aperture Radar，EUSAR)上，介绍了在改造 AN/APS-506 机载搜索雷达的过程中，为使雷达具备对船只成像的能力而设计的技术方案和实验结果[21-23]。首先，控制雷达波束使其覆盖比 ISAR 模式下大得多的范围，从而使雷达具备同时对多艘船只成像的能力。采集到 SAR 回波后，先利用惯导数据对回波进行粗运动补偿，然后在回波中对多艘船只的子回波进行分离和提取。接下来，对各子回波进行预聚焦、距离走动校正、自聚焦、预累加、运动参数估计、ISAR 成像等一系列步骤，最终得到船只图像。考虑到成像时间内目标等效旋转矢量的大小和方向可能随时间变化，由运动参数估计模块估计出目标多普勒展宽后，根据展宽程度去控制预累加模块的累加长度因子，从而保证当检测到船只运动不平稳时减少成像累积时间。

达米尼等学者研究了 X 波段宽带试验机载雷达(XWEAR)利用 SAR/ISAR 联合处理的方法开展的船只成像实验[24]。首先，雷达工作于聚束式成像模式，收集到回波后进行距离向压缩和距离单元对齐。接下来，对多艘船只的子回波进行分离和提取。然后，在方位向利用短时傅里叶变换进行时频分析。之后，根据时频分析的结果，优化选择方位向成像时间段后利用快速傅里叶变换(Fast Fourier Transform，FFT)进行成像。

我国南京理工大学、南京电子技术研究所的李玺、李士国等学者在 20 世纪末同样利用 SAR/ISAR 联合处理的方法研究 SAR 对船只成像，获得了很好的研究成果[25-29]。李玺等提出采用子图像的多普勒展宽来估计雷达与目标之间的相对运动，并选择多普勒展宽相对平坦的数据段成像可提高成像质量。李士国等研究了利用直升机机载雷达对海上运动目标进行观测并利用 SAR/ISAR 联合处理的方法。这些实验是公开文献中见到的国内较早开展的 SAR 对船只成像的实验。

南京航空航天大学的汪玲、朱岱寅、朱兆达等学者研究了从机载 SAR 实测数据中提取船只子回波的过程，以及距离对准、相位补偿、ISAR 成像等主要处理环节[30-32]。研究发现，当海面较平静时可直接使用 FFT 成像，而当海情较高时需使用时频分析工具进行成像。他们还研究了侧视图和俯视图成像时间段的选择问题，通过选择合适的时间段，可不使用计算效率不高的时频分析工具。

西安电子科技大学的马瑜杰、李亚超、邢孟道等学者针对机载雷达对多船只目标的成像进行了研究，提出了一种 SAR/ISAR 混合成像方法[33]。该方法的基本处理过程为：首先对原始数据进行 SAR 成像处理，接着从 SAR 图像中按能量最大的准则提取单个目标的回波信息，然后对单个目标进行 ISAR 成像。

北京遥测技术研究所的高悦欣、李凉海、张振华等学者研究了该所研制的机载 SAR 对船只目标成像的处理算法及实验结果[34]。算法首先利用回波距离向高分辨率分离出单个船只目标回波，然后对单个目标回波进行包络补偿和初相粗补偿。之后，再根据时频分析结果，结合拉东变换（Radon 变换）的最大值位置，判断目标运动状态。当判断目标运动平稳时，系统自动选择 RD 算法进行成像；当判断目标运动不平稳时，系统自动选择 RID 算法[35]进行成像。能检测出目标运动的平稳性并自动选择适宜算法进行成像是该系统的特色。

北京航空航天大学的许小剑等学者研究了海面船只目标的 SAR 成像模型[36]。在对海面和目标的电磁散射计算模型、海面目标运动模型、SAR 信号生成模型、海面复反射系数模型等进行综合集成的基础上，建立了海面船只目标的 SAR 回波信号生成模型。之后，对海面船只目标的 SAR/ISAR 联合成像处理方法进行了简要综述，针对不同的海况条件开展了一系列的仿真实验，给出了仿真结果。他们认为船只在高海情下的六自由度运动使其运动特性异常复杂，采用 SAR/ISAR 联合处理是最佳处理方法。

第二章 合成孔径雷达成像原理

本章主要介绍合成孔径雷达技术的发展、合成孔径雷达技术基础、驻定相位原理、脉冲压缩技术，为进一步学习合成孔径雷达成像技术奠定基础。

第一节 合成孔径雷达技术的发展

SAR 技术自 20 世纪 50 年代诞生，至今经历了试验与机载 SAR 运行(20 世纪 50—80 年代)、单波段/单极化星载 SAR 业务运行(20 世纪 90 年代)、高分辨率/多极化/多工作模式星载 SAR 业务运行(21 世纪以来)、小卫星 SAR 组网的雏形(2020 年以来)等几个阶段[37-42]。

一、试验与机载 SAR 运行阶段(20 世纪 50—80 年代)

1951 年，美国固特异(Goodyear)公司的卡尔·威利(Carl Wiley)发明了合成孔径雷达技术，并于 1954 年申请专利“脉冲多普勒雷达算法和设备”(Pulsed Doppler Radar Methods and Apparatus)。该公司于 1952 年制造了合成孔径雷达验证系统——多普勒宽波束搜索雷达(DOpper Unbeamed SEarch Radar, DOUSER)，研发了机载试验系统，开展了世界上的首次飞行试验。之后，该公司又陆续研发了首台业务运行的 SAR、第一台 5 英尺(1 英尺＝30.48 cm)分辨率的 SAR、第一台英尺分辨率的 SAR、第一台大规模 SAR 数据处理系统。美国 SR-71 高空侦察机上所搭载的 SAR 系统也由 Goodyear 公司制造。20 世纪 50 年代，美国喷气推进实验室(Jet Propulsion Laboratory, JPL)、密歇根大学、密歇根环境研究所、圣地亚(Sandia)国家实验室等都投入到了对 SAR 技术的研发中。

1974 年，JPL 与美国国家海洋和大气管理局（National Oceanic and Atmospheric Administration，NOAA）开始探讨 SAR 搭载在卫星上进行海洋观测的可行性。1978 年 6 月，世界上首颗星载 SAR 卫星 Seasat 发射成功（Seasat 卫星的主要参数见表 2-1）。可惜的是，由于电源故障，Seasat 只工作了 105 天。但在短短的 105 天寿命中，Seasat 观测到了海浪、极地海冰、内波、涡、锋面、水下地形、暴风、降雨、风条纹等众多海洋和大气现象（图 2-1 为 Seasat 卫星获取的一幅海洋图像示例）。当时的技术存在很多限制：例如，SAR 数据只能通过模拟信号下传，星上没有存储器，且只有在过境地面站附近才能工作并下传；一幅长、宽各为 100 km 的图像需要近 20 小时才能处理完毕。

表 2-1　Seasat 卫星的主要参数

运行时间	1978 年 6 月—9 月（105 天）
轨道	倾角：108°；高度：800 km
频率	1.275 GHz
波长	23.5 cm
极化方式	HH
分辨率	距离向：25 m；方位向：25 m（4 视）
视角	20°
入射角	23°
测绘带宽	100 km
数据处理方式	光学
信号带宽	19 MHz
天线尺寸	10.74 m（方位）×2.16 m（俯仰）
峰值功率	1 kW

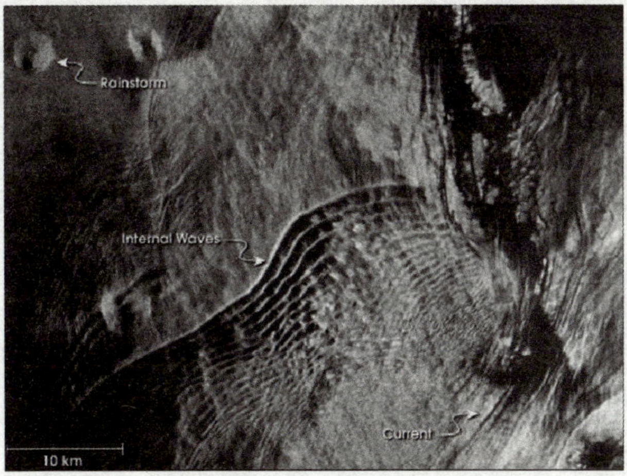

图 2-1　Seasat 卫星获取的海洋场景图像示例

1981 年和 1984 年美国分别开展了两次航天飞机 SAR 试验，搭载 SIR-A、SIR-B 两部雷达(SIR-A、SIR-B 雷达的主要参数见表 2-2)。与 Seasat 相同，这两部雷达也采用 L 波段、HH 极化。不同的是，SIR-B 采用了数字下行方式，增加了多入射角观测能力。SIR-A 共获取了 7 个半小时的数据，对 1×10^7 km^2 的地球表面进行了测绘。其中，最著名的是发现了撒哈拉沙漠下的古河道。与此同时，苏联也开始了 SAR 卫星的研制，并于 1987 年 7 月 25 日发射了载有 S 波段 SAR 的 Cosmos 1870 卫星(Cosmos 1870 卫星的主要参数见表 2-3)，该卫星工作了两年。20 世纪 70 年代末至 80 年代，SAR 主要处于试验阶段，只有美国和苏联进行了几次 SAR 卫星发射。同时，SAR 工作模式单一，尚未形成大规模应用。

表 2-2　SIR-A、SIR-B 雷达的主要参数

指标	SIR-A	SIR-B
运行时间	1981 年 11 月 12 日—14 日	1984 年 10 月 5 日—13 日
轨道	倾角:38°;高度:259 km	倾角:57°;高度:225/272/352 km
频率	1.275 GHz	1.275 GHz
波长	23.5 cm	23.5 cm
极化方式	HH	HH
分辨率	距离向:40 m;方位向:40 m(6 视)	距离向:25 m;方位向:25 m(4 视)

续表

指标	SIR-A	SIR-B
视角	47°	—(与平台高度有关)
入射角	50°	15°～60°(天线机械扫描)
测绘带宽	50 km	10～60 km
数据处理方式	光学	光学、数字
信号带宽	6 MHz	12 MHz
天线尺寸	9.4 m(方位)× 2.16 m(俯仰)	10.7 m(方位)× 2.16 m(俯仰)
峰值功率	1 kW	1 kW

表 2-3　Cosmos 1870 卫星的主要参数

运行时间	1987 年 7 月 25 日—1989 年 7 月 30 日
轨道	倾角:73°;高度:275 km
频率	3.125 GHz
波长	9.6 cm
极化方式	HH
分辨率	25～30 m
视角	28.6°～56.1°
入射角	30°～60°
测绘带宽	20 km
数据处理方式	数字
信号带宽	15 MHz
天线尺寸	15 m(方位)× 1.5 m(俯仰)
峰值功率	190 kW

二、单波段/单极化星载 SAR 业务运行(20 世纪 90 年代)

1991 年 7 月 17 日,欧洲航天局成功发射了 ERS-1 卫星,搭载 C 波段 SAR,可以获取 VV 极化数据。在 ERS-1 卫星中,增加了一种波模式成像方式,利用该模式可以每隔 200 km 获取一幅 5 km×10 km 的图像,用于全球海浪观测。ERS-1 卫星稳定工作了 10 年,获取了大量数据,极大地推动了微波遥感的发展。1995 年

4 月 21 日，欧洲航天局又发射了后继星 ERS-2。该卫星一直工作到 2011 年，远超其 7 年的设计寿命。表 2-4 给出了 ERS-1、ERS-2 卫星的主要参数。

表 2-4　ERS-1、ERS-2 卫星的主要参数

运行时间	ERS-1：1991—2000 年；ERS-2：1995—2011 年
轨道	倾角：38°；高度：259 km
频率	5.25 GHz
波长	5.7 cm
极化方式	VV
分辨率	30 m
视角	20°
入射角	23°
测绘带宽	100 km
数据处理方式	数字
信号带宽	15.5 MHz
天线尺寸	10 m(方位)× 1 m(俯仰)
峰值功率	4.8 kW

1992 年，日本发射了陆地观测卫星 JERS-1(JERS-1 卫星的主要参数见表 2-5)，其上搭载了 L 波段、HH 极化的 SAR，可提供幅宽为 75 km、分辨率为 18 m 的图像。1994 年 4 月和 10 月，美国“奋进”号航天飞机两次搭载 SIR-C/X-SAR 进行飞行试验(SIR-C/X-SAR 卫星的主要参数见表 2-6)。该项目由美国国家航空航天局(National Aeronautics and Space Administration，NASA)、德国宇航局、意大利宇航局合作，美国提供 C、L 两个波段的全极化 SAR，德国和意大利合作提供单极化 X 波段 SAR。SIR-C/X-SAR 的飞行，是世界上首次在太空同时获取多波段、多极化的 SAR 数据，奠定了未来多极化、高分辨率星载 SAR 的基础。2000 年 2 月，美国和德国合作开展了航天飞机雷达地形测量任务(Shuttle Radar Topography Mission，SRTM)。在 11 天的飞行时间内，利用两个波段(X 和 C)的 SAR，采用双天线干涉的方式，测量了 60°N～56°S 之间 80%的陆地高程。历时两年多完成了数据处理，空间分辨率可达 30 m，高程精度可达 16 m。

表 2-5 JERS-1 卫星的主要参数

运行时间	1992 年 2 月 11 日—1998 年 10 月 11 日
轨道	倾角：98°；高度：570 km
频率	1.275 GHz
波长	23.5 cm
极化方式	HH
分辨率	距离向：18 m；方位向：18 m(3 视)
视角	32°
入射角	35.21°
测绘带宽	75 km
数据处理方式	数字
信号带宽	15 MHz
天线尺寸	11.9 m (方位)× 2.2 m(俯仰)
峰值功率	1.5 kW

表 2-6 SIR-C/X-SAR 卫星的主要参数

发射时间	1994 年 4 月和 10 月
轨道	倾角：57°；高度：225 km
频率	1.25 GHz、5.3 GHz、9.6 GHz
波长	24 cm、5.6 cm、3.125 cm
极化方式	HH/VV/VH/HV(SIR-C)，VV(X-SAR)
分辨率	距离向：25 m/13 m；方位向：30 m(4 视)(L 和 C 波段) 距离向：20 m/10 m；方位向：25 m(4 视)(X 波段)
视角	19.3°～52.3°
入射角	20°～55°
测绘带宽	15～90 km(L 和 C 波段)、15～40 km(X 波段)
数据处理方式	数字
信号带宽	10 MHz、20 MHz、40 MHz

续表

天线尺寸	12.0 m(方位)× 2.95 m(俯仰)(L 波段) 12.0 m(方位)× 0.7 m(俯仰)(C 波段) 12.0 m (方位)× 0.4 m(俯仰)(X 波段)
峰值功率	4.4 kW(L 波段)、1.2 kW(C 波段)、1.4 kW(X 波段)

1995 年 11 月 4 日，加拿大发射了首颗商业化 SAR 卫星 Radarsat-1，SAR 是该星搭载的唯一传感器(Radarsat-1 卫星的主要参数见表 2-7)。Radarsat-1 工作于 C 波段、HH 极化。Radarsat-1 能提供 7 种不同入射角的波束模式，具有分辨率达 10 m 的精细模式、30 m 的标准模式、50～100 m 的扫描模式。Radarsat-1 实现了世界上首次将扫描模式应用于卫星，测绘带宽可达 500 km，非常适用于海洋的大范围观测。图 2-2 对 Radarsat-1 卫星的主要工作模式进行了示意。表 2-8 对 Radarsat-1 卫星主要工作模式的参数进行了比较。

表 2-7　Radarsat-1 卫星的主要参数

运行时间	1995 年 11 月 4 日—2013 年 5 月 9 日
轨道	倾角：98.6°；高度：793 km
频率	5.3 GHz
波长	5.6 cm
极化方式	HH
分辨率	8～100 m
视角	8.9°～49.7°
入射角	10°～59°
测绘带宽	50～500 km
数据处理方式	数字
信号带宽	11.6 MHz、17.3 MHz、30 MHz
天线尺寸	15 m(方位)×1 m(俯仰)
峰值功率	5 kW

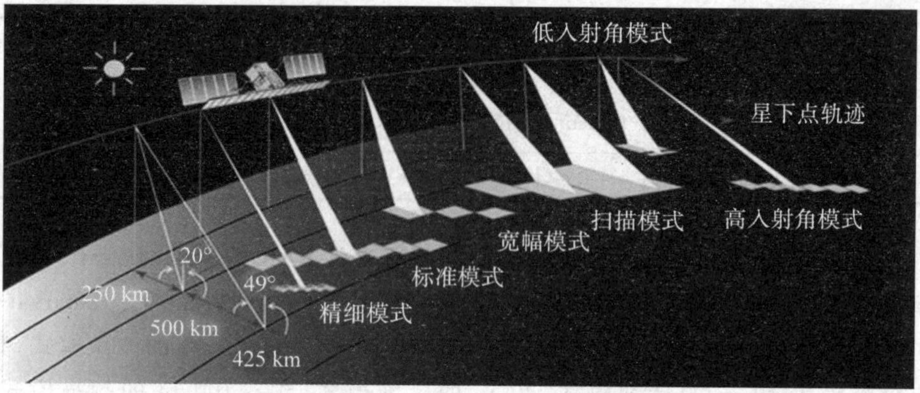

图 2-2　Radarsat-1 卫星的工作模式示意图

表 2-8　Radarsat-1 卫星主要工作模式对应的参数

工作模式	波束位置	入射角/(°)	分辨率/m	每景范围/(km×km)
精细模式	F1～F5	37～48	8	50×50
标准模式	S1～S7	20～49	30	100×100
宽模式	W1～W3	20～45	30	150×150
窄扫描模式	SN1	20～40	50	300×300
窄扫描模式	SN2	31～46	50	300×300
宽扫描模式	SW1	20～49	100	500×500
高入射角模式	H1～H6	49～59	25	75×75
低入射角模式	L1	10～23	35	170×170

三、高分辨率/多极化/多工作模式星载 SAR 业务运行(21 世纪以来)

2002 年,欧洲航天局在 ERS-1、ERS-2 卫星成功运行的基础上又发射了 Envisat 卫星,所搭载的 SAR 改称为 ASAR,与 ERS-1、ERS-2 卫星一样选用了 C 波段。Envisat 卫星增加了扫描模式,能获取幅宽达 400 km、分辨率为 150 m 的图像。Envisat 卫星还增加了交替极化模式,可同时获取两种极化(HH/VV 或 HH/HV 或 VV/VH)的 SAR 数据。另外,Envisat 卫星还增加了全球观测模式,分辨率为1000 m、幅宽为 400 km。Envisat 卫星的波束增加到 7 种,从而可以方便地获取不同入射角的图像。表 2-9 给出了 Envisat 卫星的主要参数。

表 2-9 Envisat 卫星的主要参数

运行时间	2002 年 3 月 1 日—2012 年 4 月 8 日
轨道	倾角:98°;高度:800 km
频率	5.331 GHz
波长	5.6 cm
极化方式	VV 或 HH 或 HH/VV 或 HH/HV 或 VV/VH
分辨率	10 m、30 m、150 m、1000 m
视角	13.3°～38.9°
入射角	15°～45°
测绘宽带	5～400 km
数据处理方式	数字
信号带宽	16 MHz
天线尺寸	10 m (方位)× 1.3 m(俯仰)
峰值功率	1.4 kW
工作模式	成像模式、交替极化模式、宽幅模式、全球观测模式、波模式

2006 年 1 月 24 日,日本发射了先进陆地观测卫星 ALOS-1,其搭载的传感器 PALSAR 可以获取全极化图像。为较好地观测森林和地震,PALSAR 选用了 L 波段。表 2-10 给出了 ALOS-1 卫星的主要参数。

表 2-10 ALOS-1 卫星的主要参数

运行时间	2006 年 1 月 24 日—2011 年 4 月 22 日
轨道	倾角:98.16°;高度:691.65 km
频率	1.27 GHz
波长	23.6 cm
极化方式	HH 或 VV 或 HH/HV 或 VV/VH 或 HH/HV/VV/VH
分辨率	7～100 m
视角	8.7°～44.3°
入射角	9.7°～50.8°
测绘带宽	30～350 km
数据处理方式	数字

续表

信号带宽	14 MHz、28 MHz
天线尺寸	8.9 m (方位)× 3.1 m(俯仰)
峰值功率	2 kW
工作模式	高分辨率模式、扫描模式、全极化模式

2007 年，国际上一系列具有高分辨率、全极化能力的 SAR 卫星相继发射，SAR 自此进入高分辨率时代。

2007 年 6 月 8 日，意大利军民合用的 COSMO-SkyMed 星座的第一颗卫星发射成功。COSMO-SkyMed 星座由四颗卫星组成，每颗卫星都搭载了 X 波段 SAR，具有聚束(1 m 分辨率)、条带(3～15 m 分辨率)、扫描(幅宽为 100～200 km、分辨率为 30～100 m)三种成像模式。COSMO-SkyMed 星座的其他卫星分别于 2007—2010 年发射成功，四颗卫星处于一个轨道面，相位间距为 90°，重访能力强(赤道地区的重访周期约 6.5 小时)，干涉能力强(每 16 天 4 次重复获取干涉数据)。表 2-11 给出了 COSMO-SkyMed 卫星的主要参数。

表 2-11　COSMO-SkyMed 卫星的主要参数

发射时间	第一颗:2007 年 6 月 8 日;第二颗:2007 年 12 月 8 日;第三颗:2008 年 10 月 24 日;第四颗:2010 年 11 月 5 日
轨道	倾角:97.86°;高度:619.6 km
频率	9.65 GHz
波长	3.11 cm
极化方式	单极化、双极化可选
分辨率	1～100 m
入射角	25°～51°
测绘带宽	10～200 km
数据处理方式	数字
信号带宽	8.86～400 MHz
天线尺寸	5.75 m(方位)×1.5 m(俯仰)
单星轨道重复周期	16 天
工作模式	条带模式、聚束模式、扫描模式

2007 年 6 月 15 日，德国的 TerraSAR-X 卫星发射成功。该卫星工作于 X 波段，同样具有条带、聚束、扫描三种成像模式，最高分辨率也为 1 m。2010 年 6 月21 日，TerraSAR-X 的姊妹星 TanDEM-X 发射成功。两颗卫星搭载同样的 SAR，运行在同一轨道上，相距 300～500 m，构成了干涉卫星星座，主要进行全球陆地高程高精度测量（WorldDEM）。2015—2016 年间，TerraSAR-X/TanDEM-X 完成了全球数字高程模型（Digital Elevation Model，DEM）数据的测量，空间分辨率为 10 m×10 m，绝对和相对测高精度分别为 10 m 和 2 m，绝对和相对水平定位精度分别为 10 m 和 3 m，其数据覆盖度及精度均优于 SRTM 产品。表 2-12 给出了 TerraSAR-X/TanDEM-X 卫星的主要参数。图 2-3 对 TerraSAR-X 卫星的主要工作模式进行了示意。

表 2-12　TerraSAR-X/TanDEM-X 卫星的主要参数

发射时间	TerraSAR-X：2007 年 6 月 15 日；TanDEM-X：2010 年 6 月 21 日
轨道	倾角：97.44°；高度：514.8 km
频率	9.65 GHz
波长	3.11 cm
极化方式	单极化、双极化、全极化可选
分辨率	1～16 m
入射角	20°～55°
测绘带宽	15～100 km
数据处理方式	数字
信号带宽	5～300 MHz、150 MHz（标称）、300 MHz（实验）
天线尺寸	4.784 m（方位）× 0.704 m（俯仰），左右视
单星轨道重复周期	11 天
工作模式	条带模式、聚束模式、扫描模式

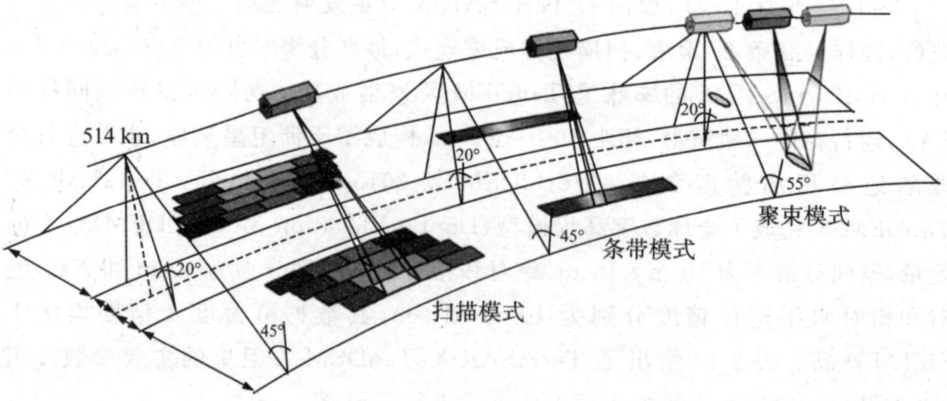

图 2-3 TerraSAR-X 卫星的工作模式示意图

2007 年 12 月 14 日，Radarsat-1 卫星的升级版 Radarsat-2 发射成功。该卫星增加了全极化模式，最高分辨率可达 1 m。表 2-13 给出了 Radarsat-2 卫星的主要参数。图 2-4 对 Radarsat-2 卫星的主要工作模式进行了示意。

表 2-13 Radarsat-2 卫星的主要参数

发射时间	2007 年 12 月 14 日
轨道	倾角：98.6°；高度：798 km。和 Radarsat-1 轨道相同，比 Radarsat-1 滞后 30 分钟
频率	5.405 GHz
波长	5.6 cm
极化方式	单极化、双极化、全极化可选
分辨率	1～100 m
入射角	20°～60°
测绘带宽	20～500 km
数据处理方式	数字
信号带宽	11.58～100 MHz
天线尺寸	15 m (方位)× 1.37 m(俯仰)，左右视
单星轨道重复周期	24 天

续表

工作模式	聚束模式、超精细模式、多视精细模式、全极化精细模式、全极化标准模式、精细模式、标准模式、宽幅模式、窄扫描模式、宽扫描模式、高入射角模式、低入射角模式等

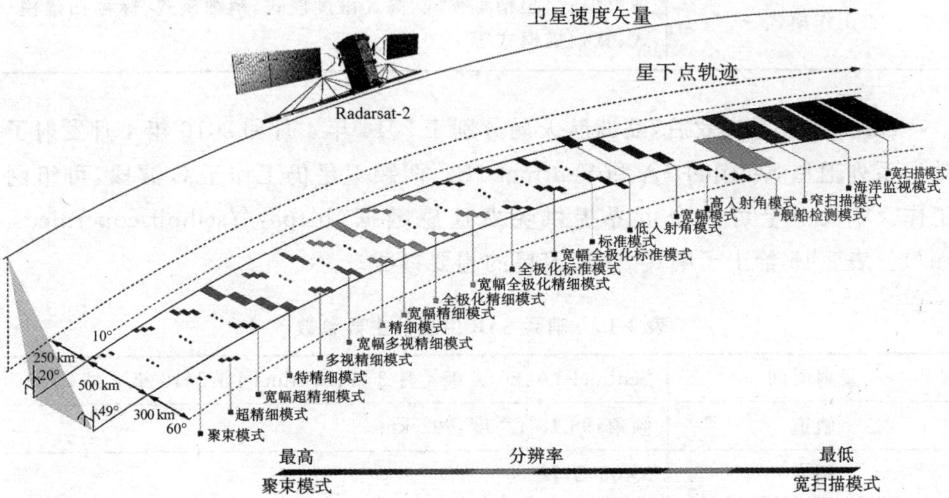

图 2-4　Radarsat-2 卫星的工作模式示意图

2014 年 5 月 24 日，日本的 ALOS-2 卫星发射成功。其是 ALOS-1 的后继星，仍工作于 L 波段。与 ALOS-1 相比，该卫星的观测范围提高了 3 倍，增加了多种观测模式，最高分辨率为 1 m。表 2-14 给出了 ALOS-2 卫星的主要参数。

表 2-14　ALOS-2 卫星的主要参数

发射时间	2014 年 5 月 24 日
轨道	倾角：97.9°；高度：628 km
频率	1.2 GHz
波长	25 cm
极化方式	单极化、双极化、全极化可选，紧缩极化（试验）
分辨率	1～100 m
入射角	20°～60°
测绘带宽	25～490 km

续表

数据处理方式	数字
信号带宽	14～84 MHz
天线尺寸	9.9 m(方位)×2.9 m(俯仰),左右视
单星轨道重复周期	14 天
工作模式	聚束模式、超精细模式、高灵敏度模式、精细模式、标称扫描模式、宽扫描模式等

Envisat 卫星失效后,欧洲航天局分别于 2014 年 4 月和 2016 年 4 月发射了哨兵系列卫星 Sentinel-1A 和 Sentinel-1B。两颗卫星仍工作于 C 波段,可组网工作。哨兵卫星可向全世界提供免费遥感数据(https://scihub.copernicus.eu/)。表 2-15 给出了哨兵 SAR 卫星的主要参数。

表 2-15 哨兵 SAR 卫星的主要参数

发射时间	Sentinel-1A:2014 年 4 月 3 日;Sentinel-1B:2016 年 4 月 25 日
轨道	倾角:98.18°;高度:693 km
频率	5.405 GHz
波长	5.5 cm
极化方式	单极化、双极化可选
分辨率	5～40 m
入射角	20°～46°
测绘带宽	20～400 km
数据处理方式	数字
信号带宽	≤100 MHz
天线尺寸	12.3 m(方位)×0.821 m(俯仰)
轨道重复周期	单颗 12 天、两颗 6 天
工作模式	条带模式、干涉宽视场模式、超宽视场模式、波模式

2016 年 8 月 10 日,中国成功发射高分三号卫星。该卫星工作于 C 波段,陆海观测兼用,最高分辨率为 1 m,工作模式达 12 种。表 2-16 给出了高分三号卫星的主要参数。高分三号卫星具有高分辨率、大成像幅宽、多成像模式、长寿命运行等特点,主要技术指标达到或超过国际同类卫星水平。

表 2-16　高分三号卫星的主要参数

发射时间	2016 年 8 月 10 日
轨道	倾角:98.4°;高度:755 km
频率	5.405 GHz
波长	5.5 cm
极化方式	单极化、双极化、全极化可选
分辨率	1～500 m
入射角	10°～60°
测绘带宽	10～650 km
数据处理方式	数字
信号带宽	≤240 MHz
天线尺寸	15 m(方位)×1.5 m(俯仰),左右视
峰值功率	15 kW
工作模式	聚束模式、超精细条带模式、精细条带 1 模式、精细条带 2 模式、标准条带模式、窄扫描模式、宽扫描模式、全极化条带 1 模式、全极化条带 2 模式、波模式、全球观测模式、扩展入射角模式

四、小卫星 SAR 组网的雏形(2020 年以来)

星载 SAR 具有全天时、全天候、高分辨率、宽视场等优点,但目前的星载 SAR 仍存在如下不足:

(1)目前的 SAR 卫星大都工作在高度为 500～1000 km 的低地球轨道,在这种轨道高度条件下,SAR 高方位分辨率对高脉冲重复频率的要求,与宽测绘带成像对低脉冲重复频率的要求形成矛盾,使得高方位分辨率与宽测绘带成像无法同时满足,从而导致 SAR 重访周期相对较长,无法满足对热点区域的高频率或者应急观测需求。

(2)前视或后视时的多普勒带宽太窄,导致单星 SAR 一般仅能进行侧视成像,无法进行前视或后视成像。

(3)对于单星 SAR 的干涉测量应用,单平台单次航过方式受平台尺寸限制不能提供理想的基线长度,单平台多次航过方式受"时间去相关"影响严重。

(4)单星 SAR 一般仅能通过层析成像的方式实现三维成像,要求成像场景必须为静止场景且成像周期很长。

近年来，世界主要航天大国非常重视 SAR 卫星组网观测技术的发展，已建成了多个中大型 SAR 卫星星座系统（如德国的 SAR-Lupe 雷达卫星星座、欧洲航天局的 Sentinel-1A 与 Sentinel-1B SAR 卫星星座、加拿大的 Radarsat 星座等），一些商业公司也加入 SAR 小卫星星座的研发与应用队伍中（如芬兰的 ICEYE 卫星星座等）。SAR 卫星组网观测技术系统的出现，大幅提高了时间分辨率，可有效解决单星 SAR 在重访周期上的不足，而且具有宽场景、高分辨率、多角度观测等方面的优势。

目前发展的 SAR 卫星组网和编队观测系统主要由中大型卫星构成，存在着研制周期长、系统造价昂贵、网络中卫星数量相对较少等不足。随着航天技术的进步，尤其是轻型相控阵天线技术、集成电路技术、固态电子器件技术和高效太阳能电池及蓄电池技术的发展，在保证性能的同时，SAR 卫星的体积和质量都大大降低，微小型化成为 SAR 卫星的主要发展潮流。发展 SAR 小卫星组网观测系统可降低系统的研制、发射和运营成本，在投资相同的情况下可显著扩充网络中卫星的数量，同时便于优化调度卫星资源或及时补发卫星应对重大突发事件，是目前 SAR 卫星组网观测的主要发展趋势。

近年来，美国的卡佩拉太空公司（Capella Space）、本影实验室（Umbra Lab）公司和捕食 SAR 公司（PredaSAR），芬兰的冰眼（ICEYE）公司，日本的地球成像（Synspective）公司等都发布了商业 SAR 小卫星星座计划。其中，Capella Space 公司规划在 2020—2023 年间部署由 36 颗小卫星 SAR 构成的星座，实现全球任意地区的最大 1 小时重访，图像最高分辨率为 0.5 m，截至 2022 年 8 月已有 8 颗卫星在轨，卫星平均质量为 100 kg；Capella Space 公司为降低 SAR 图像的价格，提高 SAR 卫星对应急事件的响应时间，在发射多颗 SAR 小卫星的基础上，同时与卫星通信公司进行合作实现了 SAR 卫星网与通信卫星网的有效互联，从而大大降低了高分辨率 SAR 图像的价格（与光学遥感图像的价格相当），大大缩短了用户响应时间（从下订单到获取图像的周期小于 30 分钟）。ICEYE 公司自 2018 年 1 月 12 日发射了世界上第一颗 100 kg 以下的 SAR 小卫星——ICEYE-X1 起，截至 2022 年 8 月已成功发射 21 颗雷达卫星，图像分辨率最高可达 0.25 m，较好地形成了小型雷达卫星的星座组网和商业化运营服务能力。日本 Synspective 公司计划于 2022 年建成由 6 颗小卫星组成的微型 SAR 卫星星座，在 2030 年前建成由 25 颗卫星组成的微型 SAR 卫星星座，最终的目标是建立一个由 100 颗微型 SAR 卫星组成的星座，从而实现高频次地获取全球 SAR 影像。

国内，天仪研究院（SpaceTY）和智星空间等公司也发布了 SAR 小卫星星座发展规划，SpaceTY 已于 2020 年 12 月 22 日发射了我国第一颗商业 SAR 小卫星"海丝一号"，整星质量小于 185 kg，方位向最高分辨率为 1 m。2021 年 9 月，中国电子科技集团有限公司发布了"天仙星座"计划，规划建设由 96 颗 SAR 小卫星构成的星座。2022 年 2 月 27 日，"天仙星座"的首发星"巢湖一号"成功发射。

第二节　合成孔径雷达技术的基础

一、合成孔径雷达的产生

对于实孔径雷达成像，其方位分辨率 $\rho_{\mathrm{az,\ real}}$ 为

$$\rho_{\mathrm{az,\ real}} = R \cdot \frac{\lambda}{l_{\mathrm{a}}} \tag{2-1}$$

式中，R 为雷达与目标间的距离；λ 为信号波长；l_{a} 为方位向天线尺寸。这里以机载 SAR 的典型参数进行估算。设 $R=5\ \mathrm{km}$，$\lambda=0.03\ \mathrm{m}$，若希望取得米级的方位分辨率，则可以计算得出 $l_{\mathrm{a}}=150\ \mathrm{m}$。显然在飞机平台上安装如此大尺寸的天线是不现实的。

1951 年，美国 Goodyear 公司的 Carl Wiley 提出利用运动平台的运动形成虚拟的长孔径天线，这标志着合成孔径技术的诞生。通过发射大带宽信号，结合脉冲压缩技术，可在距离向形成高分辨率。利用合成孔径技术，可在方位向形成高分辨率。因此，合成孔径技术的诞生促使雷达在测距、测角、测速、搜索、跟踪等基本功能的基础上扩充了成像功能。

二、微波图像的特点

利用雷达发射微波信号，对回波信号进行处理后形成的图像即为微波图像。相比于光学图像而言，微波图像具有以下特点：

（1）微波图像是二维场景后向散射系数的反演，反映场景中不同类型地物微波散射特性的差异，无色彩信息。

（2）雷达具有全天时、全天候的优点。

（3）微波成像的范围一般更大、穿透性强。

（4）微波图像也存在着一些不足，包括相干斑效应影响图像效果，不如光学图像直观，存在阴影、叠掩、透视收缩等几何失真现象。

三、SAR 平台的类型

一般而言,SAR 应搭载于运动平台上,目前主要有星载 SAR、机载 SAR、弹载 SAR、地球同步轨道 SAR、临近空间飞艇 SAR 等几种类型。表 2-17 对上述几种类型平台的特点进行了比较。相对而言,星载 SAR、机载 SAR 和弹载 SAR 技术的发展更成熟一些。截至目前,世界上还没有在轨的地球同步轨道 SAR 卫星,飞艇 SAR 也还主要处在试验阶段。

表 2-17　常见 SAR 平台类型的特点

平台类型	典型高度/km	典型速度/(m/s)	特点
低轨道卫星	500～1000	6000～8000	全球覆盖,重访时间长
飞机或无人机	3～20	100～300	机动灵活,覆盖范围小
导弹	—	200～1200	体积小,精度要求高
地球同步轨道卫星	36000	3000	覆盖范围大,重访时间短
临近空间飞艇	20～30	5～30	可较长时间地进行定点观测

四、SAR 的应用示例

由于具有全天时、全天候的高分辨率成像能力,SAR 无论是在战场侦察、目标识别、对地攻击、武器制导等军事应用中,还是在灾情侦测、农业普查、海洋观测、地形测绘等民事应用中,都有着非常广泛的应用。例如:利用 SAR,可以在不利天气条件下及时地侦测地震、洪水等造成的灾害情况,便于抗灾部门实施救灾措施;利用 SAR,可以进行大范围的农业和林业普查,从而大大节约人力调查成本;利用 SAR,可以探测海上的舰船、溢油、海冰、石油平台、海岛等目标,也可以监测海面风场、海浪、海流、内波等海洋动力参数,还可以利用监测的海洋动力参数结合数值预报模式进行风、浪、流等参数的预报;利用干涉 SAR,可高精度地测量数字高程模型、地表形变、海流流速等信息;利用弹载 SAR,通过将实时生成的图像与打击目标区域的地图进行匹配,可大大提高命中目标的精度。

五、SAR 的工作频段

表 2-18 给出了 SAR 常使用的工作频段。其中,微波频段的频率最为常用。

随着器件技术的进步，毫米波、太赫兹频段的雷达也逐渐受到人们的重视。

表 2-18　SAR 常使用的工作频段

频段	频率范围	应用示例
X	8～12.5 GHz	TerraSAR-X、TanDEM-X、COSMO-SkyMed
C	4～8 GHz	Radarsat-1、Radarsat-2、Envisat、高分三号
S	2～4 GHz	Cosmos 1870
L	1～2 GHz	Seasat、ALOS-1、ALOS-2
P	0.3～1 GHz	Airsar
Ka	26.5～40 GHz	MISAR(无人机载 SAR)
Ku	12.5～18 GHz	阿帕奇直升机 AN/AGP-78
太赫兹	0.1～10 THz	人体扫描安检雷达

频率低的信号具有较大的波长，能够穿透许多物体，如厚厚的云层，还容易实现大功率发射，从而作用距离较远；频率高的信号波长较短，能够实现精细观察，多用于高分辨率成像。当选择雷达的工作频段时，主要考虑雷达的用途。例如：要绘制大范围的地图，常选择 L 波段；要区分出建筑物，常选择 X 波段；要穿透植被，常选择 P 波段；对海洋进行观测时，常选择 C 波段。

六、SAR 常用的工作模式

SAR 常用的工作模式包括条带式、聚束式、扫描式、滑动聚束式等。图 2-5 对几种常用的工作模式进行了示意。

如图 2-5(a)所示，对于条带模式，SAR 平台在飞行过程中其天线指向始终保持不变。当天线指向与平台飞行方向相垂直时，即为正侧视成像；当天线指向与平台飞行方向的夹角为锐角或钝角时，即为斜视成像。在条带模式中，随着平台的飞行，地面的测绘条带相应地向前扩展。条带模式一般为最常用的 SAR 工作模式。

如图 2-5(b)所示，对于聚束模式，SAR 平台在飞行过程中其天线始终指向地面某个固定区域。通过天线指向的变化，地面目标的合成孔径时间明显变长，因此可获得高分辨率图像，这是聚束模式的最大优点。但聚束模式的覆盖区域较小，且一般不能连续成像，这是聚束模式的不足。

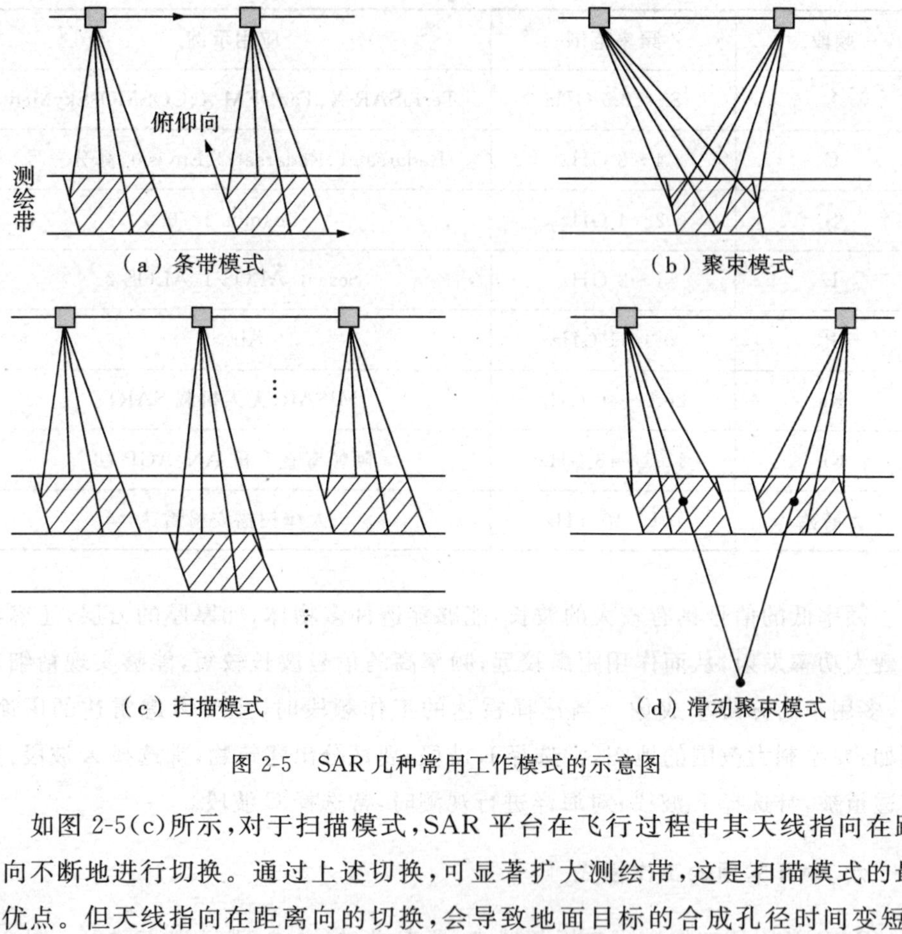

（a）条带模式

（b）聚束模式

（c）扫描模式

（d）滑动聚束模式

图 2-5　SAR 几种常用工作模式的示意图

如图 2-5(c)所示，对于扫描模式，SAR 平台在飞行过程中其天线指向在距离向不断地进行切换。通过上述切换，可显著扩大测绘带，这是扫描模式的最大优点。但天线指向在距离向的切换，会导致地面目标的合成孔径时间变短，从而造成扫描模式的方位分辨率较低，这是扫描模式的不足。

如图 2-5(d)所示，对于滑动聚束模式，SAR 平台在飞行过程中其天线始终指向地面以下某个固定点。该固定点距离地面的深度是可以调节的。当该固定点设置于地面时，工作模式转化为聚束模式；当该固定点设置于地面以下无穷远处时，工作模式转化为条带模式。因此，条带模式和聚束模式均可被视为滑动聚束模式的特例。滑动聚束模式的优点是灵活性较强，可以通过调节固定点距离地面的深度，在方位向测绘带宽和方位向分辨率间进行折中。

七、SAR 的主要技术指标

(一)距离分辨率和地距分辨率

距离分辨率又称“斜距分辨率”，是指在斜距方向上恰好能区分开两个目标时目标间的距离。如图 2-6 所示，R_1、R_2分别为目标 1 和目标 2 与雷达间的距离，T_r为脉冲宽度，PRI 为脉冲重复间隔(Pulse Repetition Interval)。显然，当目标 2 回波脉冲的前沿与目标 1 回波脉冲的后沿相重合时，两个目标处于临界分辨的状态。因此，容易推算得出距离分辨率 ρ_r的计算公式为

$$\rho_r = \frac{cT_r}{2} \tag{2-2}$$

式中，c 为光速。

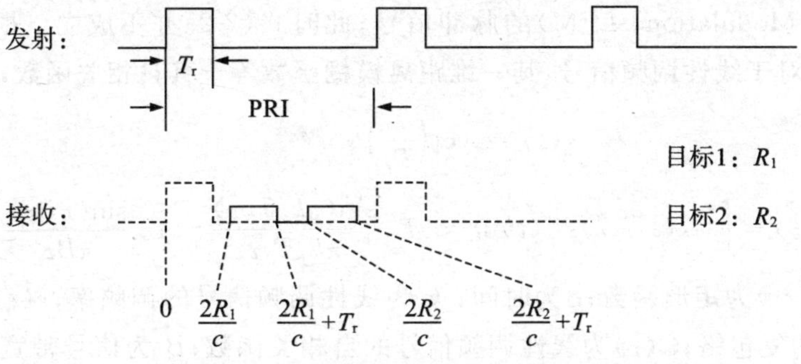

图 2-6　距离分辨率的计算示意图

对于传统的 SAR 成像而言，其所生成的图像是地面场景在斜距方向的投影。如图 2-7 所示，距离分辨率 ρ_r与地距分辨率 ρ_g间的关系为

$$\rho_g = \frac{\rho_r}{\sin\theta} \tag{2-3}$$

式中，θ 为天线视角(即入射角)。由该式可知，地距分辨率不仅与雷达参数有关，还与雷达和目标间的几何关系有关。显然，入射角越小，地距分辨率越差。极端情况下，当入射角为零时，地距分辨率为无穷大。

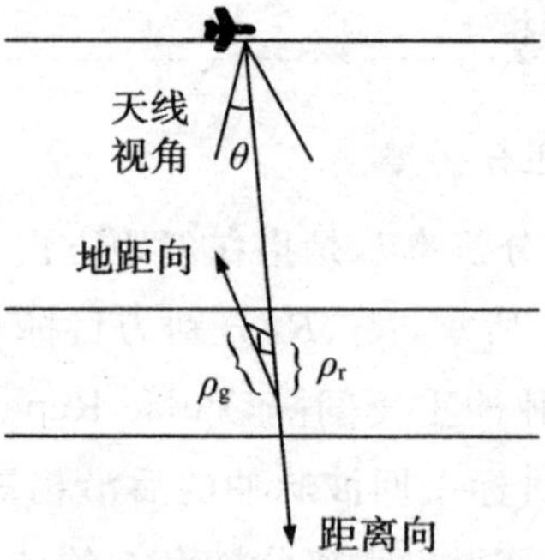

图 2-7　距离分辨率与地距分辨率间的关系

需要说明的是，式(2-2)成立的前提条件是雷达发射的信号为载频固定的脉冲信号。而对于 SAR 而言，多数情况下雷达发射的信号为线性调频(Linear Frequency Modulation，LFM)的脉冲信号，此时式(2-2)并不成立。根据模糊函数理论，对于线性调频信号，其一维距离模糊函数等于其自相关函数，即有

$$s(t)=\mathrm{rect}\left(\frac{t}{T_r}\right)\cdot \mathrm{e}^{\mathrm{j}\pi k_r t^2} \tag{2-4}$$

$$C(\tau)=\int_{-\infty}^{\infty}s(t+\tau)s^*(t)\mathrm{d}t\approx T_r\frac{\sin(\pi k_r T_r\tau)}{\pi k_r T_r\tau}=T_r\frac{\sin(\pi B\tau)}{\pi B\tau} \tag{2-5}$$

式中，rect(·)为矩形函数；t 为时间；k_r为线性调频信号的调频率；$s(t)$为线性调频信号的复包络；$C(\tau)$为线性调频信号的自相关函数；B 为信号带宽；τ 为两个目标的延迟时间差。根据式(2-5)，当两个目标的延迟时间差 τ 等于信号带宽 B 的倒数时，两个目标恰好能分辨开。因此，可将式(2-2)修正为

$$\rho_r=\frac{c}{2B} \tag{2-6}$$

需要指出的是，对于固定载频的脉冲信号，其带宽 B 等于脉冲宽度 T_r的倒数。因此，式(2-2)可看作式(2-6)的特例。

(二)合成孔径时间

合成孔径时间是指 SAR 方位向波束扫过地面某目标点的时间。如图 2-8 所示，在条带模式下，合成孔径时间应为方位向波束在地面的投影长度与平台速度之比，即有

$$T_{\mathrm{int}}=\frac{R\cdot\lambda/l_a}{v} \tag{2-7}$$

式中，T_{int}为条带模式的合成孔径时间；v 为平台速度。

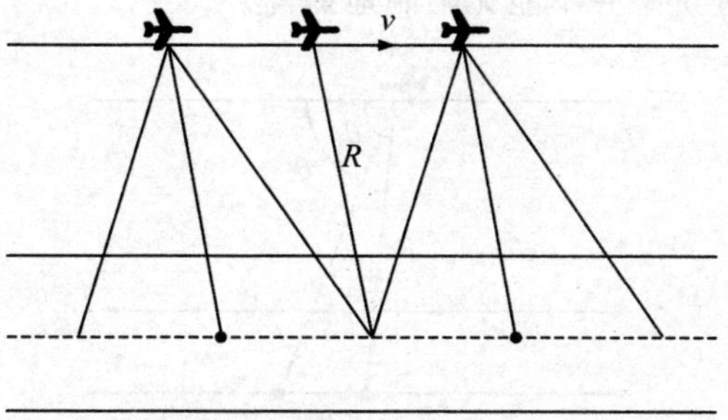

图 2-8　条带模式下合成孔径时间的计算示意图

需要指出的是，在不同的工作模式下，合成孔径时间的计算公式也是不同的。在相关参数的值都相等的前提下，聚束模式的合成孔径时间长于条带模式的合成孔径时间，扫描模式的合成孔径时间短于条带模式的合成孔径时间。

（三）方位分辨率

方位分辨率是指在方位向能区分开两个目标时目标间的距离。如图 2-9 所示，θ_1 和 θ_2 为方位向上相距 ρ_a 的两个目标对应的斜视角，R 为雷达与目标间的距离，为简便起见，设 $\theta_1=90°$，则两个目标对应的多普勒频率分别为

$$f_{d1}=\frac{2v}{\lambda}\cos\theta_1=0 \tag{2-8}$$

$$f_{d2}=\frac{2v}{\lambda}\cos\theta_2\approx\frac{2v}{\lambda}\cos\left(90°-\frac{\rho_a}{R}\right)\approx\frac{2v}{\lambda}\sin\left(\frac{\rho_a}{R}\right)\approx\frac{2v}{\lambda}\cdot\frac{\rho_a}{R} \tag{2-9}$$

根据式(2-7)，条带模式下的多普勒分辨率 Δf_d 为

$$\Delta f_d=\frac{1}{T_{int}}=\frac{v}{R\cdot\lambda/l_a} \tag{2-10}$$

显然有

$$\Delta f_d=\frac{v}{R\cdot\lambda/l_a}=f_{d2}-f_{d1}=\frac{2v}{\lambda}\cdot\frac{\rho_a}{R} \tag{2-11}$$

经化简后可得，条带模式下的方位分辨率 ρ_a 为

$$\rho_a=\frac{l_a}{2} \tag{2-12}$$

将式(2-12)与式(2-1)对比可知，SAR 条带模式下的方位分辨率与目标距离、波长无关，且与方位向天线尺寸成正比。因此，可利用运动平台上的小尺寸天线，通过平台运动合成长虚拟孔径后获得高分辨率图像。另外，尽管方位向天线尺寸越小，方位分辨率越高，但方位向天线尺寸过小时回波信号的信噪比将不满

足要求，因此方位分辨率并不能无限制地提高。

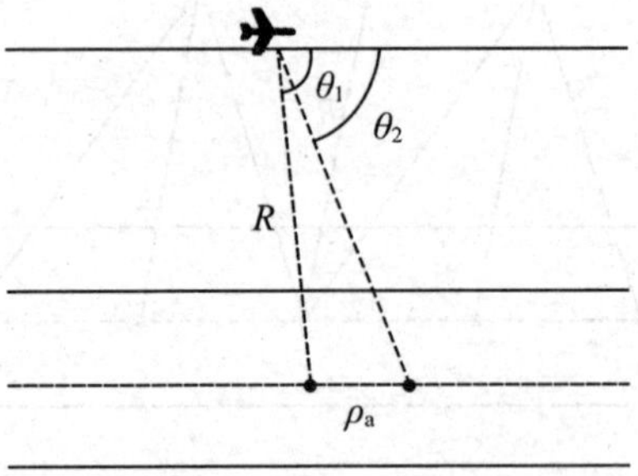

图 2-9　条带模式下方位分辨率的计算示意图

需要指出的是，方位分辨率的值与合成孔径时间的长度密切相关，因此不同工作模式下方位分辨率的计算公式也不相同。在相关参数的值都相等的前提下，聚束模式的方位分辨率优于条带模式的方位分辨率，扫描模式的方位分辨率差于条带模式的方位分辨率。

（四）多普勒带宽

多普勒带宽是指点目标多普勒频率最大值与最小值之间的差。如图 2-10 所示，对于条带模式，有

$$f_{d,\max}=\frac{2}{\lambda}v\cos\theta=\frac{2}{\lambda}v\sin(90^{\circ}-\theta)\approx\frac{2}{\lambda}v\cdot\frac{\lambda/l_a}{2}=\frac{v}{l_a} \tag{2-13}$$

$$f_{d,\min}=-\frac{2}{\lambda}v\cos\theta=-\frac{2}{\lambda}v\sin(90^{\circ}-\theta)\approx-\frac{2}{\lambda}v\cdot\frac{\lambda/l_a}{2}=-\frac{v}{l_a} \tag{2-14}$$

$$B_d=f_{d,\max}-f_{d,\min}=\frac{2v}{l_a} \tag{2-15}$$

式中，$f_{d,\max}$和 $f_{d,\min}$分别为多普勒频率的最大值和最小值；B_d为多普勒带宽。

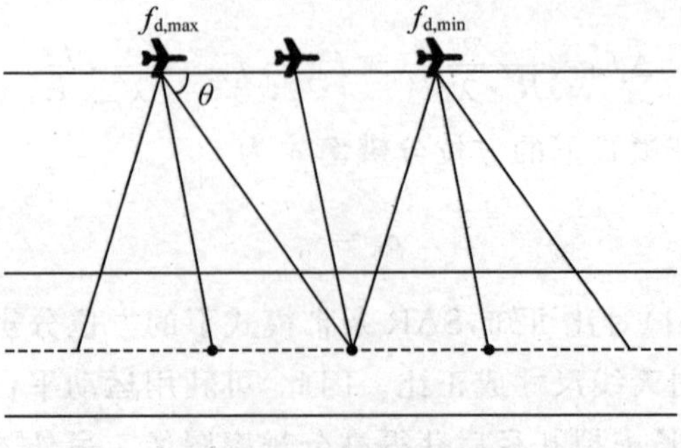

图 2-10　条带模式下多普勒带宽的计算示意图

需要指出的是，多普勒带宽的值也与合成孔径时间的长度密切相关，因此不同工作模式下多普勒带宽的计算公式也不相同。在相关参数的值都相等的前提下，聚束模式下的多普勒带宽大于条带模式下的多普勒带宽，扫描模式下的多普勒带宽小于条带模式下的多普勒带宽。

（五）辐射分辨率

辐射分辨率也称“灰度级分辨率”，是衡量雷达图像质量的重要指标之一，表示雷达系统区分相近的散射系数的能力。

合成孔径雷达系统是一种相干成像系统，存在相干斑效应。图 2-11(a)为某植被茂密地区的光学图像，图 2-11(b)为该地区的 SAR 图像。从图中可以看出，对于均匀场景，SAR 图像上存在着明暗相间的斑点，这些斑点即为相干斑。

（a）某植被茂密地区的光学图像

（b）某植被茂密地区的SAR图像

图 2-11　SAR 相干斑现象的示意图

雷达图像中固有的相干斑会影响图像的灰度分辨，造成图像识别困难。辐射分辨率作为相干斑减少的一种度量，定义为均匀场景 SAR 图像中各像素强度的均方误差与均值之比。

（六）测绘带

SAR 系统的测绘带是指俯仰向测绘区域的长度。如图 2-12 所示，R 为雷达与目标间的距离，θ_f 为测绘带远端对应的入射角，W_g 为测绘带宽度。显然有

$$W_g = \frac{R\lambda}{l_r \cos\theta_f} \tag{2-16}$$

式中，l_r 为俯仰向天线尺寸。

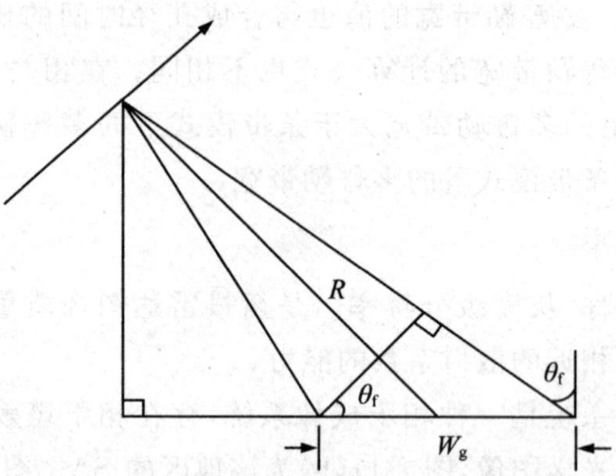

图 2-12　测绘带的计算示意图

系统的测绘带越宽,为保证测绘带近端回波和远端回波处于一个脉冲重复间隔内,要求脉冲重复间隔越长。当脉冲重复间隔越长时,对应的脉冲重复频率越小,可能小于多普勒带宽,不利于 SAR 系统的高方位分辨率成像。因此,对于传统 SAR 体制而言,测绘带与方位分辨率二者相互矛盾,无法实现高分宽幅成像。若要实现高分宽幅成像,必须设计新的 SAR 成像体制。

(七)距离模糊比

距离模糊是指距离向上主波束以外的地物对主波束以内传播时间相差整数倍脉冲重复间隔的地物造成的干扰。如图 2-13 所示,在测绘带以内的第 i 个距离单元,将对应的雷达与目标间的距离记为 R_{i0},入射角记为 θ_{i0},与俯仰向波束中心线间的夹角记为 φ_{i0},将在测绘带以外、对应的雷达和目标间的距离与 R_{i0} 相差最大不模糊距离 j 倍的距离单元称为第 i 个距离单元的第 j 个模糊区。显然有

$$R_{ij}=R_{i0}+j\cdot\left(\frac{c}{2}\cdot \mathrm{PRI}\right),\quad j=\cdots,-3,-2,-1,1,2,3,\cdots \tag{2-17}$$

距离模糊比(Range Ambiguity to Signal Ratio,RASR)的定义为

$$\mathrm{RASR}=\frac{\sum\limits_{i=1}^{N}S_{ai}}{\sum\limits_{i=1}^{N}S_{i}} \tag{2-18}$$

式中,i 为测绘带内距离单元的序号;N 为测绘带内距离单元的个数;S_{ai} 为第 i

个距离单元对应的模糊信号功率；S_i 为第 i 个距离单元对应的有用信号功率。同时有

$$S_i = \frac{G_{i0}^2}{R_{i0}^3 \sin \theta_{i0}} \tag{2-19}$$

$$S_{ai} = \sum_{j=-n_1}^{n_2} \frac{G_{ij}^2}{R_{ij}^3 \sin \theta_{ij}}, \quad j \neq 0 \tag{2-20}$$

$$G_{ij} = \left[\frac{\sin\left(\pi \cdot \frac{l_r}{\lambda} \cdot \varphi_{ij}\right)}{\pi \cdot \frac{l_r}{\lambda} \cdot \varphi_{ij}} \right]^2 \tag{2-21}$$

式中，n_1 和 n_2 分别为最近和最远模糊区的序号；θ_{ij} 为第 i 个距离单元第 j 个模糊区对应的入射角；φ_{ij} 为第 i 个距离单元第 j 个模糊区和雷达的连线与天线波束中心间的夹角。

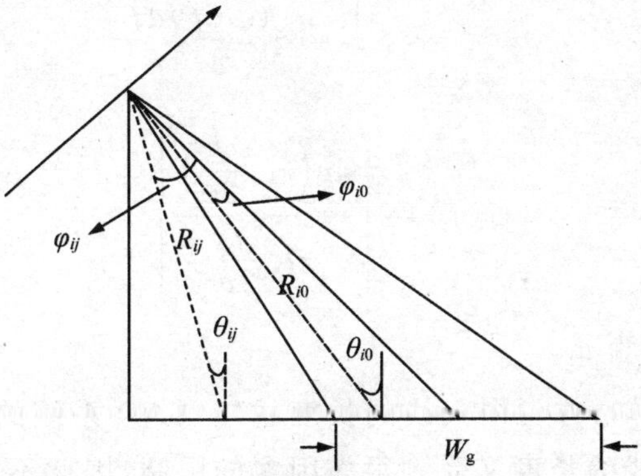

图 2-13　距离模糊比的计算示意图

（八）方位模糊比

方位模糊是指在多普勒频域主波束以外的地物对主波束以内频率相差整数倍 PRF 的地物造成的干扰。如图 2-14 所示，在方位向主波束以内且与波束中心线间的夹角为 θ 处的多普勒频率为 f、天线增益为 $G(f)$，方位向主波束左、右边缘对应的多普勒频率分别为 $-\text{PRF}/2$、$\text{PRF}/2$，在方位向主波束以外某处对应的多普勒频率为 $f+m\text{PRF}$。由于方位向信号做 FFT 后的频率范围为 $(-\text{PRF}/2, \text{PRF}/2)$，因此多普勒频率为 $f+m\text{PRF}$ 的信号将与多普勒频率为 f 的信号在频域发生混叠，产生方位模糊现象。

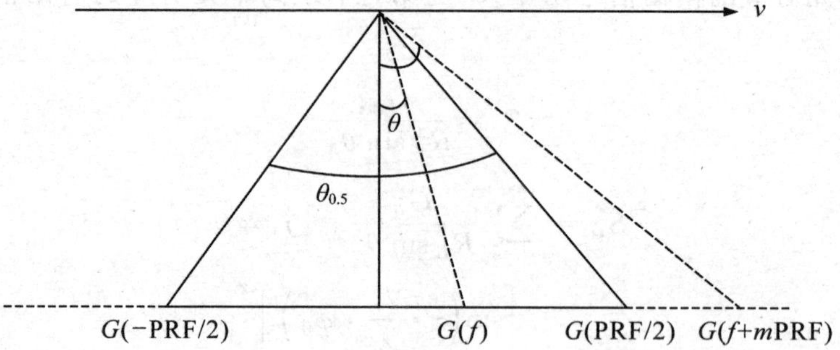

图 2-14　方位模糊比的计算示意图

方位模糊比(Azimuth Ambiguity to Signal Ratio,AASR)的定义为

$$\mathrm{AASR} \approx \frac{\sum\limits_{\substack{m=-\infty \\ m \neq 0}}^{\infty} \int_{-\mathrm{PRF}/2}^{\mathrm{PRF}/2} G^2(f + m \cdot \mathrm{PRF}) \mathrm{d}f}{\int_{-\mathrm{PRF}/2}^{\mathrm{PRF}/2} G^2(f) \mathrm{d}f} \tag{2-22}$$

其中

$$G(f) = \left[\frac{\sin\left(\pi l_{\mathrm{a}} \dfrac{f}{2v}\right)}{\pi l_{\mathrm{a}} \dfrac{f}{2v}} \right]^2 \tag{2-23}$$

(九)最小天线面积

由式(2-12)可知,方位向天线的长度越短,SAR 系统的方位分辨率越高。但同时,方位向天线的长度又受到很多因素的限制,因此不能过短。以条带模式为例,SAR 系统有最小天线面积的限制。若希望方位分辨率高,方位向天线长度短,则距离向天线长度必须很长,这将造成测绘带显著减小且天线可能难以在平台上安装。

场景的近距和远距所对应的延迟时间的差应在脉冲重复间隔之内,否则将造成前一脉冲的远距回波与后一脉冲的近距回波混叠的情况。图 2-15 对上述现象进行了示意,图中 t_{n}、t_{f}分别表示近距、远距回波对应的延迟时间。显然,当t_{f}与 t_{n}之差大于脉冲重复间隔时,将造成前一脉冲的远距回波与后一脉冲的近距回波混叠的情况。因此,根据图 2-12,应保证

$$\frac{2W_{\mathrm{g}} \sin\theta_{\mathrm{f}}}{c} \leqslant \mathrm{PRI} \tag{2-24}$$

将式(2-16)代入式(2-24)可得

$$\frac{2[R\lambda/(l_r\cos\theta_f)]\sin\theta_f}{c}\leqslant \mathrm{PRI} \tag{2-25}$$

对式(2-25)进行转换，可得

$$l_r\geqslant\frac{2\lambda R\tan\theta_f\cdot \mathrm{PRF}}{c} \tag{2-26}$$

SAR 系统的脉冲重复频率应不低于目标的多普勒带宽，因此有

$$\mathrm{PRF}\geqslant B_d=\frac{2v}{l_a} \tag{2-27}$$

经转换后，可得

$$l_a\geqslant\frac{2v}{\mathrm{PRF}} \tag{2-28}$$

将式(2-26)与式(2-28)相乘，约掉 PRF 后可得天线最小面积 $A_{\min}$ 为

$$A_{\min}=\frac{4\lambda Rv\tan\theta_f}{c} \tag{2-29}$$

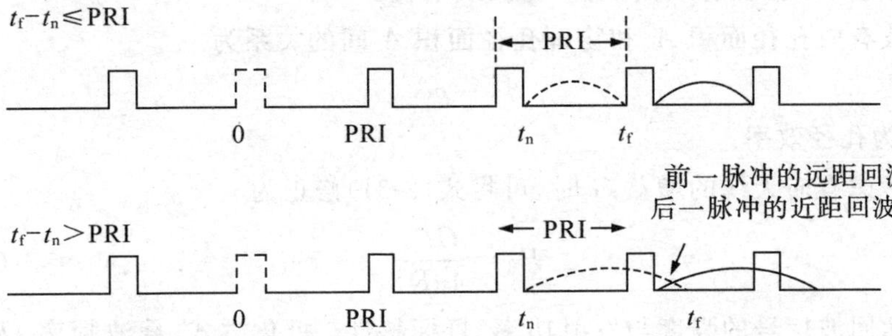

图 2-15　近距和远距回波时间差应小于脉冲重复间隔的示意图

需要说明的是，式(2-29)只适用于条带模式，对于其他工作模式并不适用。

(十)数据率

星载 SAR 目前一般不具备星上实时数据处理能力，需通过数据下传天线将原始数据下传到地面站后进行数据处理。显然，星载 SAR 系统的数据率不能超出数据传输系统的通信速率上限。SAR 系统数据率 f_D 的计算公式为

$$f_D=(2\times N\times Q+N_{\mathrm{head}})\times \mathrm{PRF} \tag{2-30}$$

式中，N 为一个脉冲重复间隔内同相支路或正交支路的采样点个数；Q 为每个采样点的量化位数；N_{head} 为每个脉冲重复间隔内头数据(包括平台速度、姿态角等)的位数。

（十一）归一化等效噪声系数

雷达最基本的功能就是发现目标并测定目标的距离。雷达的作用距离是雷达的重要性能指标之一，它决定了雷达能在多远距离上发现目标。具体而言，雷达方程的作用是在已知发射机功率、天线增益、目标后向散射系数等参数的前提下，估算雷达的作用距离。

假设雷达天线为全向天线，辐射球面波，则有

$$P_d = \frac{P_t}{4\pi R^2} \tag{2-31}$$

式中，P_t为发射脉冲的峰值功率；R 为雷达与目标间的距离；P_d为目标处的入射功率密度。

实际雷达天线通常为有向天线，且有

$$A_e = \frac{G\lambda^2}{4\pi} \tag{2-32}$$

式中，A_e为天线孔径有效面积；G 为天线增益。

天线有效孔径面积 A_e和物理孔径面积 A 间的关系为

$$A_e = \rho A \tag{2-33}$$

式中，ρ 为孔径效率。

当考虑有向天线的增益 G 时，可将式(2-31)修正为

$$P_d = \frac{GP_t}{4\pi R^2} \tag{2-34}$$

雷达回波信号的强度与发射功率、目标特性、极化方式、载波频率、入射角等多种因素有关。目标特性通常又包括材料、形状、体积、粗糙度等。目标的雷达截面积(Radar Cross Section，RCS)，又常被称为“后向散射系数”，通常用 σ 表示，定义为

$$\sigma = \frac{P}{P_d} \tag{2-35}$$

式中，P 为目标处的后向散射功率。

显然，雷达接收机收到的信号功率为

$$P_r = \frac{P_d \cdot \sigma}{4\pi R^2} \cdot A_e = \frac{\frac{P_t G}{4\pi R^2} \cdot \sigma}{4\pi R^2} \cdot A_e = \frac{P_t G\sigma}{(4\pi R^2)^2} \cdot A_e \tag{2-36}$$

根据 A_e和 G 间的关系，可将式(2-36)转换为

$$P_r = \frac{P_t G\sigma}{(4\pi R^2)^2} \cdot \frac{G\lambda^2}{4\pi} = \frac{P_t G^2 \lambda^2 \sigma}{(4\pi)^3 R^4} \tag{2-37}$$

用 S_{imin} 表示雷达可检测到的最小信号功率(即接收机灵敏度),则有

$$R_{max}=\left[\frac{P_t G^2 \lambda^2 \sigma}{(4\pi)^3 S_{imin}}\right]^{\frac{1}{4}} \tag{2-38}$$

式(2-38)即为通用雷达方程,利用该方程可估算雷达的作用距离。

实际雷达接收的信号都含有噪声,通常有

$$N_i = kT_0 B \tag{2-39}$$

式中,N_i 为接收机输入端的噪声功率;k 为玻尔兹曼常数($k \approx 1.380649 \times 10^{-23}$ J/K);T_0 为常数 290 K;B 为信号带宽。

雷达接收机的噪声系数 F 的定义为

$$F=\frac{(\mathrm{SNR})_i}{(\mathrm{SNR})_o}=\frac{S_i/N_i}{S_o/N_o} \tag{2-40}$$

式中,$(\mathrm{SNR})_i$、$(\mathrm{SNR})_o$ 分别为接收机输入端和输出端的信噪比;S_i 为接收机输入端的信号功率;S_o 为接收机输出端的信号功率;N_o 为接收机输出端的噪声功率。经变换后,可得

$$S_{imin} = kT_0 BF\,(\mathrm{SNR})_{omin} \tag{2-41}$$

将式(2-41)代入式(2-38),同时引入系统损耗因子 L_1,可得另一种形式的雷达方程:

$$R_{max}=\left[\frac{P_t G^2 \lambda^2 \sigma}{(4\pi)^3 kT_0 BFL_1\,(\mathrm{SNR})_{omin}}\right]^{\frac{1}{4}} \tag{2-42}$$

对式(2-42)进行变换,可得某距离处的接收机输出端信噪比为

$$(\mathrm{SNR})_o=\frac{P_t G^2 \lambda^2 \sigma}{(4\pi)^3 kT_0 BFL_1 R^4} \tag{2-43}$$

需要说明的是,式(2-43)只是单脉冲条件下的信噪比。对于 SAR 而言,经过距离向和方位向脉冲压缩后,信噪比会显著增强。由于压缩前的脉冲宽度为 T_r,压缩后的脉冲宽度为带宽 B 的倒数,因此距离向压缩过程中的信噪比增益为 BT_r,方位向压缩后的信噪比增益为合成孔径时间除以脉冲重复间隔。因此,根据式(2-7),同时将后向散射系数 σ 替换为归一化后向散射系数 σ^0 与地距分辨率 ρ_g、方位分辨率 ρ_a 三者的乘积,可得

$$(\mathrm{SNR})_o=\frac{P_t G^2 \lambda^2 (\sigma^0 \rho_a \rho_g)}{(4\pi)^3 kT_0 BFL_1 R^4}\cdot(BT_r)\cdot\frac{R\lambda/(l_a v)}{\mathrm{PRI}} \tag{2-44}$$

对式(2-44)进行化简后,可得条带模式下的 SAR 方程为

$$(\mathrm{SNR})_o=\frac{P_{av} G^2 \lambda^3 \sigma^0 \rho_r}{2\,(4\pi)^3 kT_0 FL_1 R^3 v \sin\theta} \tag{2-45}$$

式中，P_{av}为雷达信号的平均功率。

设置式(2-45)的左端为1，将对应的σ^0记为$NE\sigma^0$，可得

$$NE\sigma^0=\frac{2(4\pi)^3R^3v(kT_0FL_1)\sin\theta}{P_{av}G^2\lambda^3\rho_r} \tag{2-46}$$

将$NE\sigma^0$称为"归一化等效噪声系数"，其物理含义是若某地物的归一化后向散射系数等于$NE\sigma^0$，则一个图像分辨单元大小的该地物(该地物的实际大小可能大于一个图像分辨单元)对应的回波功率与噪声功率相等。

(十二)峰值旁瓣比和积分旁瓣比

在理想成像系统中，单一像素的能量应全部来自地面某一分辨单元，而任何实际雷达都不能完全避免能量向临近单元泄漏。能量泄漏的原因包括不适当的采样及处理器失配等。一般常采用旁瓣比衡量能量向临近单元的泄漏程度。

峰值旁瓣比(Peak Side Lobe Ratio，PSLR)的定义为最强旁瓣与主瓣的最大值之比，计算公式为

$$PSLR=10\lg\frac{\max\limits_{\substack{|x|>\rho_r\\|y|>\rho_a}}[A(x,y)]}{\max\limits_{\substack{|x|<\rho_r\\|y|<\rho_a}}[A(x,y)]} \tag{2-47}$$

式中，x和y分别代表距离向和方位向。PSLR的值决定了强目标掩盖其附近的弱目标的程度。可采用加窗(汉明窗、凯塞窗、汉宁窗)等方法增加PSLR。

积分旁瓣比(Integration Side Lobe Ratio，ISLR)的定义为旁瓣的积分值与主瓣的积分值之比，计算公式为

$$ISLR=10\lg\frac{\int_{-10\rho_r\text{或}-10\rho_a}^{10\rho_r\text{或}10\rho_a}A(x,y)\mathrm{d}x\text{ 或 }\mathrm{d}y-\int_{-\rho_r\text{或}-\rho_a}^{\rho_r\text{或}\rho_a}A(x,y)\mathrm{d}x\text{ 或 }\mathrm{d}y}{\int_{-\rho_r\text{或}-\rho_a}^{\rho_r\text{或}\rho_a}A(x,y)\mathrm{d}x\text{ 或 }\mathrm{d}y} \tag{2-48}$$

ISLR的值决定了一个局部较暗的区域被周围明亮区域的能量泄漏淹没的程度。通常也采用加窗的方法增加ISLR。

八、SAR的回波模型

在SAR的回波接收、成像处理过程中，涉及三个空间和两个模型，分别是

目标空间、信号空间、图像空间和回波模型、成像模型。图 2-16 对上述三个空间和两个模型的关系进行了示意。

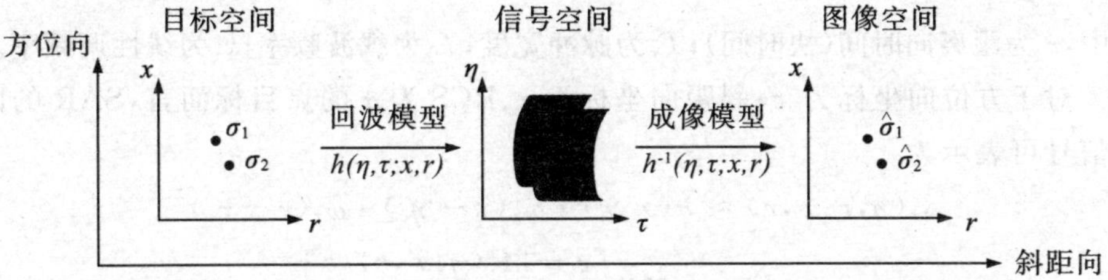

图 2-16　SAR 的三个空间和两个模型示意图

目标空间描述了成像场景的信息，包括散射点的几何位置分布、散射强度分布等。信号空间描述了回波信号的幅度和相位信息。图像空间描述了利用成像算法对回波信号进行处理后所反演出的图像信息。通过评估反演散射点的几何分布和散射强度分布与目标空间内相应分布的吻合程度，可评价 SAR 图像的质量。

如图 2-16 所示，由于发射脉冲具有一定的宽度以及方位向的合成孔径效应，目标空间内相距较近的散射点在信号空间内发生了严重的混叠。SAR 的回波模型描述了目标空间与信号空间之间的关系。为了从信号空间反演得出 SAR 图像，需建立成像模型并设计相应的成像算法，实现散射点几何分布和散射强度分布的高精度反演。图 2-17 直观地反映了 SAR 回波与 SAR 图像间的巨大差异。图 2-17(a)为 SAR 回波的示例，用肉眼观察与噪声类似。图 2-17(b)为利用成像算法对 SAR 回波进行处理后生成的图像，人们进行观察后可获得丰富的视觉信息。

(a) SAR回波示例　　(b) SAR图像示例

图 2-17　SAR 回波与 SAR 图像的示意图

设一个脉冲内 SAR 的发射信号为

$$s(\tau)=\mathrm{rect}\left(\frac{\tau}{T_{\mathrm{r}}}\right)\cos(2\pi f_0\tau+\pi k_{\mathrm{r}}\tau^2),\quad -\frac{T_{\mathrm{r}}}{2}\leqslant\tau\leqslant\frac{T_{\mathrm{r}}}{2} \tag{2-49}$$

式中，τ 为距离向时间(快时间)；T_{r}为脉冲宽度；f_0为载波频率；k_{r}为线性调频率。

对于方位向坐标为 x、斜距向坐标为 r、RCS 为 σ 的点目标而言，SAR 的回波信号可表示为

$$\begin{aligned}s_{\mathrm{r}}(\eta,\tau;x,r)\approx&\ \sigma(x,r)\cdot\omega_{\mathrm{a}}(\eta-\eta_{\mathrm{c}})\cdot\omega_{\mathrm{r}}(\tau-\tau_{\mathrm{c}})\\&\cdot\mathrm{rect}\left[\frac{\tau-2R(\eta;x,r)/c}{T_{\mathrm{r}}}\right]\\&\cdot\cos\{2\pi f_0[\tau-2R(\eta;x,r)/c]\\&+\pi k_{\mathrm{r}}[\tau-2R(\eta;x,r)/c]^2\}\end{aligned} \tag{2-50}$$

式中，η 为方位向时间(慢时间)；ω_{a} 和 ω_{r} 分别为方位向、距离向天线方向图函数；η_{c} 为目标的合成孔径中心时刻；τ_{c} 为场景中心对应的距离向双程传输时延；$R(\eta;x,r)$为雷达与点目标间随慢时间变化的距离。需要说明的是，式(2-50)是在“停-走-停”模型下得出的。这里的“停-走-停”模型是指假设 SAR 平台以“跳跃”的方式进行运动，在一个 PRI 内平台的位置保持不变。上述模型的精度在多数情况下都是可以接受的，但对于地球同步轨道 SAR、超高分辨率 SAR 等场合并不适用，这些情况下需采用更复杂的模型。

经过正交解调后，回波信号的表达式为

$$\begin{aligned}s'_{\mathrm{r}}(\eta,\tau;x,r)\approx&\ \sigma(x,r)\cdot\omega_{\mathrm{a}}(\eta-\eta_{\mathrm{c}})\cdot\omega_{\mathrm{r}}(\tau-\tau_{\mathrm{c}})\\&\cdot\mathrm{rect}\left[\frac{\tau-2R(\eta;x,r)/c}{T_{\mathrm{r}}}\right]\\&\cdot\exp\{-\mathrm{j}4\pi f_0R(\eta;x,r)/c\\&+\mathrm{j}\pi k_{\mathrm{r}}[\tau-2R(\eta;x,r)/c]^2\}\end{aligned} \tag{2-51}$$

设置点目标的 RCS 等于 1，可得 SAR 系统的冲激响应为

$$\begin{aligned}h(\eta,\tau;x,r)\approx&\ \omega_{\mathrm{a}}(\eta-\eta_{\mathrm{c}})\cdot\omega_{\mathrm{r}}(\tau-\tau_{\mathrm{c}})\\&\cdot\mathrm{rect}\left[\frac{\tau-2R(\eta;x,r)/c}{T_{\mathrm{r}}}\right]\\&\cdot\exp\{-\mathrm{j}4\pi f_0R(\eta;x,r)/c\\&+\mathrm{j}\pi k_{\mathrm{r}}[\tau-2R(\eta;x,r)/c]^2\}\end{aligned} \tag{2-52}$$

考虑成像场景由众多点目标组成，同时考虑噪声的影响，可得 SAR 系统的回波信号为

$$s'_{\mathrm{r}}(\eta,\tau)=\sum_x\sum_r[\sigma(x,r)\cdot h(\eta,\tau;x,r)]+n(\eta,\tau) \tag{2-53}$$

根据式(2-53)，SAR 的成像处理是在噪声背景下通过处理回波反演 $\sigma(x,r)$ 的过程，其难点在于冲激响应 $h(\eta,\tau;x,r)$ 会随点目标位置的不同而发生变化。

第三节　驻定相位原理

一、驻定相位原理的内容

驻定相位原理是利用解析方法对 SAR 信号进行频谱分析时常用的数学工具，可用于解决类似于 $\int_{t_1}^{t_2} u(t)\cos[V(t)]\,\mathrm{d}t$ 形式积分的近似计算问题。在该积分式中，$u(t)$ 和 $V(t)$ 均为缓慢变化的信号，且变化范围比 2π 大很多。该原理的结论为

$$\int_{t_1}^{t_2} u(t)\cos[V(t)]\mathrm{d}t \approx \int_{t_\mathrm{k}-\Delta}^{t_\mathrm{k}+\Delta} u(t)\cos[V(t)]\mathrm{d}t \tag{2-54}$$

式中，t_k 为驻定相位时刻；Δ 为一个宽度很窄的小区间的长度。其中，$V(t)$ 在驻定相位时刻的导数为零，即

$$\left.\frac{\mathrm{d}V(t)}{\mathrm{d}t}\right|_{t=t_\mathrm{k}} = 0 \tag{2-55}$$

二、将驻定相位原理应用于调频信号的计算

设窄带调频信号的表达式为

$$u(t) = a(t)\mathrm{e}^{\mathrm{j}\varphi(t)} \tag{2-56}$$

式中，$a(t)$ 为信号包络；$\varphi(t)$ 为信号相位。利用傅里叶变换的定义，可得该信号的频谱为

$$U(\omega) = \int_{-\infty}^{\infty} a(t)\mathrm{e}^{\mathrm{j}\varphi(t)}\,\mathrm{e}^{-\mathrm{j}\omega t}\,\mathrm{d}t \tag{2-57}$$

式中，ω 为频谱函数中表示角频率的自变量。利用驻定相位原理，可得

$$U(\omega) \approx \int_{t_\mathrm{k}-\Delta}^{t_\mathrm{k}+\Delta} a(t)\mathrm{e}^{-\mathrm{j}[\omega t-\varphi(t)]}\,\mathrm{d}t \tag{2-58}$$

其中，驻定相位时刻 t_k 满足

$$\varphi'(t_\mathrm{k}) = \omega \tag{2-59}$$

将相位项 $\omega t-\varphi(t)$ 在驻定相位时刻 t_k 附近进行泰勒展开，可得

$$\omega t-\varphi(t)=\omega t_{\mathrm{k}}-\varphi(t_{\mathrm{k}})+[\omega-\varphi'(t_{\mathrm{k}})](t-t_{\mathrm{k}})-\frac{\varphi''(t_{\mathrm{k}})}{2}(t-t_{\mathrm{k}})^2+\cdots \tag{2-60}$$

略去式(2-60)中幂次为 3 次及以上的项，同时根据式(2-59)，可得

$$\omega t-\varphi(t)\approx\omega t_{\mathrm{k}}-\varphi(t_{\mathrm{k}})+[\omega-\varphi'(t_{\mathrm{k}})](t-t_{\mathrm{k}})-\frac{\varphi''(t_{\mathrm{k}})}{2}(t-t_{\mathrm{k}})^2 \tag{2-61}$$

将式(2-61)代入式(2-58)，可得

$$U(\omega)\approx a(t_{\mathrm{k}})\mathrm{e}^{-\mathrm{j}[\omega t_{\mathrm{k}}-\varphi(t_{\mathrm{k}})]}\int_{t_{\mathrm{k}}-\Delta}^{t_{\mathrm{k}}+\Delta}\mathrm{e}^{\mathrm{j}\frac{\varphi''(t_{\mathrm{k}})}{2}(t-t_{\mathrm{k}})^2}\mathrm{d}t \tag{2-62}$$

令 $t-t_{\mathrm{k}}=u$ 及 $\frac{\varphi''(t_{\mathrm{k}})}{2}u^2=\frac{\pi y^2}{2}$，则有

$$\mathrm{d}t=\mathrm{d}u=\sqrt{\pi}\mid\varphi''(t_{\mathrm{k}})\mid^{-1/2}\mathrm{d}y \tag{2-63}$$

$$\int_{t_{\mathrm{k}}-\Delta}^{t_{\mathrm{k}}+\Delta}\mathrm{e}^{\mathrm{j}\frac{\varphi''(t_{\mathrm{k}})}{2}(t-t_{\mathrm{k}})^2}\mathrm{d}t=2\frac{\sqrt{\pi}}{\sqrt{\mid\varphi''(t_{\mathrm{k}})\mid}}\int_0^{\sqrt{\frac{\mid\varphi''(t_{\mathrm{k}})\mid}{\pi}}\cdot\Delta}\mathrm{e}^{\mathrm{j}\frac{\pi}{2}y^2}\mathrm{d}y \tag{2-64}$$

$$U(\omega)\approx2\sqrt{\pi}\frac{a(t_{\mathrm{k}})}{\sqrt{\mid\varphi''(t_{\mathrm{k}})\mid}}\mathrm{e}^{-\mathrm{j}[\omega t_{\mathrm{k}}-\varphi(t_{\mathrm{k}})]}\int_0^{\sqrt{\frac{\mid\varphi''(t_{\mathrm{k}})\mid}{\pi}}\cdot\Delta}\mathrm{e}^{\mathrm{j}\frac{\pi y^2}{2}}\mathrm{d}y \tag{2-65}$$

式(2-65)中的积分为菲涅耳积分。当该积分的上限值较大时，该积分的值约等于 $\frac{1}{\sqrt{2}}\mathrm{e}^{\mathrm{j}\frac{\pi}{4}}$。

因此有

$$U(\omega)\approx\sqrt{2\pi}\frac{a(t_{\mathrm{k}})}{\sqrt{\mid\varphi''(t_{\mathrm{k}})\mid}}\mathrm{e}^{-\mathrm{j}\left[\omega t_{\mathrm{k}}-\varphi(t_{\mathrm{k}})-\frac{\pi}{4}\right]} \tag{2-66}$$

三、将驻定相位原理应用于线性调频信号的计算

根据式(2-66)，可知调频信号的幅度谱和相位谱分别为

$$\mid U(\omega)\mid\approx\sqrt{2\pi}\frac{a(t_{\mathrm{k}})}{\sqrt{\mid\varphi''(t_{\mathrm{k}})\mid}} \tag{2-67}$$

$$\Phi(\omega)\approx-\mathrm{j}\left[\omega t_{\mathrm{k}}-\varphi(t_{\mathrm{k}})-\frac{\pi}{4}\right] \tag{2-68}$$

对于线性调频信号，以上两式中的相关量分别为

$$a(t)=\mathrm{rect}\left(\frac{t}{T_{\mathrm{r}}}\right) \tag{2-69}$$

$$\varphi''(t)=2\pi k_{\mathrm{r}} \tag{2-70}$$

$$t_k = \frac{\omega}{2\pi k_r} \tag{2-71}$$

整理后，可得

$$|U(\omega)| = \sqrt{2\pi}\,\frac{\mathrm{rect}\left(\frac{\omega}{2\pi k_r T_r}\right)}{\sqrt{2\pi k_r}} = \frac{1}{\sqrt{k_r}}\mathrm{rect}\left(\frac{\omega}{2\pi B}\right) \tag{2-72}$$

$$\begin{aligned}\Phi(\omega) &= -\omega t_k + \varphi(t_k) + \frac{\pi}{4} = -\omega\,\frac{\omega}{2\pi k_r} + \pi k_r\left(\frac{\omega}{2\pi k_r}\right)^2 + \frac{\pi}{4} \\ &= -\frac{\omega^2}{4\pi k_r} + \frac{\pi}{4}\end{aligned} \tag{2-73}$$

需要说明的是，式(2-72)和式(2-73)仅是线性调频信号幅度谱和相位谱的近似解析表达式。线性调频信号的时间带宽积 BT_r 越大，上述两个式子的精度越高。

第四节　脉冲压缩技术

若希望增加雷达的作用距离，可将脉冲宽度变长，从而增加信号的能量。但同时，根据式(2-2)，脉冲宽度变长后将使距离分辨率变差。根据式(2-6)，对于线性调频、相位编码等类型的信号，信号带宽越大，则距离分辨率越高。因此，为同时提高雷达的作用距离和距离分辨率，雷达应发射宽脉冲、大带宽信号。但在接收信号时，应将宽脉冲压缩成窄脉冲，从而区分开邻近目标。这时，需使用脉冲压缩技术。

脉冲压缩技术通常有时域压缩、匹配滤波、时域自相关三种实现方式，这几种方式在本质上是等价的。下面分别对这三种实现方式进行介绍。

一、基于时域压缩的实现方式

时域压缩方式所采用的脉冲压缩滤波器的频率-时延关系与发射信号的频率-时延关系恰好相反。具体而言，当发射信号的频率-时延关系为随着时间的增加频率越来越高时，则脉冲压缩滤波器的频率-时延关系为随着频率的增加延时变短；当发射信号的频率-时延关系为随着时间的增加频率越来越低时，则脉冲压缩滤波器的频率-时延关系为随着频率的增加延时变长。图 2-18 对上述特性进行了示意。

以图 2-18(a)为例,SAR 信号的调频率为正,时域压缩滤波器的频率-时延关系恰好相反,先发射的低频分量延时长、后发射的高频分量延时短,从而将脉冲宽度从 T_r压缩至 $T_r+t_{d1}-t_{d2}$。其中,t_{d1}、t_{d2}分别为低频分量、高频分量的延迟时间。通过合理控制 t_{d1}和 t_{d2}的值,可相应控制脉冲压缩比。另外,当时域压缩滤波器的特性设计为无衰减的情况时,脉冲高度由 A 提高至 A'。

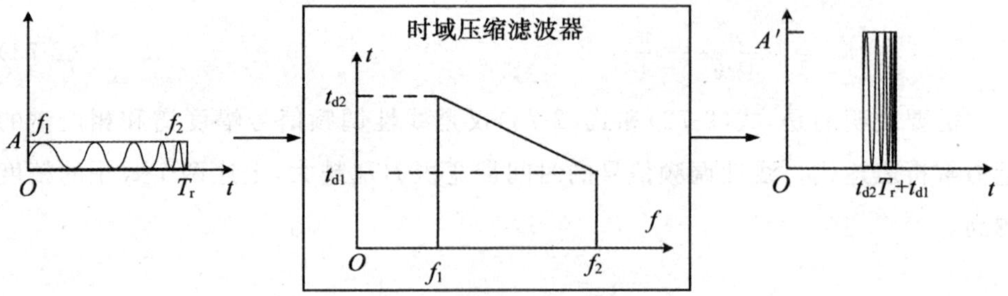

(a) 信号的调频率为正

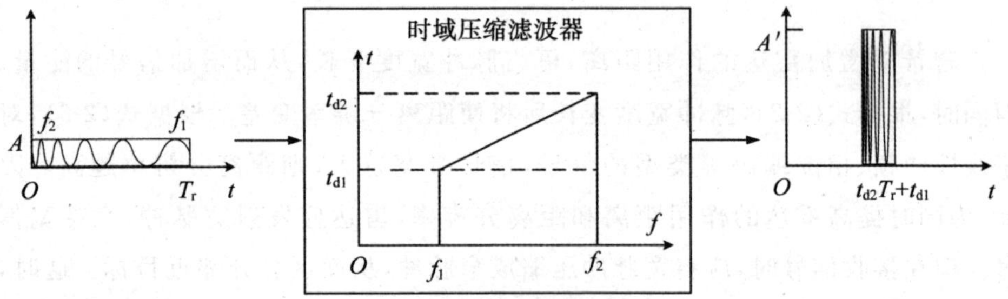

(b) 信号的调频率为负

图 2-18　时域压缩滤波器的频率-时延关系

图 2-19 对时域压缩滤波器的原理进行了进一步解释。由图可知,一个脉冲可看成由若干个子脉冲组成,各子脉冲通过时域压缩滤波器的延迟时间都比其后面一个子脉冲的延迟时间恰好长一个子脉冲,经时域压缩滤波器后各子脉冲的持续时间重合,各子脉冲的波形相互叠加,从而形成脉冲压缩的效果。

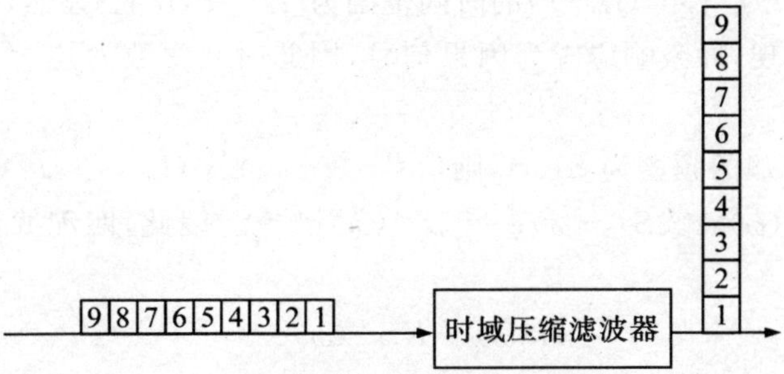

图 2-19　时域压缩滤波器的原理示意图

图 2-20 对脉冲压缩可提高分辨率的原理进行了解释。由图可知,在脉冲压缩前,A、B 两个目标的回波都是宽脉冲,它们的回波时间大部分是重合的,因此在脉冲压缩前无法区分这两个目标;在脉冲压缩后,A、B 两个目标的回波都被压缩为窄脉冲,两个目标的回波时间不再重叠,这时可以轻易区分开这两个目标。

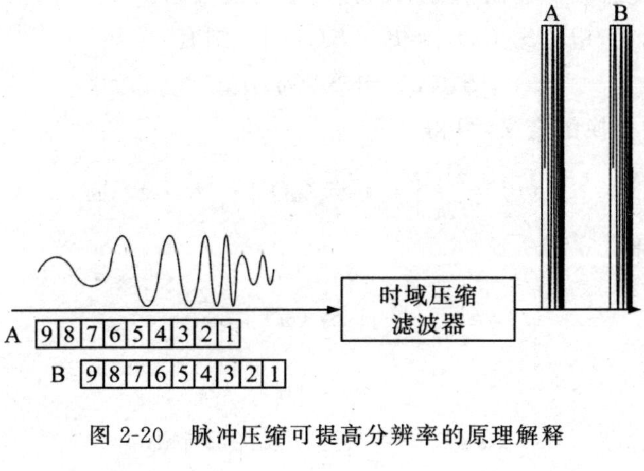

图 2-20　脉冲压缩可提高分辨率的原理解释

二、基于匹配滤波的实现方式

匹配滤波器是在高斯白噪声背景中检测信号的最佳线性滤波器,其输出信噪比在某个时刻可以达到最大。如果已知输入信号为 $s(t)$，$t>0$，则匹配滤波器的冲激响应为

$$h(t)=Ks^*(t_0-t) \tag{2-74}$$

式中,K 为增益常数;t_0 为确保匹配滤波器物理可实现的时间常数。设信号 $s(t)$的时间长度为 T,即信号 $s(t)$的时间范围为$[0,\ T]$,则 $s(t+t_0)$的时间范

围为$[-t_0, T-t_0]$，$s^*(t_0-t)$的时间范围为$[t_0-T, t_0]$。显然，为保证匹配滤波器物理可实现，冲激响应应为因果信号，因此时间常数t_0应大于或等于信号的时间长度T。

设信号$s(t)$的频谱为$S(\omega)$，则信号$s(t+t_0)$、$s(t_0-t)$、$s^*(t_0-t)$对应的频谱分别为$S(\omega)e^{j\omega t_0}$、$S(-\omega)e^{-j\omega t_0}$、$S^*(\omega)e^{-j\omega t_0}$。因此，匹配滤波器的频率响应为

$$H(\omega)=KS^*(\omega)e^{-j\omega t_0} \tag{2-75}$$

输入信号的频谱为$S(\omega)$，经匹配滤波器后其对应的输出信号的频谱为

$$S_m(\omega)=S(\omega)\cdot H(\omega)=S(\omega)\cdot KS^*(\omega)e^{j\omega t_0} \tag{2-76}$$

将频谱分解为幅度谱和相位谱后，可得

$$S_m(\omega)=|S(\omega)|e^{j\varphi(\omega)}\cdot K|S(\omega)|e^{-j\varphi(\omega)}e^{-j\omega t_0} \tag{2-77}$$

经化简后，可得

$$S_m(\omega)=K|S(\omega)|^2e^{-j\omega t_0} \tag{2-78}$$

根据式(2-77)和式(2-78)可知，匹配滤波器的相频特性与信号的相频特性恰好抵消，因此匹配滤波器输出信号的频谱一定为线性谱。

为简化起见，记$|S_m(\omega)|=K|S(\omega)|^2$，则有

$$S_m(\omega)=|S_m(\omega)|e^{-j\omega t_0} \tag{2-79}$$

根据傅里叶逆变换的定义，可得

$$s_m(t)=\frac{1}{2\pi}\int_{-\infty}^{\infty}|S_m(\omega)|e^{-j\omega t_0}\cdot e^{j\omega t}d\omega \tag{2-80}$$

经整理后，可得

$$s_m(t)=\int_{-\infty}^{\infty}\left[\frac{1}{2\pi}|S_m(\omega)|d\omega\right]\cdot e^{j\omega(t-t_0)} \tag{2-81}$$

设$t=t_0$，可得

$$s_m(t_0)=\frac{1}{2\pi}\int_{-\infty}^{\infty}|S_m(\omega)|d\omega \tag{2-82}$$

对比式(2-81)和式(2-82)，可以发现在t_0时刻输出信号的各分量均取得其最大值，因而输出信号在该时刻取得最大值；而在t_0附近的时刻，输出信号的各分量并不是同相相加的关系，因而输出信号的幅度相比于$s_m(t_0)$明显下降。

已知输入信号$s(t)$的频谱为$S(\omega)$，接收机的频率响应为$H(\omega)$，则输出信号$s_m(t)$的频谱及其自身分别为

$$S_m(\omega)=S(\omega)H(\omega) \tag{2-83}$$

$$s_m(t)=\frac{1}{2\pi}\int_{-\infty}^{\infty}S(\omega)H(\omega)e^{j\omega t}d\omega \tag{2-84}$$

前面已经分析得出，在 t_0 时刻输出信号达到最大值，即有

$$s_m(t_0)=\frac{1}{2\pi}\int_{-\infty}^{\infty}S(\omega)H(\omega)e^{j\omega t_0}d\omega\geqslant s_m(t)\tag{2-85}$$

匹配滤波器除了输出信号以外，还会输出噪声。输出噪声的功率谱 $N_o(\omega)$ 和平均功率 N 分别为

$$N_o(\omega)=\frac{N_0}{2}\mid H(\omega)\mid^2\tag{2-86}$$

$$N=\frac{1}{2\pi}\int_{-\infty}^{\infty}N_o(\omega)d\omega=\frac{N_0}{4\pi}\int_{-\infty}^{\infty}\mid H(\omega)\mid^2d\omega\tag{2-87}$$

式中，$N_0/2$ 为输入端噪声的功率谱密度。

在 $t=t_0$ 时刻，匹配滤波器输出信号的信噪比为

$$(\mathrm{SNR})_{t=t_0}=\frac{\mid s_m(t_0)\mid^2}{N}\tag{2-88}$$

将式(2-85)和式(2-87)代入，可得

$$(\mathrm{SNR})_{t=t_0}=\frac{\left|\frac{1}{2\pi}\int_{-\infty}^{\infty}S(\omega)H(\omega)e^{j\omega t_0}d\omega\right|^2}{\frac{N_0}{4\pi}\int_{-\infty}^{\infty}\mid H(\omega)\mid^2d\omega}\tag{2-89}$$

根据施瓦茨不等式，即

$$\left|\int P\cdot Q\mathrm{d}x\right|^2\leqslant\int\mid P\mid^2\mathrm{d}x\cdot\int\mid Q\mid^2\mathrm{d}x\tag{2-90}$$

当且仅当 $P=KQ^*$ 时，上式取等号。因此有

$$(\mathrm{SNR})_{t=t_0}\leqslant\frac{\frac{1}{4\pi^2}\int_{-\infty}^{\infty}\mid S(\omega)\mid^2d\omega\cdot\int_{-\infty}^{\infty}\mid H(\omega)\mid^2d\omega}{\frac{N_0}{4\pi}\int_{-\infty}^{\infty}\mid H(\omega)\mid^2d\omega}\tag{2-91}$$

当 $S(\omega)=KH^*(\omega)e^{-j\omega t_0}$ 时，上式取等号。经化简后，可得

$$(\mathrm{SNR})_{t=t_0}\leqslant\frac{\int_{-\infty}^{\infty}\mid S(\omega)\mid^2d\omega}{N_0\pi}=\frac{1}{2\pi}\int_{-\infty}^{\infty}\mid S(\omega)\mid^2d\omega\cdot\frac{2}{N_0}=\frac{2E}{N_0}\tag{2-92}$$

式中，E 为信号能量。

基于匹配滤波的脉冲压缩实现方式，也就是将待压缩的线性调频信号输入到匹配滤波器，其输出即为脉冲压缩后的信号。根据式(2-72)、式(2-73)和式(2-75)，无衰减匹配滤波器的幅频响应和相频响应应分别设定为

$$\mid H(\omega)\mid=\mathrm{rect}\left(\frac{\omega}{2\pi B}\right)\tag{2-93}$$

$$\varphi_{H}(\omega)=\frac{\omega^{2}}{4\pi k_{r}}-\frac{\pi}{4}-\omega t_{0} \tag{2-94}$$

显然，匹配滤波器输出信号的频谱为

$$S_{o}(\omega)=\frac{1}{\sqrt{k_{r}}}\mathrm{rect}\left(\frac{\omega}{2\pi B}\right)\mathrm{e}^{\mathrm{j}\left(-\frac{\omega^{2}}{4\pi k_{r}}+\frac{\pi}{4}\right)}\cdot\mathrm{rect}\left(\frac{\omega}{2\pi B}\right)\mathrm{e}^{-\mathrm{j}\left(-\frac{\omega^{2}}{4\pi k_{r}}+\frac{\pi}{4}\right)-\mathrm{j}\omega t_{0}} \tag{2-95}$$

化简后，可得

$$S_{o}(\omega)=\frac{1}{\sqrt{k_{r}}}\mathrm{rect}\left(\frac{\omega}{2\pi B}\right)\mathrm{e}^{-\mathrm{j}\omega t_{0}} \tag{2-96}$$

对上式进行逆傅里叶变换，可得

$$s_{o}(t)=\sqrt{BT_{r}}\cdot\mathrm{sinc}[B(t-t_{0})] \tag{2-97}$$

由式(2-97)可见，匹配滤波器的输出信号为中心时刻为 t_0、第一零点为 t_0+1/B 的 sinc 函数。为简化起见，可将匹配滤波器的输出近似为中心时刻为 t_0、脉冲宽度为 $1/B$、高度为 $\sqrt{BT_r}$ 的矩形脉冲(见图 2-21)。

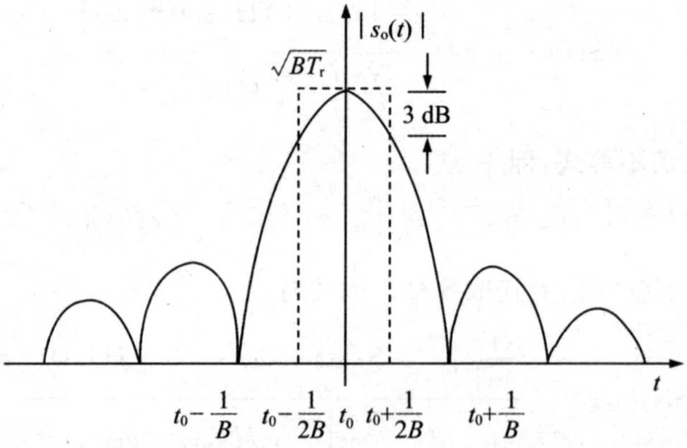

图 2-21　线性调频信号经过匹配滤波器后的输出波形

线性调频信号通过匹配滤波器后的输出具有如下特点：

(1)输出信号频谱的相位谱为线性谱。

(2)信号包络为取样函数的形式，脉冲压缩前的宽度是脉冲压缩后的 BT_r 倍(即脉冲压缩比为 BT_r)。

(3)当采用无衰减匹配滤波器时，输出的峰值功率近似为输入的 BT_r倍，体现了能量的守恒(见图 2-22)。

(4)信号的包络存在旁瓣，会影响临近目标的成像。通常可通过加窗(如汉明窗、汉宁窗、凯塞窗等)的方法降低旁瓣，但会使主瓣加宽。

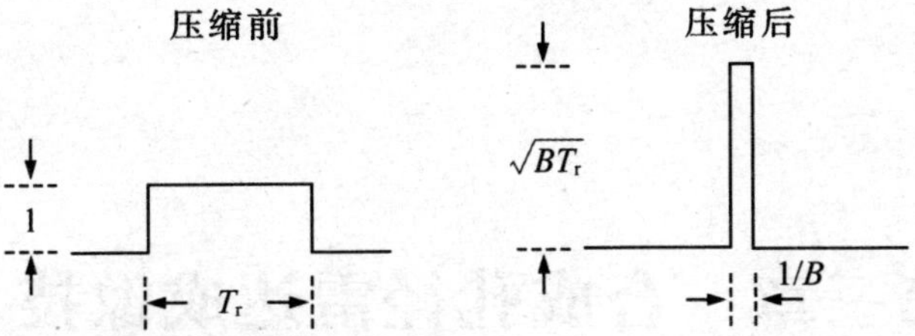

图 2-22　采用无衰减匹配滤波器时输入、输出信号保持能量守恒

三、基于时域自相关的实现方式

脉冲压缩也可以采用时域自相关的方式实现。如图 2-23 所示，匹配滤波器的冲激响应为 $h(t)=Ks_i^*(t_0-t)$。为简化起见，令 $K=1$，则匹配滤波器对信号 $s_i(t)$ 的输出为

$$s_i(t)*s_i^*(t_0-t)=\int_{-\infty}^{\infty}s_i(\tau)s_i^*[t_0-(t-\tau)]\mathrm{d}\tau$$

$$=\int_{-\infty}^{\infty}s_i(\tau)s_i^*[\tau+(t_0-t)]\mathrm{d}\tau=A_{s_i}(t_0-t) \tag{2-98}$$

式中，$A_{s_i}(t)$ 为信号 $s_i(t)$ 的自相关函数。因此，可以通过对输入信号进行自相关运算实现脉冲压缩。

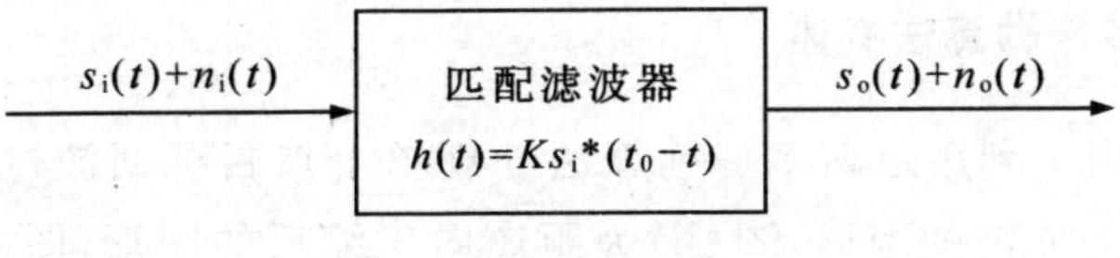

图 2-23　匹配滤波器的输入与输出关系

根据傅里叶变换的性质，$f_1(t)$ 和 $f_2(t)$ 的时域相关运算对应频域 $F_1(\omega)$ 和 $F_2(\omega)$ 共轭的相乘，因此可以利用快速傅里叶变换等算法提高脉冲压缩的运算效率。

第三章　合成孔径雷达成像技术

本章首先介绍几种 SAR 常用成像算法，包括距离多普勒算法、调频变标算法、波束域算法、后向投影算法、聚束 SAR 成像算法、扫描 SAR 成像算法，然后介绍多普勒参数估计算法原理、SAR 系统的几何和辐射定标原理、SAR 系统的参数设计方法，最后给出距离多普勒算法的 MATLAB 仿真程序。

第一节　距离多普勒成像算法

一、距离多普勒算法概述

图 3-1 给出了利用距离多普勒算法处理单个点目标回波过程中的相关图形，其中图(a)为回波的图形，图(b)为距离向压缩后的图形，图(c)为距离徙动校正后的图形，图(d)为方位向压缩后的图形。

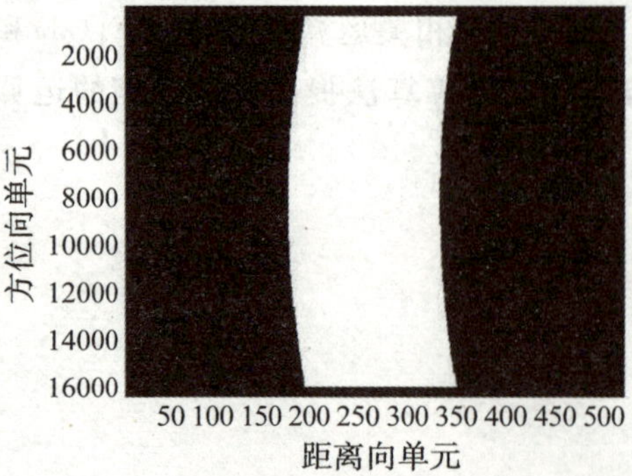

(a) 点目标的回波

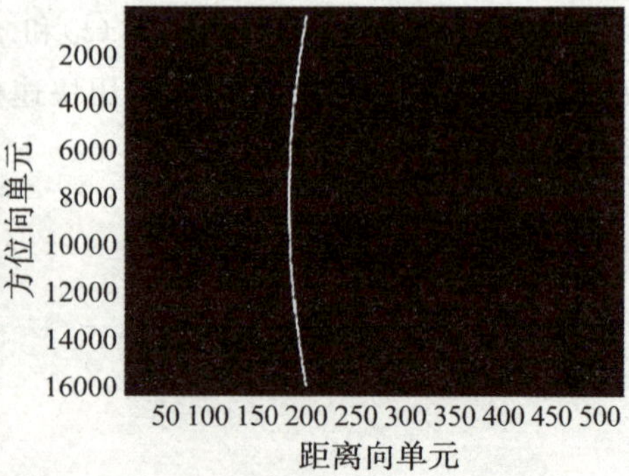

(b) 距离向压缩后的结果

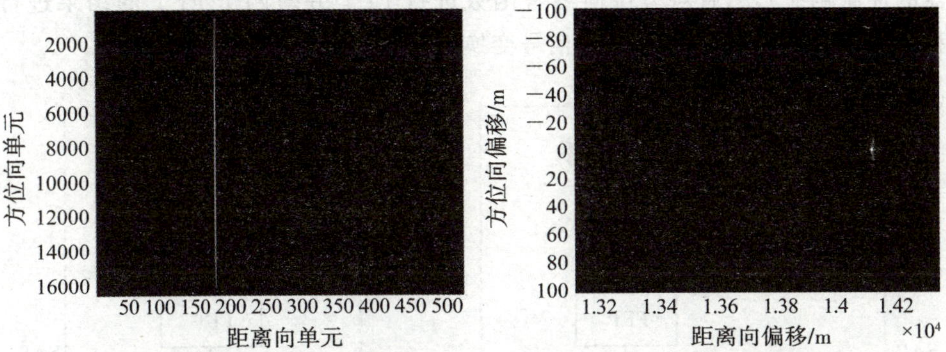

（c）距离徙动校正后的结果　　（d）方位向压缩后的结果

图 3-1　距离多普勒成像算法的处理过程示例

从图 3-1(a)中可以看出，点目标的回波在距离向和方位向都明显散开。从图 3-1(b)中可以看出，经距离向压缩后距离向的宽脉冲变为窄脉冲，同时，呈现出目标的距离徙动轨迹。从图 3-1(c)中可以看出，经距离徙动校正后，目标在不同方位时刻的轨迹被校正到同一个距离单元中。从图 3-1(d)中可以看出，经方位向压缩后，最终的 SAR 图像呈现出点目标。因此，距离多普勒成像算法主要由距离向压缩、距离徙动校正、方位向压缩等步骤构成。

二、距离多普勒算法的处理流程

图 3-2 给出了距离多普勒成像算法的处理流程。由图可以看出，首先对 SAR 回波进行距离向压缩，然后完成距离徙动校正，最后完成方位向压缩后可得到输出的 SAR 图像。根据前面所述，脉冲压缩有多种实现方式。为处理方便起见，这里采用匹配滤波器的方式。时域匹配滤波器的输出信号为输入信号与滤波器冲激响应的卷积。为提高处理效率，将信号从时域转换到频域后再进行处理。

对于距离压缩而言，首先将经正交解调、数字化等预处理后的回波信号进行距离向 FFT，然后根据发射信号的参数生成时域的距离向参考函数(即时域匹配滤波器的冲激响应)，之后对距离向参考函数进行 FFT 并对两个 FFT 的结果进行相乘，最终通过距离向快速傅里叶逆变换(Inverse Fast Fourier Transform，IFFT)将信号变换回时域。

对于方位向压缩而言，首先将经距离徙动校正后的信号进行方位向 FFT，然后根据多普勒参数估计的结果生成时域的方位向参考函数(即时域匹配滤波器的冲激响应)，之后对方位向参考函数进行 FFT 并对两个 FFT 的结果进行相乘，最终通过方位向 IFFT 将信号变换回时域。

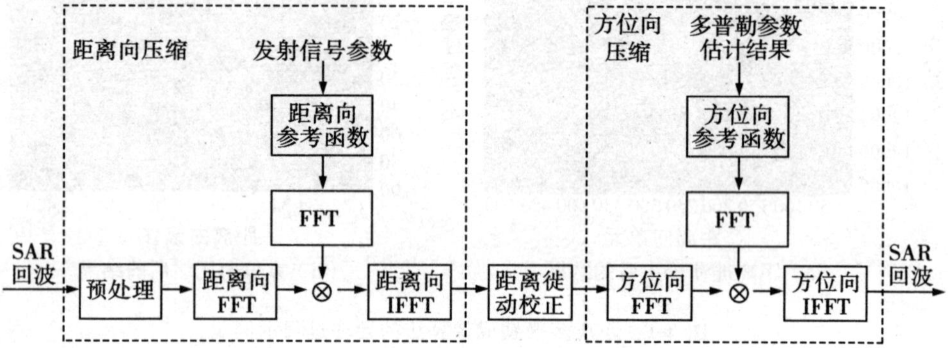

图 3-2　距离多普勒成像算法的处理流程

三、信号模型

SAR 成像过程中的几何模型如图 3-3 所示。坐标系的原点为平台在零时刻时在地面的投影点，x 轴指向平台运动方向，z 轴垂直向上，y 轴的定义满足右手定则。p 表示场景中的某个目标点，ψ 和 δ 分别表示零时刻时平台与目标的连线在地面的投影线与 x 轴正向的夹角、俯仰角，R_0 表示零时刻时平台与目标间的距离，φ 表示零时刻时平台与目标的连线与 x 轴正向的夹角。

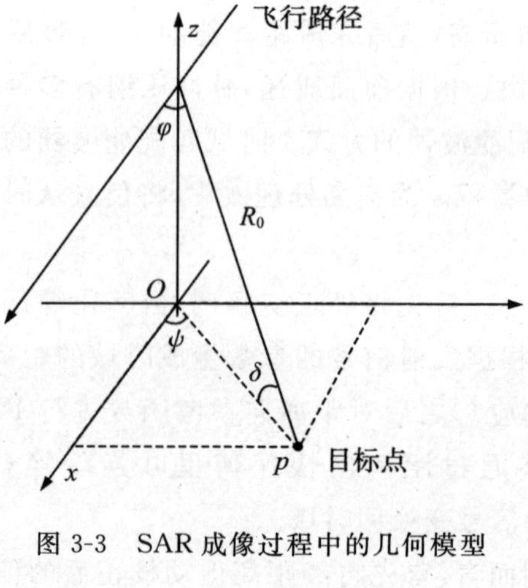

图 3-3　SAR 成像过程中的几何模型

设 η 表示慢时间，则平台随 η 变化的三维坐标为

$$p_x=(v\eta,\ 0,\ R_0\sin\delta) \tag{3-1}$$

式中，v 为平台飞行速度。目标 p 的三维坐标为

$$p_t=(R_0\cos\delta\cos\psi,\ R_0\cos\delta\sin\psi,\ 0) \tag{3-2}$$

根据式(3-1)和式(3-2)，可得 SAR 平台与目标间的瞬时距离为

$$R(\eta)=\sqrt{(v\eta-R_0\cos\delta\cos\psi)^2+(R_0\cos\delta\sin\psi)^2+(R_0\sin\delta)^2} \tag{3-3}$$

经化简，可得

$$R(\eta)=\sqrt{R_0^2-2v\eta R_0\cos\delta\cos\psi+(v\eta)^2} \tag{3-4}$$

根据几何关系，有 $\cos\varphi=\cos\delta\cdot\cos\psi$，因此可得

$$R(\eta)=R_0\sqrt{1-\left[2\left(\frac{v\eta}{R_0}\right)\cos\varphi-\left(\frac{v\eta}{R_0}\right)^2\right]} \tag{3-5}$$

根据泰勒级数

$$\sqrt{1-x}=1-\frac{1}{2}x-\frac{1}{8}x^2+\cdots \tag{3-6}$$

对式(3-5)进行展开，可得

$$R(\eta)\approx R_0\left\{1-\left[\left(\frac{v\eta}{R_0}\right)\cos\varphi-\frac{1}{2}\left(\frac{v\eta}{R_0}\right)^2\right]-\frac{1}{8}\cdot\left[2\left(\frac{v\eta}{R_0}\right)\cos\varphi-\left(\frac{v\eta}{R_0}\right)^2\right]^2\right\} \tag{3-7}$$

考虑到 $v\eta\ll R_0$，对式(3-7)只保留至 η 的平方项，可得

$$R(\eta)\approx R_0\left[1-\left(\frac{v\eta}{R_0}\right)\cos\varphi+\frac{1}{2}\left(\frac{v\eta}{R_0}\right)^2-\frac{4}{8}\left(\frac{v\eta}{R_0}\right)^2\cos^2\varphi\right] \tag{3-8}$$

经化简，可得

$$R(\eta)\approx R_0\left[1-\left(\frac{v\eta}{R_0}\right)\cos\varphi+\frac{1}{2}\left(\frac{v\eta}{R_0}\right)^2\sin^2\varphi\right] \tag{3-9}$$

设雷达的发射信号为

$$s(t)=\sum_{n=0}^{\infty}\text{rect}\left(\frac{t-n\cdot\text{PRI}}{T_r}\right)\cdot\exp[\text{j}(2\pi f_0t+\pi k_rt^2)] \tag{3-10}$$

式中，t 为全时间；T_r 为脉冲宽度；f_0 为载波频率；k_r 为线性调频率。

目标的回波信号可表示为

$$\begin{aligned}s_r(\eta,\ \tau)=&\sigma\cdot\text{rect}\left(\frac{\eta-\eta_c}{T_{\text{int}}}\right)\cdot\text{rect}\left[\frac{\tau-2R(\eta)/c}{T_r}\right]\\&\cdot\exp(\text{j}\{2\pi f_0[\tau-2R(\eta)/c]+\pi k_r[\tau-2R(\eta)/c]^2\})\end{aligned} \tag{3-11}$$

式中，η 为慢时间；τ 为快时间；σ 为点目标的 RCS；η_c 为目标的合成孔径中心时

刻；T_{int}为合成孔径时间。

对回波进行解调，可得

$$s'_{\text{r}}(\eta,\tau)=\sigma\cdot\left\{\text{rect}\left(\frac{\eta-\eta_{\text{c}}}{T_{\text{int}}}\right)\cdot\exp[-\text{j}4\pi R(\eta)/\lambda]\right\}$$
$$\cdot\left(\text{rect}\left[\frac{\tau-2R(\eta)/c}{T_{\text{r}}}\right]\cdot\exp\{\text{j}\pi k_{\text{r}}[\tau-2R(\eta)/c]^2\}\right)\tag{3-12}$$

式中，第一对大括号内的项为信号的方位向部分，最后一项括号内的项为信号的距离向部分。可以看出，距离向部分中也含有慢时间变量 η，因此这部分信号中距离向与方位向是耦合的。

SAR 平台与目标间的瞬时距离与方位向相位间的关系为

$$\Phi(\eta)=-4\pi\frac{R(\eta)}{\lambda}\tag{3-13}$$

因此，目标的瞬时多普勒频率可表示为

$$f_{\text{d}}(\eta)=\frac{1}{2\pi}\cdot\frac{\text{d}\Phi}{\text{d}\eta}=-\frac{2R'(\eta)}{\lambda}\tag{3-14}$$

根据式(3-9)，可得

$$f_{\text{d}}(\eta)=-\frac{2}{\lambda}\left(-v\cos\varphi+\frac{v^2\sin^2\varphi}{R_0}\eta\right)\tag{3-15}$$

经化简，可得

$$f_{\text{d}}(\eta)=\frac{2v\cos\varphi}{\lambda}-\frac{2v^2\sin^2\varphi}{\lambda R_0}\eta=f_{\text{dc}}+f_{\text{dr}}\cdot\eta\tag{3-16}$$

式中，f_{dc}为目标的多普勒中心频率；f_{dr}为目标的多普勒调频率。由此可知，SAR 点目标的瞬时多普勒频率也呈现线性调频信号的变化规律。需要说明的是，以上讨论均只针对单点目标的情况。当方位向上有多个目标时，可将式(3-16)修正为

$$f_{\text{d}}(\eta)=f_{\text{dc}}+f_{\text{dr}}\cdot(\eta-\eta_{\text{c}})\tag{3-17}$$

式中，η_{c} 为某目标的合成孔径中心时刻，其值随着目标方位向位置的不同而发生变化。

根据式(3-16)，可得目标的多普勒中心频率 f_{dc}和多普勒调频率 f_{dr}分别为

$$f_{\text{dc}}=\frac{2v\cos\varphi}{\lambda}\tag{3-18}$$

$$f_{\text{dr}}=-\frac{2v^2\sin^2\varphi}{\lambda R_0}\tag{3-19}$$

对于机载正侧视的情况，则有

$$f_{\text{dc}}=0\tag{3-20}$$

$$f_{\mathrm{dr}}=-\frac{2v^2}{\lambda R_0} \tag{3-21}$$

四、距离向压缩

距离向压缩即为距离向的脉冲压缩过程。如前所述,可采用时域压缩网络、匹配滤波器、时域自相关三种方式实现。其中,最常用的方法是将匹配滤波器中的时域卷积转化为频域相乘。

距离向压缩沿方位线进行,每条方位线上采用相同的参考函数。参考函数的表达式为

$$f_{\mathrm{r,ref}}(t)=\exp\left[\mathrm{j}2\pi\left(f_0 t-\frac{1}{2}k_{\mathrm{r}}t^2\right)\right],\quad -\frac{T_{\mathrm{r}}}{2}<t<\frac{T_{\mathrm{r}}}{2} \tag{3-22}$$

由式(2-97)可知,距离向压缩后的结果为 sinc 形式的函数。根据图 3-1(b)可知,每条方位线上的峰值沿距离徙动曲线分布。

五、距离徙动校正

距离徙动是指随着 SAR 平台的运动,距离向压缩后的目标轨迹出现在不同的距离单元。换而言之,距离向压缩后的目标轨迹出现跨距离单元的现象。这种现象的产生是由 SAR 平台与目标之间瞬时距离的变化造成的。这种目标轨迹跨距离单元的现象给方位向的处理带来了不便,因此有必要在方位向进行处理前对距离徙动现象进行校正。校正后应保证目标轨迹处在同一距离单元内。

随着慢时间的变化,SAR 平台与目标间的瞬时距离可近似表示为

$$R(\eta)\approx R(\eta)\,|_{\eta=\eta_{\mathrm{c}}}+R'(\eta)\,|_{\eta=\eta_{\mathrm{c}}}(\eta-\eta_{\mathrm{c}})+\frac{1}{2}R''(\eta)\,|_{\eta=\eta_{\mathrm{c}}}(\eta-\eta_{\mathrm{c}})^2 \tag{3-23}$$

由 SAR 平台与目标间瞬时距离的变化而引起的相位变化为

$$\Phi(\eta)=-2\pi\frac{2R(\eta)}{\lambda} \tag{3-24}$$

显然,目标的多普勒中心频率和多普勒调频率可分别表示为

$$f_{\mathrm{dc}}=\frac{\Phi'(\eta_{\mathrm{c}})}{2\pi}=-\frac{2}{\lambda}R'(\eta_{\mathrm{c}}) \tag{3-25}$$

$$f_{\mathrm{dr}}=\frac{\Phi''(\eta_{\mathrm{c}})}{2\pi}=-\frac{2}{\lambda}R''(\eta_{\mathrm{c}}) \tag{3-26}$$

因此,可将式(3-23)变化为

$$R(\eta) \approx R(\eta)\big|_{\eta=\eta_c} - \frac{\lambda f_{dc}}{2}(\eta-\eta_c) - \frac{\lambda f_{dr}}{4}(\eta-\eta_c)^2 \tag{3-27}$$

由式(3-27)可知,SAR 平台与目标间瞬时距离的变化近似由三项组成。其中,第一项为基准项,第二项为随慢时间线性变化的项,第三项为随慢时间呈抛物线变化的项。为方便起见,将第二项定义为距离走动项,将第三项定义为距离弯曲项。因此,距离徙动校正的过程包括距离走动项的校正和距离弯曲项的校正。图 3-4 对距离徙动的两个分量进行了示意。

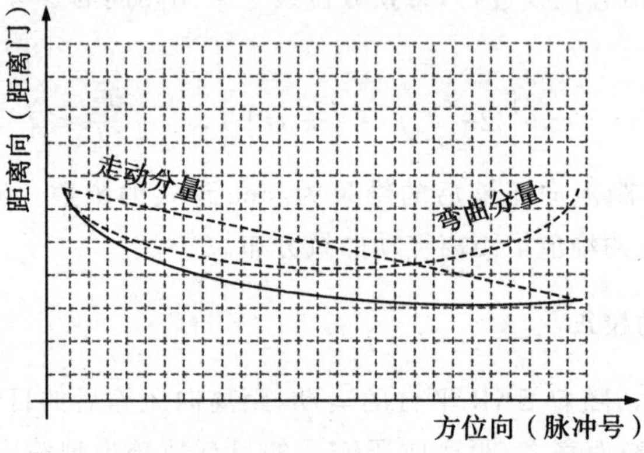

图 3-4　距离徙动中的距离走动分量和距离弯曲分量

对于机载 SAR,正侧视的情况下多普勒中心频率为 0,因此这种情况下不存在距离走动的情况。当机载 SAR 处于斜视的情况时,多普勒中心频率不为 0,此时存在距离走动的情况。对于星载 SAR,由于地球自转效应的影响,即便是在正侧视的情况下也存在距离走动现象。距离走动量与卫星位置有关。在赤道附近时,地球自转线速度大,因而走动量大;在两极附近时,地球自转线速度小,走动量小。典型的走动范围可达几十至几百个距离单元。

距离走动校正一般在距离向压缩后的时域完成。距离走动量与多普勒中心频率 f_{dc} 成正比。因此,常将距离走动校正与多普勒中心频率的估计结合起来。图 3-5 给出了距离走动校正与多普勒中心频率估计相结合时的处理流程。首先,根据理论计算公式确定多普勒中心频率的初值 $f_{dc}(0)$。然后,根据 $f_{dc}(0)$ 进行距离走动校正。之后,对校正后的信号进行多普勒参数估计,得到第 $i(i\geqslant 1)$ 次的多普勒中心频率值 $f_{dc}(i)$。接下来,比较第 i 次的多普勒中心频率值 $f_{dc}(i)$ 和第 $i-1$ 次的多普勒中心频率值 $f_{dc}(i-1)$。如果两者之间的偏差小于事先设定的阈值 Δ,则完成距离走动的校正,同时将 $f_{dc}(i)$ 的值输出为多普勒中心频率的估计值;如果两者之间的偏差不小于阈值 Δ,则重新根据 $f_{dc}(i)$ 的值进行距离走动校正,并令 $i=i+1$,对校正后的信号进行多普勒参数估计得 $f_{dc}(i)$。上述处理过程不断地迭代进行,直到输出最终结果。

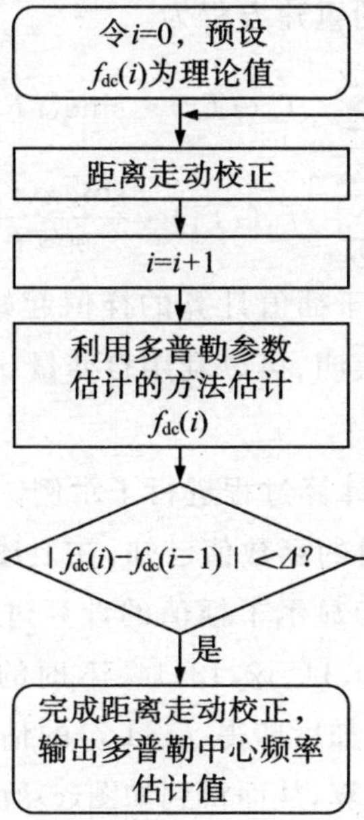

图 3-5　距离走动校正与多普勒中心频率估计相结合时的处理流程

根据式(3-27),距离走动的表示式为

$$R_{\text{walk}}=-\frac{\lambda f_{\text{dc}}}{2}(\eta-\eta_{\text{c}}) \tag{3-28}$$

因此距离走动的补偿量为

$$R'_{\text{walk}}=\frac{\lambda f_{\text{dc}}}{2}(\eta-\eta_{\text{c}}) \tag{3-29}$$

对应的应移动的距离门的个数为

$$\Delta N=\frac{R'_{\text{walk}}}{\delta_{\text{r}}} \tag{3-30}$$

式中,δ_{r}为距离门对应的宽度,通常取斜距分辨率的值。如图 3-4 所示,在不同的方位脉冲,距离走动量是不相同的。因此,不同方位脉冲的距离走动补偿量也是不同的。多数情况下,需移动的 ΔN 为小数。在这种情况下,不能直接对信号进行平移,应利用插值运算进行处理。

Sinc 插值是一种经常采用的插值方式。时域采样定理表明,满足以下条件时,可从信号 $f(x)$的等间隔样本中无失真地恢复出原始信号。

(1)$f(x)$是带宽有限信号。

(2)信号的采样频率满足奈奎斯特定理。

为恢复出原始信号,对应的重建方程为

$$
\begin{aligned}
f(x) &= \sum_{i=i_{\text{start}}}^{i_{\text{start}}+n-1} f_{\text{d}}(iT_{\text{s}}) \cdot \operatorname{sinc}(iT_{\text{s}} - x) \\
&= \sum_{i=i_{\text{start}}}^{i_{\text{start}}+n-1} f_{\text{d}}(iT_{\text{s}}) \cdot \frac{\sin[\pi(iT_{\text{s}} - x)]}{\pi(iT_{\text{s}} - x)}
\end{aligned} \tag{3-31}
$$

式中,f_{d} 为取样信号;i_{start} 为用于插值计算的样值起始序号;n 为插值运算的点数;T_{s}为取样周期。式(3-31)表明,可以利用自变量 x 附近的 n 个样值点,通过插值计算恢复出原始信号 $f(x)$。

图 3-6 对 8 点 sinc 插值的计算过程进行了示例。设 $T_{\text{s}}=1$,且函数 $f(x)$在 $x=8$、9、10、11、12、13、14、15 时的函数值已知,在上述条件下对 $f(11.7)$的值进行估计。图(a)为插值核,图(b)显示了插值的计算过程。将插值核的零时刻对准 $x=11.7$,然后用 $x=8$、9、10、11、12、13、14、15 时的函数值乘以插值核在对应时刻的值,将上述 8 个乘积值相加后即得 $f(11.7)$的估计值。当自变量 x 的值变化时,可采用类似的过程进行计算,从而得到如图(c)所示的插值后的信号。

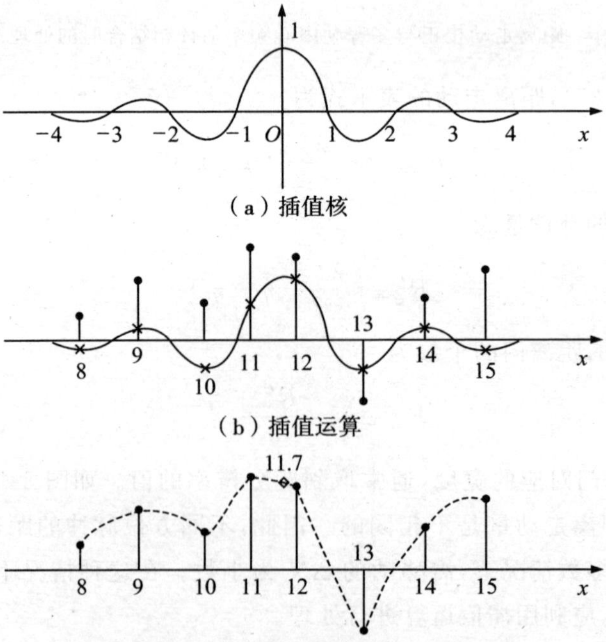

图 3-6　8 点 sinc 插值示意图

当 ΔN 为整数时，可直接对距离向压缩后的数据矩阵在距离向进行搬移，否则需进行插值运算后再进行搬移。例如，当 $\Delta N=3$ 时，则直接对距离向压缩后的数据矩阵在距离向搬移 3 个距离单元；而当 $\Delta N=3.1$ 时，则利用插值计算得到各距离单元序号减去 0.1 后对应的信号值，然后再将插值后的数据矩阵在距离向搬移 3 个距离单元。

距离弯曲一般在距离多普勒域(即距离向压缩后进行方位向 FFT)进行校正，其原因如下：根据式(3-19)，不同距离的目标，它们的距离弯曲率不完全一致。另外，方位向上不同位置的目标，它们在二维时域内的距离徙动轨迹不重合。图 3-7 对上述现象进行了示意。上述特点使得在二维时域内进行距离弯曲校正非常困难。

根据式(3-27)，距离弯曲量在方位时域内的表示式为

$$R_{\mathrm{cur}}(\eta)=-\frac{\lambda f_{\mathrm{dr}}}{4}(\eta-\eta_{\mathrm{c}})^2 \tag{3-32}$$

根据式(3-17)中多普勒频率与方位时间的关系，可得

$$R_{\mathrm{cur}}(f_{\mathrm{d}})=-\frac{\lambda f_{\mathrm{dr}}}{4}\left(\frac{f_{\mathrm{d}}-f_{\mathrm{dc}}}{f_{\mathrm{dr}}}\right)^2 \tag{3-33}$$

化简后，可得

$$R_{\mathrm{cur}}(f_{\mathrm{d}})=-\frac{\lambda}{4f_{\mathrm{dr}}}(f_{\mathrm{d}}-f_{\mathrm{dc}})^2 \tag{3-34}$$

根据式(3-19)，可得

$$R_{\mathrm{cur}}(f_{\mathrm{d}})=\frac{\lambda^2 R_0}{8v^2\sin^2\varphi}(f_{\mathrm{d}}-f_{\mathrm{dc}})^2 \tag{3-35}$$

由式(3-19)可知，距离多普勒域内的距离弯曲轨迹与 η_{c} 无关，因此相同距离、不同方位的散射点距离徙动曲线在距离多普勒域相互重合，如图 3-8 所示。上述特点使得在距离多普勒域内进行距离弯曲校正变得容易。

根据式(3-19)，可得距离弯曲量的补偿量为

$$R'_{\mathrm{cur}}(f_{\mathrm{d}})=-\frac{\lambda^2 R_0}{8v^2\sin^2\varphi}(f_{\mathrm{d}}-f_{\mathrm{dc}})^2 \tag{3-36}$$

对应的应移动的距离门个数为

$$\Delta N=\frac{R'_{\mathrm{cur}}(f_{\mathrm{d}})}{\delta_{\mathrm{r}}} \tag{3-37}$$

与距离走动的校正一样，当 ΔN 为整数时，可直接对数据矩阵在距离向进行搬移，否则需进行插值运算后再进行搬移。

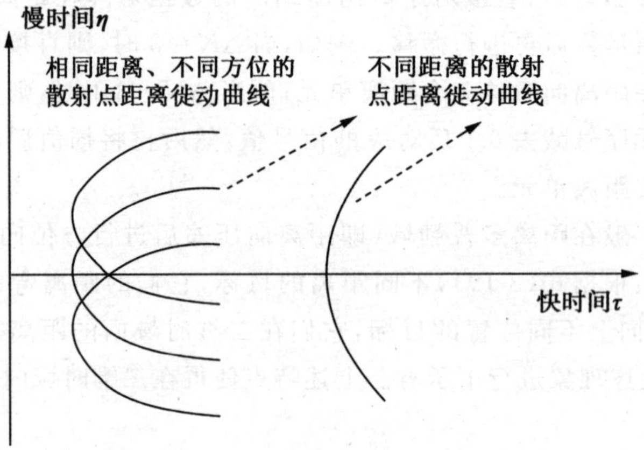

图 3-7　二维时域内目标距离徙动轨迹的特点

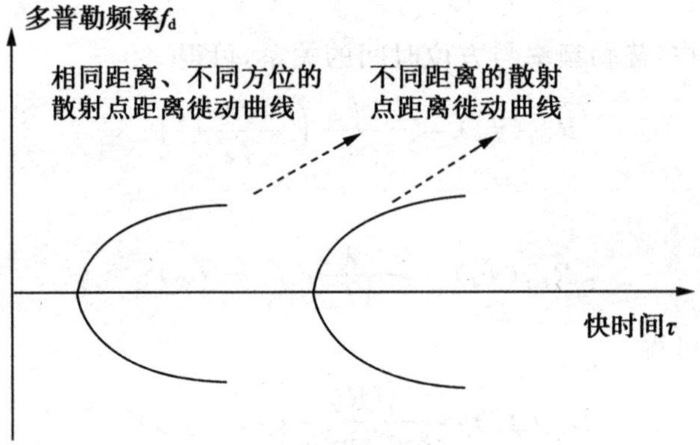

图 3-8　距离多普勒域内目标距离徙动轨迹的特点

六、方位向压缩

距离徙动校正后，信号沿方位向的轨迹由曲线变为直线。之后，可利用匹配滤波等方法实现方位向的脉冲压缩，从而得到最终的图像。

SAR 方位向的信号可表示为

$$s_a(\eta)=\exp[-j4\pi R(\eta)/\lambda],\quad -\frac{T_{int}}{2}<\eta<\frac{T_{int}}{2} \tag{3-38}$$

式中，λ 为波长；η 为慢时间；$R(\eta)$为 SAR 平台与目标间的瞬时距离；T_{int}为合成孔径时间。对应的方位向相位为

$$\Phi(\eta)=-4\pi\frac{R(\eta)}{\lambda} \tag{3-39}$$

相应的多普勒频率可表示为

$$f_{\mathrm{d}}(\eta)=\frac{1}{2\pi}\cdot\frac{\mathrm{d}\Phi}{\mathrm{d}\eta}=f_{\mathrm{dc}}+f_{\mathrm{dr}}\cdot\eta \tag{3-40}$$

因此，可将 SAR 方位向的信号改写为

$$s_{\mathrm{a}}(\eta)=\exp\left[\mathrm{j}2\pi\left(f_{\mathrm{dc}}\eta+\frac{1}{2}f_{\mathrm{dr}}\eta^{2}\right)\right],\quad -\frac{T_{\mathrm{int}}}{2}<\eta<\frac{T_{\mathrm{int}}}{2} \tag{3-41}$$

其中，f_{dc}和 f_{dr}的表示式分别由式(3-18)和式(3-19)给出。

根据式(3-41)和匹配滤波器的冲激响应特性，方位向压缩的参考函数为

$$s_{\mathrm{a,ref}}(\eta)=\exp\left[\mathrm{j}2\pi\left(f_{\mathrm{dc}}\eta-\frac{1}{2}f_{\mathrm{dr}}\eta^{2}\right)\right],\quad -\frac{T_{\mathrm{int}}}{2}<\eta<\frac{T_{\mathrm{int}}}{2} \tag{3-42}$$

需要说明的是，利用式(3-18)和式(3-19)计算得出的 f_{dc}和 f_{dr}仅是理想情况下的理论值，当 SAR 平台的飞行轨迹非理想情况时，需通过多普勒参数估计算法得到 f_{dc}和 f_{dr}的实际值。

第二节　调频变标算法

一、调频变标算法概述

调频变标(Chirp Scaling，CS)算法可以视为一种改进的距离多普勒算法，由雷尼(R. K. Raney)等学者提出[43]，它的出现立刻引起了该领域科学家的兴趣，对实现高精度的 SAR 成像处理具有重要的意义。

在距离多普勒算法的处理过程中，由于距离走动和距离弯曲的校正都需要通过插值才能完成，因此不仅降低了计算效率，也将引起图像相位误差。与此同时，在距离弯曲等的校正过程中，同一方位、不同距离上目标的弯曲程度不一致，也将造成校正的困难。而调频变标算法利用一个相位因子(称为“调频变标因子”)改变了距离徙动的空间移变特性，使距离徙动校正避免了插值运算，不仅免除了复杂的运算，还保持了图像的相位精度，减少了图像失真。

图 3-9 给出了利用调频变标算法处理点目标回波过程中的相关图形，其中，图(a)为回波的图形，图(b)为方位向 FFT 后的图形，图(c)为与调频变标因子相乘后的图形，图(d)为距离向压缩后的图形。

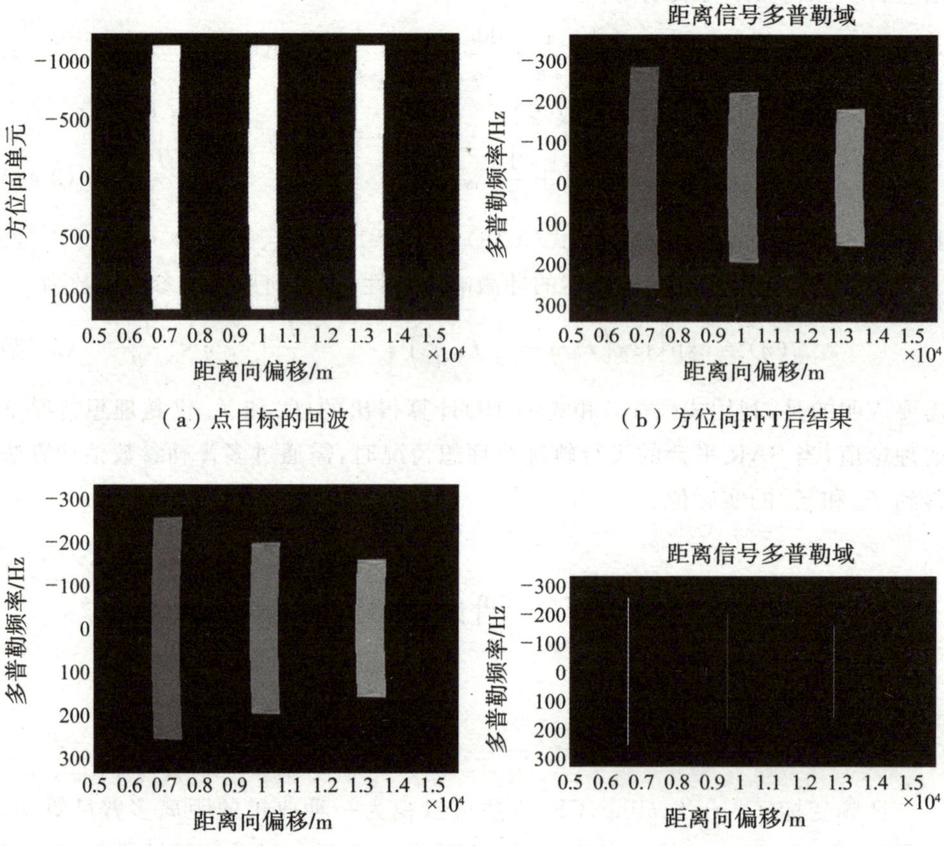

（a）点目标的回波　（b）方位向FFT后结果

（c）与调频变标因子相乘后的结果　（d）距离向压缩后的结果

图 3-9　调频变标成像算法的处理过程示例

二、调频变标算法的处理流程

图 3-10 给出了调频变标算法的处理流程。调频变标算法主要是在方位频率/距离时间域和二维频域内进行的。它有一个突出的特点，即以方位向 FFT 而不是以距离处理开始，并且以方位向 IFFT 结束，距离处理则隐含在中间。这样需要进行二次矩阵转置处理，因此对处理机快速存储器的容量有一定的要求。在整个处理过程中，调频变标只用到了 FFT 和 IFFT、矩阵转置处理及复数矩阵乘法三种操作，而避免了差值运算。

调频变标算法的流程为：

(1)对信号进行方位向 FFT，使之变成距离信号多普勒域的表达式。

(2)将上述变换后的信号与调频变标相位因子相乘，使散射点的距离徙动相位项都等于参考距离的距离徙动相位。

(3)利用驻定相位原理，对进行调频变标操作后的信号做距离向 FFT，得到二维频域表达式。

(4)在二维频域内与一个相位函数相乘，完成距离单元徙动校正(RCMC)、距离向压缩和二次距离向压缩(SRC)处理。

(5)所有的距离向调频相位都补偿完以后，再做距离向 IFFT，完成距离处理。

(6)通过将距离空变信号与距离多普勒信号相乘，进行方位向压缩和剩余相位补偿。

(7)通过方位向 IFFT，得到聚焦的复图像。

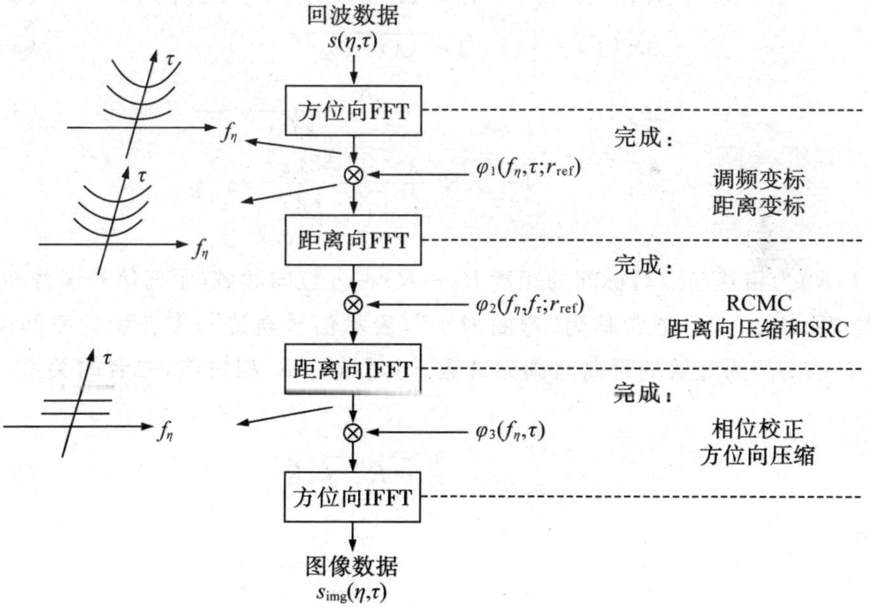

图 3-10　调频变标成像算法的处理流程

三、调频变标处理

(一)方位向 FFT

对接收的点目标回波去载频后，其表达式为

$$S(\tau,t;R)=A\cdot\exp\left\{-\mathrm{j}\pi K\left[t-\frac{2R(\tau;R)}{c}\right]^2\right\}\cdot\exp\left[-\mathrm{j}\frac{4\pi}{\lambda}R(\tau;R)\right] \tag{3-43}$$

式中，$R(\tau;R)=\sqrt{R^2+(v_0\tau)^2}$ 表示点目标与雷达间的瞬时距离；K 为雷达发射的线性调频信号的调频率；τ 为方位向时间；t 为距离向时间。

经方位向 FFT 变换后，信号在距离信号多普勒域的表达式为

$$S(f,t)=A_1\cdot\exp\left\{-\mathrm{j}\pi K_s(f;R)\left[t-\frac{2R_f(f;R)}{c}\right]^2\right\}$$
$$\cdot\exp\left\{-\mathrm{j}\frac{4\pi}{\lambda}R\left[1-\left(\frac{\lambda f}{2v_0}\right)^2\right]^{1/2}\right\} \tag{3-44}$$

式中

$$R_f(f;R)=R/\sqrt{1-(\lambda f/2v_0)^2}=R[1+C_s(f)] \tag{3-45}$$

$$C_s(f)=\left[1/\sqrt{1-(\lambda f/2v_0)^2}\right]-1 \tag{3-46}$$

$$K_s(f;R)=\frac{K}{1+KR\dfrac{2\lambda}{c^2}\dfrac{\left(\dfrac{\lambda f}{2v_0}\right)^2}{\left[1-\left(\dfrac{\lambda f}{2v_0}\right)^2\right]^{3/2}}} \tag{3-47}$$

$R_f(f;R)$为雷达与点目标间的距离 $R(\tau;R)$在方位向频域(距离信号多普勒域)的表现形式;$C_s(f)$通常称为“弯曲因子”，表示信号轨迹与多普勒频率间的关系;$K_s(f;R)$为等效的距离向调频常数，与时域的 K 相对应，二者的关系可表示为

$$\frac{1}{K_s(f;R)}=\frac{1}{K}+R\alpha(f;R) \tag{3-48}$$

其中

$$\alpha(f;R)=\frac{2\lambda}{c^2}\frac{\left(\dfrac{\lambda f}{2v}\right)^2}{\left[1-\left(\dfrac{\lambda f}{2v}\right)^2\right]^{3/2}} \tag{3-49}$$

称为“距离失真因子”，如果不补偿的话将导致距离向散焦。补偿距离失真 $\alpha(f;R)$ 的操作就是所谓的“二次距离向压缩”。

(二)与调频变标相位因子相乘

在距离信号多普勒域相乘的相位因子是调频变标因子，它使所有散射点数据的距离徙动相位项都等于参考距离 r_{ref}的距离徙动相位，从而消除相位扰动。

理论上，该参考距离可以任意取值，甚至在成像区域外。调频变标因子的表达式为

$$\varphi_1(f,t;r_{\mathrm{ref}})=\exp\{-\mathrm{j}\pi K_s(f;r_{\mathrm{ref}})\cdot C_s(f)\cdot[t-2R(f;r_{\mathrm{ref}})/c]^2\} \tag{3-50}$$

经方位向 FFT 变换后的信号乘以调频变标因子的结果是使所有距离向线性调频相位结构都发生了微小的、与距离和方位波数有关的畸变。它使得所有信号的距离弯曲都是相同的，即

$$R(f;R)=R+r_{\mathrm{ref}}C_s(f) \tag{3-51}$$

四、距离向压缩和距离徙动校正

(一)距离向 FFT

对乘以调频变标相位因子后的信号进行距离向 FFT，可得到二维频域表示式为

$$\begin{aligned}S(f_r,f)=C_2\cdot\exp&\left\{-\mathrm{j}\frac{4\pi}{\lambda}r\left[1-\left(\frac{\lambda f}{2v_g}\right)^2\right]^{1/2}-\mathrm{j}\theta_\Delta(f;r)\right\}\\&\cdot\exp\left\{\mathrm{j}\pi\frac{f_r^2}{K_s(f,r_{\mathrm{ref}})[1+C_s(f)]}\right\}\\&\cdot\exp\left\{-\mathrm{j}\frac{4\pi}{c}f_r[r+r_{\mathrm{ref}}C_s(f)]\right\}\end{aligned} \tag{3-52}$$

式中

$$\theta_\Delta(f;r)=\frac{4\pi}{c^2}K_s(f;r_{\mathrm{ref}})[1+C_s(f)]C_s(f)\,(r-r_{\mathrm{ref}})^2 \tag{3-53}$$

表示残余相位，将在后面的方位向压缩中得到补偿。式(3-52)中，第一个指数项表示方位向调制相位，第二个指数项表示距离向调制相位，第三个指数项表示对应目标的距离徙动。

(二)距离向压缩和距离徙动校正

将式(3-52)与相位因子 φ_2 相乘，即可同时完成距离向压缩(含二次距离向压缩)和距离徙动校正。式(3-54)中的第一项指数因子完成包括二次距离向压缩在内的距离向压缩处理，第二项用于完成距离徙动校正。

$$\begin{aligned}\varphi_2(f_r,f;r_{\mathrm{ref}})=\exp&\left\{-\mathrm{j}\pi\frac{f_r^2}{K_s(f;r_{\mathrm{ref}})[1+C_s(f)]}\right\}\\&\cdot\exp\left[\mathrm{j}\frac{4\pi}{c}f_r r_{\mathrm{ref}}C_s(f)\right]\end{aligned} \tag{3-54}$$

式中，f_r 为距离向频率。

（三）距离向 IFFT

对式(3-52)与式(3-54)相乘的结果进行距离向 IFFT 后的信号表达式为

$$S(\tau,f)=A\left(-\frac{r\lambda f}{2v^2}\right)\cdot S_0\left(\tau-\frac{2r}{c}\right)$$
$$\cdot\exp\left\{-\mathrm{j}\,\frac{4\pi}{\lambda}r\left[1-\left(\frac{\lambda f}{2v}\right)^2\right]^{1/2}-\mathrm{j}\theta_\Delta(f;r)\right\}\quad(3\text{-}55)$$

式中，右边第一项表示天线幅度调制；第二项表示压缩后的距离向信号包络；指数项是信号的相位项；$\theta_\Delta(f;r)$ 即式(3-53)表示的残余相位，将在接下来的方位向压缩中消除。

五、方位向压缩

（一）方位向压缩和残余相位补偿

对经距离向 IFFT 后的信号乘以如下相位因子：

$$\varphi_3(t,f)=\exp\left\{\mathrm{j}\,\frac{4\pi}{\lambda}R\left[1-\left(\frac{\lambda f}{2v_0}\right)^2\right]^{1/2}\right\}$$
$$\cdot\exp[-\mathrm{j}\theta_\Delta(f;R)]\cdot\exp\left(-\mathrm{j}\,\frac{2\pi}{\lambda}ct\right)\quad(3\text{-}56)$$

（二）方位向 IFFT

经方位向 IFFT 后，可得

$$s_{\mathrm{img}}(\eta,\tau)=C\cdot a\left(\eta-\frac{x}{v}\right)\cdot s_0\left(\tau-\frac{2r}{c}\right)\quad(3\text{-}57)$$

式中，C 为复常数；$a(\cdot)$ 为方位向天线调制；$s_0(\cdot)$ 为距离向包络。

第三节　波数域算法

一、波数域(ωk)算法概述

ωk 算法是一种常用的高分辨率 SAR 成像算法。卡弗里奥(C. Cafforio)等人于 1991 年把地震信号处理中的徙动技术引入 SAR，提出了 ωk 算法[44]。该算法直接以空间变量对回波信号进行傅里叶变换，把信号变换到波数域。在波数域中利用斯托尔特(Stolt)变换完成距离徙动校正和方位向聚焦。从理论上讲，Stolt 变换可以完成随距离而变的徙动校正、二次距离向压缩以及更高阶数的相位补偿，无须近似，是 SAR 二维移变滤波器的最优实现。但 Stolt 变换需要在二维频域中进行插值处理，频域插值精度对成像质量的影响较之时域插值更大。

为了避免在频域中插值，巴姆勒(R. Bamler)于 1992 年提出了单色正侧视 ωk 算法[45]。该算法可把 Stolt 变换做多项式展开，如果忽略其中与距离有关的项，则 Stolt 变换就简化为简单的距离向移频处理，这可通过在距离多普勒域中乘上一个线性相位因子来实现。它也相当于在距离多普勒域中，沿不同的距离采用不同的方位向聚焦相位函数。此时只考虑了聚焦相位的空间移变性，而忽略了徙动的空间移变性。

在距离多普勒算法中，信号自变量都是时间以及相应的频率。实际上，也可以以空间变量进行成像处理。设 x 对应方位向时间 t，r 对应距离向时间 τ，一般有 $x=vt$，但由于距离徙动的影响，r 并不等于 $c/2\times\tau$。如果直接以 x 和 r 为变量对回波信号进行傅里叶变换，则进入二维波数域(也称为“二维频域”)。在波数域中，与方位向频率 $2\pi f_t$ 对应的是方位向波数 k_x，二者的关系为

$$k_x = 2\pi f_t / v \tag{3-58}$$

由此可见，角频率的定义为单位时间内波变化的相位，而波数的定义为单位长度内波变化的相位。把距离向角频率记为 ω，由于距离徙动的影响，它与距离向波数 k_r 不能用类似于式(3-58)的简单关系来对应，要通过 Stolt 插值来联系。

首先引入距离向波数变量 k_r，根据波动理论，k_r、k_x 与 ω 之间有如下关系：

$$\omega = (c/2)\sqrt{(k_r + 2\omega_0/c)^2 + k_x^2} - \omega_0 \tag{3-59}$$

式中，$\omega_0 = 2\pi f_0$，f_0 为载波频率。式(3-59)即为 Stolt 变换，记作 ST(·)。这种变量变换是 ωk 算法的关键操作，称为“Stolt 插值”。它把 ω 等于常数的直线弯曲成了中心位于($k_x=0$，$k_r=-2\omega_0/c$)的圆弧，从而完成了距离徙动的校正。图 3-11 给出了波数域中各变量之间的关系。

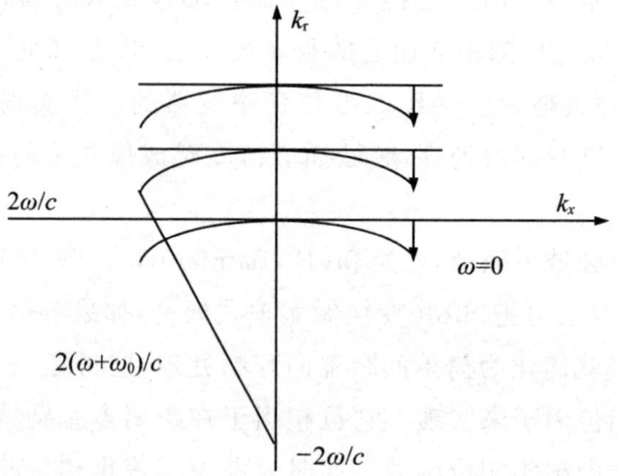

图 3-11　ωk 算法中各变量的关系

二、ωk 算法的处理流程

图 3-12 给出了 ωk 算法的处理流程。

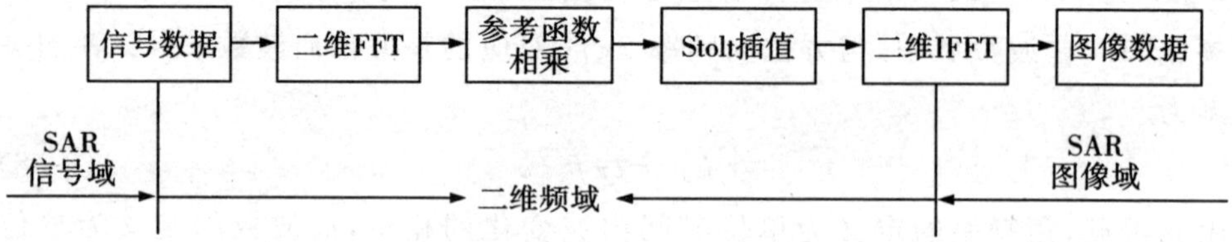

图 3-12　ωk 算法的处理流程

ωk 算法的流程为：

(1)通过二维 FFT 将 SAR 信号变换到二维频域。

(2)参考函数相乘，这是该算法的第一个关键聚焦步骤，完成的为“一致聚焦”(Bulk Focusing)。

(3)Stolt 插值。它在距离频域用插值操作完成其他目标的聚焦，即“补余聚焦”(Differential Focusing)。

(4)通过二维 IFFT 将信号变回到时域(即图像域)。

三、参考函数相乘

设信号为 $s_1(x,\tau;r)$，对其做二维 FFT，得到 $S_1(k_x,\omega;r)$，即进入了波数域，而后再进行参考函数相乘。

参考函数根据选定的距离(通常为测绘带中心)来计算,它补偿了该距离处包括距离向频率调制、距离徙动、距离方位耦合和方位向频率调制在内的各种相位。经过与参考函数相乘,参考距离处的目标得到了完全聚焦,但非参考距离处的目标仅得到了部分聚焦。

四、Stolt 插值

对 $S_1(k_x,\omega;r)$ 做 Stolt 变换,可得

$$S_2(k_x,k_r)=\mathrm{ST}[S_1(k_x,\omega)]=S_1\left[k_x,\frac{c}{2}\sqrt{\left(k_r+\frac{2\omega_0}{c}\right)^2+k_x^2}-\omega_0\right] \tag{3-60}$$

在信号空间中,由于距离徙动的影响,ω 与 k_x 间不是正交的,而进行 Stolt 变换后,得到的回波信号为在 k_x-k_r 平面的波数谱,k_r 和 k_x 是正交的,因此以其为变量进行傅里叶变换,就可得到目标空间的散射分布。

第四节　后向投影算法

一、后向投影算法概述

后向投影(Back Projection,BP)算法这一名词源于计算机辅助的断层扫描(Computer Aided Tomography,CAT)成像技术。BP 算法是一种在时域直接对回波数据进行成像处理的算法。只要能够确定待成像场景的距离历程,该算法理论上可以对任意模式、任意几何模型下获取的数据进行聚焦处理,适用性非常强。

二、BP 算法成像原理

一般地,合成孔径雷达成像处理可在距离向和方位向两个互相垂直的方向分别进行处理。在距离向,用脉冲匹配滤波器来对雷达信号回波数据进行脉压就可以得到较高的分辨率;在方位向,依据合成孔径雷达成像原理,回波的多普勒历史数据是一个线性调频信号,可以通过匹配滤波来得到较高的分辨率。最终再通过两个方向上的匹配滤波压缩就能够得到高分辨率合成孔

径雷达图像。

BP雷达成像算法是通过雷达回波数据反向投影到成像区域的每个像素点，像素值是通过计算雷达回波在雷达天线和图像像素之间距离的延时值来进行成像的。这种算法能够在任何几何模式下应用，对雷达几何轨迹没有特殊要求。将雷达安装在运动的载体如飞机、炮弹、卫星之上，不断以脉冲的方式向地面上的目标发射线性调频信号，当雷达接收到地面返回的回波信号之后对回波信号进行压缩处理，从而得到图像，如图 3-13 所示。

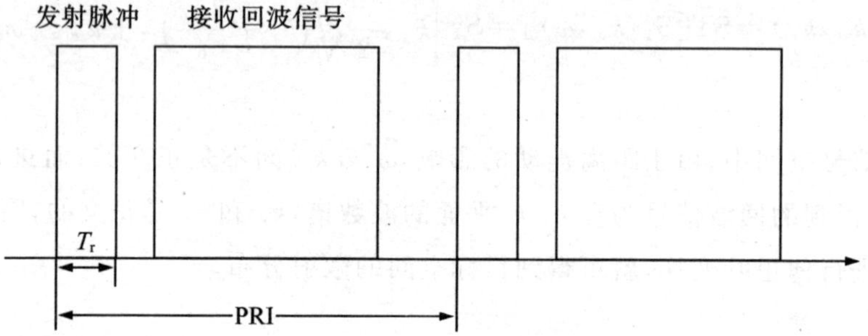

图 3-13　雷达收发信号处理示意图

BP算法从其成像处理的过程所在的域来说是一种时域处理算法。其成像的过程就是计算各方位时刻雷达平台的位置与目标点的双程时延，再找出不同方位时刻对应的回波信号进行相干累加，最后得出该目标的目标函数的过程。由于该算法在成像的过程中避免了不必要的近似，因此能够适应任意模式下的合成孔径雷达成像。BP算法的基本原理推导如下：

不考虑信号幅度的影响，设 f_c 为信号初始频率，K 为线性调频率，t 为快时间，t_s 为方位向慢时间，c 为光速，假设目标与雷达间的距离为 R，令目标双程延时 $\tau=\dfrac{2R(t_s)}{c}$，则回波信号 $s_R(t,\tau)$ 可表示为

$$s_R(t,\tau)=\mathrm{rect}\left(\frac{t}{T}\right)\exp\left\{\mathrm{j}2\pi\left[f_c(t-\tau)+\frac{1}{2}K(t-\tau)^2\right]\right\} \tag{3-61}$$

如图 3-14 所示，选定要成像的区域网格化后的采样点集为 $P(i,j)$，假设雷达所在位置为 (X,Y)，则采样点的回波信号可表示为

$$s_P(t,\tau_P)=\mathrm{rect}\left(\frac{t}{T}\right)\exp\left\{\mathrm{j}2\pi\left[f_c(t-\tau_P)+\frac{1}{2}K(t-\tau_P)^2\right]\right\} \tag{3-62}$$

其中，每个采样点的坐标为(x_i, y_j)，则式(3-62)中τ_P的计算公式为

$$\tau_P = \frac{2\sqrt{(x_i - X)^2 + (y_i - Y)^2}}{c} \tag{3-63}$$

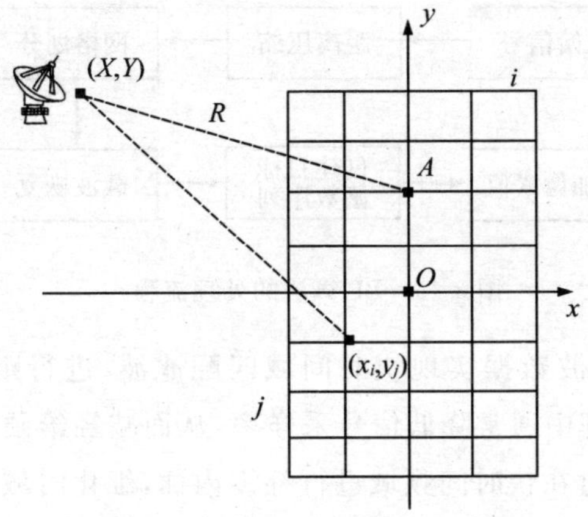

图 3-14　BP 算法成像几何模型

根据时域相关法（Time Domain Correlation，TDC），用划分的点集中采样点的回波信号与实际接收的场景回波信号$s_R(t,\tau)$进行相关运算，输出结果就是该点的像素信息$T_{ax}(x_i, y_j)$：

$$T_{ax}(x_i, y_j) = \int_{t_s}\int_t s_R(t, t_s) \cdot s_R^*(t, t_s)\,\mathrm{d}t\,\mathrm{d}t_s \tag{3-64}$$

经时域匹配滤波后的 SAR 信号为

$$S_R(t, t_s) = s_R(t, t_s) \otimes s_R^*(-t, t_s) = \int_\tau s_R(\tau, t_s) \cdot s_R^*(\tau - t, t_s)\,\mathrm{d}\tau \tag{3-65}$$

对照式(3-64)和式(3-65)，可得

$$T_{ax}(x_i, y_j) = \int_\tau S_R(\tau_P, t_s)\,\mathrm{d}t_s \tag{3-66}$$

若只考虑天线主瓣，则天线波束主瓣能够扫描到目标点的时间为一个合成孔径时间。对雷达平台观测场景中的某个像素点$P(i,j)$，先得出对应一个孔径中各方位时刻位置与该像素点距离对应的双程时延，再由距离向压缩后的回波数据找出相应的累积曲线，并沿此曲线将所有信号进行相干叠加，最后得出该像素点的能量和，即为该点的图像。

三、BP 算法的处理流程

通过以上推导可知,BP 算法的处理流程如图 3-15 所示。

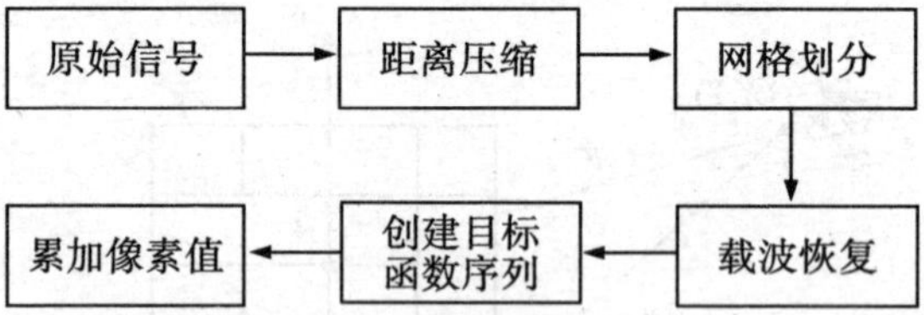

图 3-15　BP 算法的处理流程

首先对接收的回波数据实现快时间域匹配滤波,进行距离向压缩后得到 $S_R(t,t_s)$,在实际处理中通常降低信号采样率,从而减轻给硬件带来的负担;然后计算双程时延,通过在快时间频域进行补零内插,细化时域匹配滤波信号;之后乘以相位因子,使得方位向多普勒相位恢复为 $\exp\left[j2\pi\left(t-\frac{2R}{c}\right)\right]$;再创建目标函数序列 $T_{ax}(x_i,y_j)$,并赋初始值为 0;对于给定的像素点(x_i,y_j)和雷达位置,把与该雷达位置最近的采样点值赋给 $f(x_i,y_j)$,重复这项操作直到填满整个目标函数序列;当雷达改变位置发射信号时,重复创建目标函数序列这一操作,并累加所得目标函数序列的结果。

不论发射机和接收机在什么位置,只要知道它们到每一个像素点的时延,就能完成算法的运算。BP 算法将运动误差和复杂轨迹的影响完全映射到信号的时延上,因此,该算法也被广泛应用于双基地雷达成像。

四、升采样

在采样的回波数据中,常常无法按时延找到某个像素所对应的精确反投值。为了保证结果的准确性,就必须对回波数据进行升采样处理,即细化数据。对于一个载频为 f_c、带宽为 B、采样率为 f_s 的信号,升采样倍数为 L。由于信号是以升采样后的间隔离散化的,所以每个间隔对应的时间单元 Δt 为

$$\Delta t=\frac{1}{Lf_s} \tag{3-67}$$

在工程中,一般认为相干累加允许的相位误差为 π 的四分之一,所以升采

样倍数应至少满足

$$L \geqslant \left[\frac{4f_c}{f_s}\right]+1 \tag{3-68}$$

式中，[]代表向下取整。

五、网格间隔选取

成像区域网格大小的划分理论上是任意的。但是网格选得过小对于分辨率并没有提升且会增大运算量，网格尺寸过大则会使图像质量变差。所以网格大小的选择一般应与距离向和方位向的分辨率相当，且最好略小一些。网格相当于在距离、方位两维对距离向、方位向 sinc 函数进行采样，网格间距小于相应分辨率才满足奈奎斯特准则的要求。

六、BP 算法仿真

下面将用点目标进行回波仿真和 BP 算法成像。仿真过程中的合成孔径雷达平台参数设置见表 3-1。

表 3-1　合成孔径雷达仿真参数

参数名称	参数值
信号载频	5.3 GHz
信号带宽	50 MHz
距离向采样频率	110.19 MHz
方位向采样频率	119 Hz
合成孔径长度	251 m
点目标数量	4 个
雷达运动速度	150 m/s

用表 3-1 所示的雷达参数对多点目标进行回波数据仿真后，再采用 BP 算法对该回波数据进行成像，成像结果如图 3-16 所示。

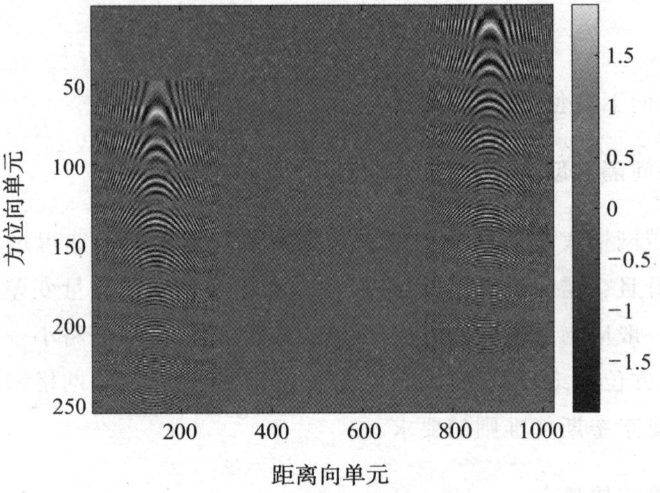

（a）原始信号幅度

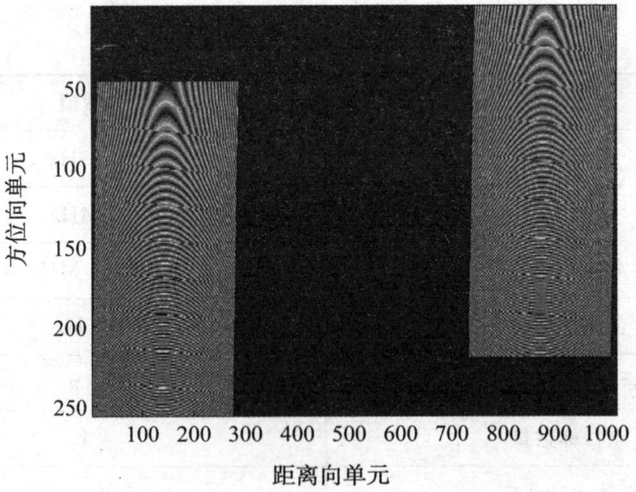

（b）回波信号相位

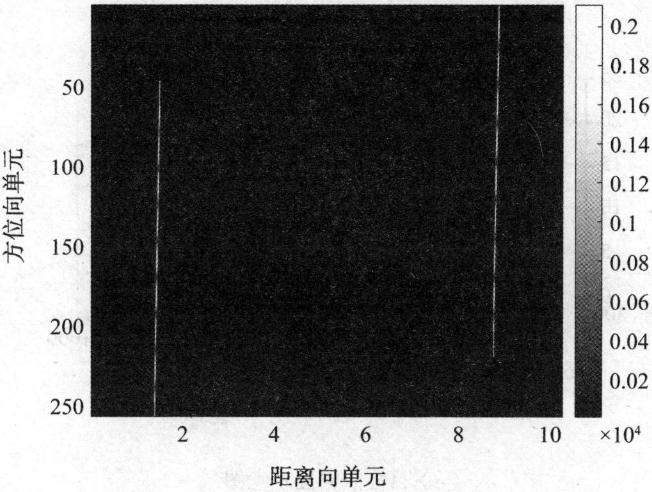

（c）距离向匹配滤波后

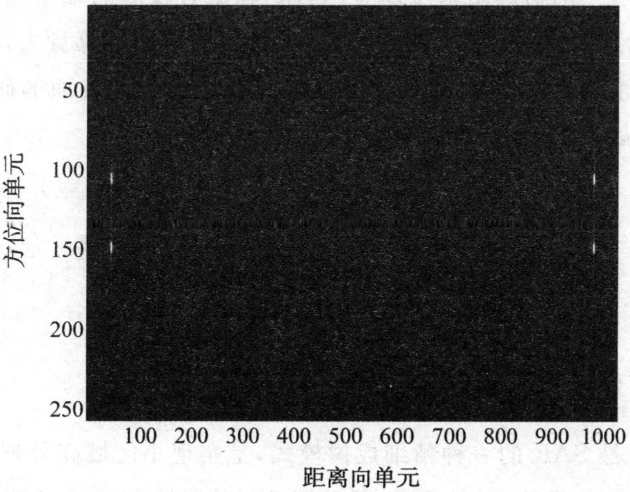

（d）像素累加后

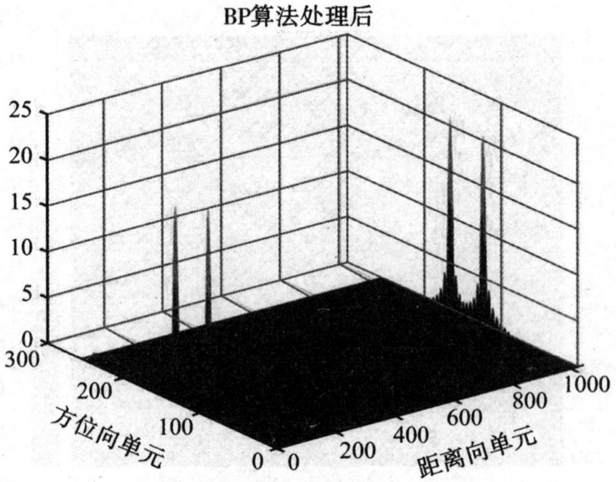

（e）目标点幅度示意图

图 3-16 BP 算法仿真

通过图 3-16 中的仿真结果可以看出，BP 算法有较好的聚集性。算法的运算量为 $o(N^3)$，其中 N 为成像像素个数。尽管该算法的运算量大，但由于其适用范围广，因此仍然受到人们的重视。很多学者致力于此方面的研究，并提出了多种快速算法，以降低该算法的运算量。

第五节 聚束 SAR 成像算法

一、聚束成像算法概述

聚束 SAR 是 SAR 的一种精细成像模式，是实现小区域高分辨率成像的主要手段。如图 3-17 所示，聚束 SAR 通过调整天线波束指向获得比条带模式更长的合成孔径，进而得到更大的多普勒带宽，从而使系统的方位向分辨率得到大幅度提高。

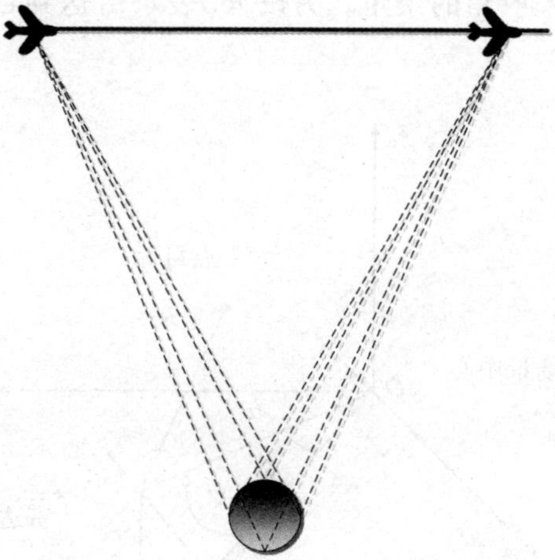

图 3-17 聚束 SAR 成像几何模型

二、极坐标格式成像算法

极坐标格式算法(PFA)作为一种比较理想的旋转目标成像方法,已被成功应用于聚束 SAR 成像系统处理中,并且逐步完善成为聚束 SAR 成像的成熟算法之一。其操作流程简易明了,仅仅需要进行两次储存信息的坐标格式转换的插值处理和两次一维的傅里叶变换即可完成成像。

该算法的优势在于通过极坐标形式存储波束信息的方法,实现了对目标实施理想的越距离单元走动(Migration Through Resolution Cell,MTRC)补偿措施。由于二维傅里叶变换规定输入的信息能够在二维平面坐标系上等间隙排列,而极坐标格式记录的回波信息是环形区域,因此必须对该数据分别在方位向和距离向实施插值处理步骤,取得能够在二维平面坐标系下均匀排列的矩形形式的数据,然后再对实施插值步骤后的波束数据进行二维 FFT 处理,即可以获取最终的图像。但是该算法也存在一定的局限性,因为插值运算会导致该算法的运算量大幅增加,从而降低了算法成像处理的效率和精确度。同时,该算法没有对距离弯曲进行完全有效的补偿,导致对于某些大场景近目标的成像效果较差,图像会失真或者模糊。但是对于小区域场景范围的雷达成像处理,该算法有着无与伦比的优势。

对于聚束 SAR,雷达波束射线始终指向成像场景中心。图 3-18 给出了极坐标格式算法雷达回波获取示意图,其中坐标原点表示场景中心,x 轴表示方位向,y 轴表示距离向,z 轴表示高度向,R_c 表示雷达到场景中心的距离,α 表示方位向角，ψ 表示入射角的余角。另设 R_t 表示雷达到目标的距离，目标的坐标为(X_t，Y_t，Z_t)。

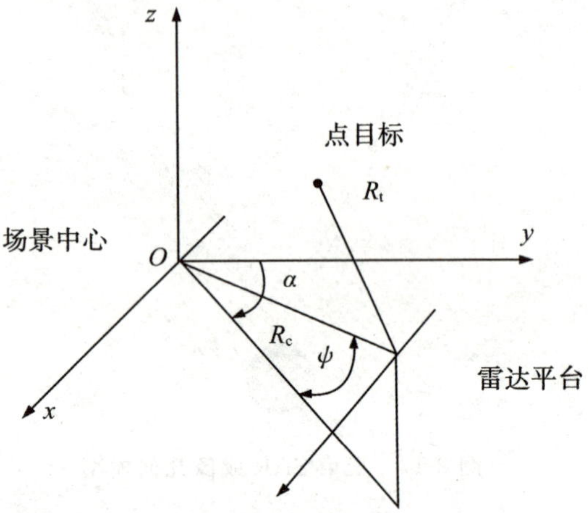

图 3-18　极坐标格式算法雷达回波获取示意图

在极坐标格式算法成像模式下，历经去调频处理后，聚束 SAR 回波信号可以表示为

$$s(t,n)=\sigma \mathrm{rect}\left(\frac{t-\frac{2R_t}{c}}{T_P}\right)\exp[\mathrm{j}\Phi(t,n)],\quad n=0,1,2,\cdots,N_a-1 \tag{3-69}$$

$$\Phi(t,n)=\frac{4\pi}{c}\left[f_0+\gamma\left(t-\frac{2R_c}{c}\right)\right]\Delta R+\frac{4\pi\gamma\Delta R^2}{c^2} \tag{3-70}$$

$$\Delta R=R_c-R_t \tag{3-71}$$

以上公式中，c 为光的速度；n 为脉冲序列数；N_a 为脉冲的数目；σ 为目标位置的后向散射系数；t 为快时间，即距离向时间；f_0 为发射信号载频；γ 为调频率；T_P 为脉冲的宽度大小。

定义波束向量为单位长度范围内信号的相位改变，其计算公式为

$$\boldsymbol{K}_R=\frac{4\pi}{\lambda}\hat{\boldsymbol{R}}_c=\frac{4\pi f}{c}\hat{\boldsymbol{R}}_c \tag{3-72}$$

式中，f 为信号的瞬时频率；$\hat{\boldsymbol{R}}_c$ 为单位向量，方向为从场景中心到机载天线波束发射的正中心。聚束 SAR 成像系统的回波信息收集几何关系为

$$\Delta R\approx\frac{\hat{\boldsymbol{R}}_c\cdot\boldsymbol{r}_t}{R_c}=X_t\cos\psi_n\sin\alpha_n+Y_t\cos\psi_n\sin\alpha_n+Z_t\sin\psi_n \tag{3-73}$$

式中，$\boldsymbol{r}_{\mathrm{t}}=(X_{\mathrm{t}},Y_{\mathrm{t}},Z_{\mathrm{t}})$为点目标的坐标向量；$\alpha_n$ 为机载雷达天线发射第 n 个脉冲时所属于的方位余角；ψ_n 为第 n 个脉冲所属于的入射余角。于是又可得出

$$\Phi(t,n)=\frac{4\pi}{c}\left[f_0+\gamma\left(t-\frac{2R_{\mathrm{c}}}{c}\right)\right](X_{\mathrm{t}}\cos\psi_n\sin\alpha_n+Y_{\mathrm{t}}\cos\psi_n\sin\alpha_n+Z_{\mathrm{t}}\sin\psi_n) \tag{3-74}$$

而

$$K_R(t,n)=\frac{4\pi}{c}\left[f_0+\gamma\left(t-\frac{2R_{\mathrm{c}}}{c}\right)\right] \tag{3-75}$$

则回波信号的相位可改写为

$$\Phi(t,n)=K_R(t,n)(X_{\mathrm{t}}\cos\psi_n\sin\alpha_n+Y_{\mathrm{t}}\cos\psi_n\sin\alpha_n+Z_{\mathrm{t}}\sin\psi_n) \tag{3-76}$$

$$\Phi(t,n)=k_xX_{\mathrm{t}}+k_yY_{\mathrm{t}}+k_zZ_{\mathrm{t}} \tag{3-77}$$

$$k_y(t,n)=K_R(t,n)\cos\psi_n\sin\alpha_n \tag{3-78}$$

$$k_x(t,n)=K_R(t,n)\cos\psi_n\sin\alpha_n \tag{3-79}$$

$$k_z(t,n)=K_R(t,n)\sin\psi_n \tag{3-80}$$

由上面的推导分析可以看出，只要对去调频后的回波信号实施三维傅里叶变换，便能够得到聚束 SAR 图像结果。但是实际中机载天线的波束信号是二维数据，不能直接进行三维傅里叶变换，而是需要通过将波束信息投射到 x-y 二维直角坐标形态进行二维变换。数据转换表达式为

$$k_p(t,n)=K_R(t,n)\cos\psi_n \tag{3-81}$$

此时可得出

$$k_y(t,n)=k_p(t,n)\cos\alpha_n \tag{3-82}$$

$$k_x(t,n)=k_p(t,n)\sin\alpha_n \tag{3-83}$$

转化后的数据表达形式为

$$s(t,n)=\sigma\operatorname{rect}\left(\frac{t-2\dfrac{R_{\mathrm{t}}}{c}}{T_{\mathrm{P}}}\right)\exp\{\mathrm{j}[k_x(t,n)X_{\mathrm{t}}+k_y(t,n)Y_{\mathrm{t}}]\},$$

$$n=0,1,\cdots,N_a-1 \tag{3-84}$$

如图 3-19 所示，投影转化过程是将极坐标$(k_p(t,n),\alpha_n)$和二维平面直角坐标$(k_x(t,n),k_y(t,n))$相互对应，从而将二维空间频率转变为合适的二维数据存储格式。由于在机载雷达天线回波信息数据录取过程中方位余角 α_n 是不断改变的，对应 $k_p(t,n)$方向上的数据，即波束信息数据在二维平面坐标系上是

以极坐标形式呈现的，因而指示的是环形的空间频率域。进一步对收集的回波进行二维 FFT 便能够获得雷达最终的成像效果。但是由于傅里叶变换需要输入的数据信息可以呈现平面直角坐标系下的等频率间隙特性，所以只能够将极坐标形式下的回波录取信息转换成二维平面直角坐标系形式。

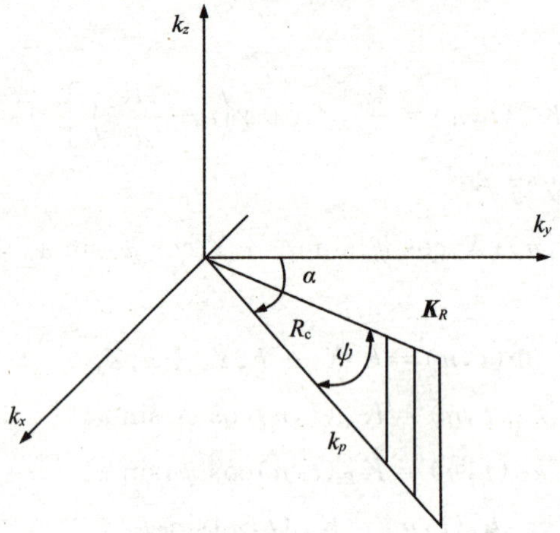

图 3-19　投影转化示意图

插值运算处理的原则是避免出现信号的畸变失真情况，而且必须保证信号的完整性，同时为了实现对复数信号数据的准确处理不产生相位误差，进行插值运算的滤波器必须为具有线性相位特性的滤波器。

完成雷达成像极坐标格式算法的插值处理最有效的措施是直接进行二维完整插值，但是实施该过程所需要的运算量过于庞大，降低了算法效率，因而在日常处理成像问题时主要使用两次一维插值来代替。

图 3-20 给出了聚束 SAR 极坐标算法的步骤示意图。首先，对原始回波数据消除残余视频相位(RVP)。然后，完成距离向的插值任务，将初始环形信息转变成梯形分布。距离向插值是从均匀输入到均匀输出的采样，可为以下的方位向插值处理打好基础。距离向插值处理使得数据变为梯形分布，在距离方向上表现为等间距排列，因此亦被称为“Keystone 插值”。接下来实施方位向的插值运算，该插值是从非均匀排列到均匀排列的再采样流程，插值过程在脉冲之间开始。数据处理以后会由梯形分布变为矩形分布，插值完成后分别在距离向和方位向完成傅里叶变换即能够得到最后的聚束 SAR 图像。也可以使用二维 FFT 方法直接进行数据处理。

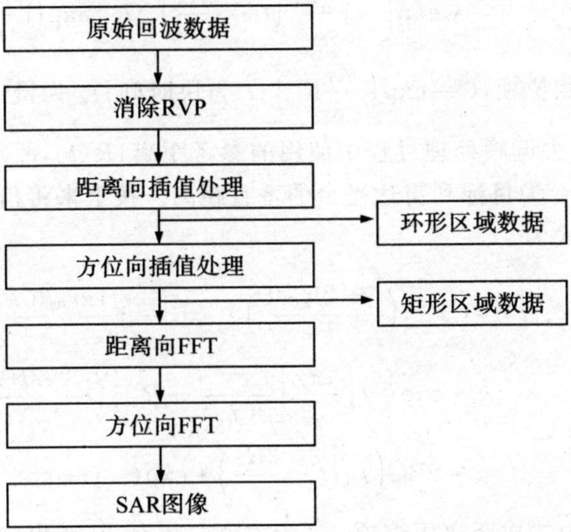

图 3-20　聚束 SAR 极坐标格式算法步骤示意图

三、频率变标(FS)成像算法

频率变标算法(Frequency Scaling Algorithm,FSA)最早由密特梅耶(J. Mittermaye)等人提出,该算法为传统调频变标算法的改进,能够对去调频后的回波信号进行成像处理,得到聚束 SAR 图像[46]。频率变标算法利用频率变标函数直接对距离徙动实施有效的更正,可以避免插值步骤造成的误差。该算法先采取频率变标的处理方式促使各目距离位置上目标点的多普勒相位历程保持同步,其次利用方位向去调频技术实现方位向的彻底聚焦。成像处理流程中仅需要复乘和傅里叶变换,大幅度提高了成像处理的效率。

基于固定距离去调频的聚束 SAR 目标点的波束信号的表达式为

$$s(\hat{t},t_a,t_0)=\mathrm{rect}\left[\frac{\hat{t}-2R(t_a)/c}{T_P}\right]\mathrm{rect}\left(\frac{t_a}{T_{spot}}\right)\cdot\exp\left(-\mathrm{j}\,\frac{4\pi}{\lambda}\Delta R\right)$$
$$\cdot\exp\left[-\mathrm{j}\,\frac{4\pi\gamma}{c}\left(\hat{t}-\frac{2R_0}{c}\right)\Delta R\right]\exp\left(\mathrm{j}\,\frac{4\pi\gamma}{c^2}\Delta R^2\right)\qquad(3\text{-}85)$$

将 $\Delta R=R(t_a,r_0)-R_0$ 代入式(3-85),可得

$$s(\hat{t},t_a,t_0)=C\mathrm{rect}\left[\frac{\hat{t}-2R(t_a)/c}{T_P}\right]\mathrm{rect}\left(\frac{t_a}{T_{spot}}\right)$$
$$\cdot\exp\left[-\mathrm{j}\,\frac{4\pi}{\lambda}R(t_a,r_0)\right]$$

$$\cdot \exp\left[-\mathrm{j}\,\frac{4\pi\gamma}{c}\left(\hat{t}-\frac{2R_0}{c}\right)\Delta R\right]\exp\left(\mathrm{j}\,\frac{4\pi\gamma}{c^2}\Delta R^2\right) \tag{3-86}$$

式中，C 为常数相位项，$C=\exp\left(\mathrm{j}\,\frac{4\pi}{\lambda}R_0\right)$；$\hat{t}$ 为快时间；t_a 为慢时间；T_{spot} 为合成孔径时间；R_0 为去调频处理过程中使用的参考距离；$R(t_a, r_0)$ 为目标到雷达平台的瞬时距离；r_0 为目标到雷达平台的垂直距离。接下来将信号变换到距离多普勒域，对应公式为

$$\begin{aligned} s(f_a,\hat{t}) = & C\mathrm{rect}\left(\frac{\hat{t}-2R_0/c}{T_P}\right)\cdot \exp\left[-\mathrm{j}\,\frac{4\pi r_0\beta(f_a)}{\lambda}\right] \\ & \cdot \exp\left\{-\mathrm{j}\,\frac{4\pi\gamma}{c}\left[\frac{r_0}{\beta(f_a)}-R_0\right]\left(\hat{t}-\frac{2R_0}{c}\right)\right\} \\ & \cdot \mathrm{SRC}\left(f_a,\hat{t}-\frac{2R_0}{c}\right)\cdot \exp(-\mathrm{j}\gamma\pi\,\hat{t}^2) \end{aligned} \tag{3-87}$$

式中，SRC(·)为二次距离压缩项；f_a 为方位向频率，其变化范围为

$$-\frac{\mathrm{PRF}}{2}+f_{dc}\leqslant f_a\leqslant \frac{\mathrm{PRF}}{2}+f_{dc} \tag{3-88}$$

频率变标处理过程是在信号的波数域实现的，在距离向实施傅里叶变换后可推导出波数域的表达式，即

$$\begin{aligned} s(f_a,f_r,r_0) = & C\exp\left(-\mathrm{j}\,\frac{4\pi R_0}{c}f_r\right)\exp\left[-\mathrm{j}\,\frac{4\pi r_0\beta(f_a)}{\lambda}\right] \\ & \cdot T_P\cdot \sin c\left(\pi T_P\left\{f_r+\frac{2\gamma}{c}\left[\frac{r_0}{\beta(f_a)}-R_0\right]\right\}\right) \\ & \cdot \mathrm{SRC}(f_a,f_r,r_0)\exp\left(\mathrm{j}\,\frac{4\pi f_r^2}{\gamma}\right) \end{aligned} \tag{3-89}$$

式中，f_r 为距离向频率。频率变标成像算法大致可以分为三个主要步骤。第一步是采取频率变标的处理方式，在待处理的回波各自的域与调频函数相乘，促使各自不同距离位置上的目标点的距离单元徙动（Range Cell Migration，RCM）和参考位置 R_0 能够保持同步，进而实现 RCM 的统一更正；第二步是完成距离向的处理，主要工作是实现二次距离向压缩和距离单元徙动的更正；第三步主要的任务是实现方位向的变标和去调频处理，具体实现方法是在各自目标点距离位置上引入相一致的线性调频信号，再利用方位向去调频技术来实现方位向的彻底聚焦。

四、两步处理成像算法

两步处理算法由福尔纳罗（G. Fornaro）等人提出[47]，该算法能较好地解决

聚束 SAR 中的方位向频谱混叠问题，在聚束 SAR 中得到了较多的应用。两步成像算法的第一步是进行方位向滤波处理，第二步是利用标准条带式 SAR 算法完成聚焦处理。

图 3-21 为滑动聚束 SAR 成像几何示意图。雷达平台的飞行轨迹为 x 轴，平台速度为 v，雷达波束对应的斜距方向为 r 轴，场景中心到飞行轨迹的垂直距离为 r_0。在平台飞行过程中，天线波束始终指向虚拟点 T，雷达波束在地面的移动速度为 v_f。定义 A 的表达式为

$$A=\frac{r_1}{r_0+r_1}=\frac{v_f}{v} \tag{3-90}$$

式中，A 称为"滑动因子"，是滑动聚束模式下的重要指标。条带模式的特点是天线波束指向始终保持不变，聚束模式的特点是天线波束始终指向地面上的固定区域，滑动聚束模式的特点是天线波束始终指向地面以下的某个虚拟点且该虚拟点与地面的距离可调节。三种模式的区别体现为 v_f 的不同。对于条带模式，v_f 与 v 的值相同，即 $A=1$；对于聚束模式，v_f 的值为零，即 $A=0$；对于滑动聚束模式，A 的取值在 0 和 1 之间，具有较强的灵活性。条带模式和聚束模式可视为滑动聚束模式的特例。接下来将讨论适用于滑动聚束模式的两步处理成像算法，主要包括三方面的内容：方位向滤波、系统传递函数的推导和利用 Chirp-Z 变换完成聚焦处理。

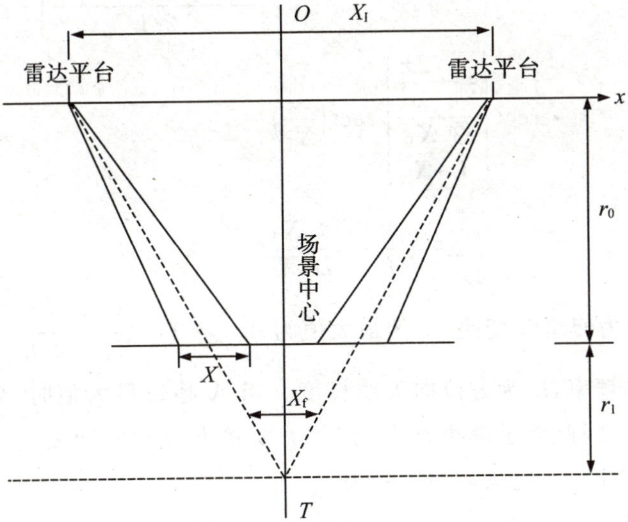

图 3-21　滑动聚束 SAR 成像几何示意图

方位向滤波步骤能够比较有效地解决频谱混叠带来的麻烦。滑动聚束SAR模式下，当机载位置为x'时，坐标为(x,r)处的目标点的回波信号为

$$f(x'-x,r'-r,x,r)=\exp\left(-\mathrm{j}\omega_c\frac{2R}{c}\right)\exp\left[-\mathrm{j}\frac{\alpha}{2}\left(t-t_n-\frac{2R}{c}\right)^2\right]\cdot\mathrm{rect}\left(\frac{t-t_n-2R/C}{\tau}\right)\cdot\mathrm{rect}\left(\frac{Ax'-x}{X}\right)\mathrm{rect}\left(\frac{x'}{X_{\mathrm{I}}}\right)\tag{3-91}$$

式中，X_{I}为接收回波的时间范围内雷达机载飞行的距离；X为雷达波束方位向波束足迹的宽度。

对上述公式的方位向信息进行具体分析，可推演方位向的回波信号为

$$a(x'-x;x,r)\approx\exp\left[-\mathrm{j}2\pi\frac{(x'-x)^2}{\lambda r}\right]\mathrm{rect}\left(\frac{Ax'-x}{X}\right)\cdot\mathrm{rect}\left(\frac{x'}{X_{\mathrm{I}}}\right)\mathrm{rect}\left(\frac{x}{X_{\mathrm{f}}}\right)\tag{3-92}$$

式中，X_{f}为天线波束完全照射到场景方位向的宽度，且$X_{\mathrm{f}}=|AX_{\mathrm{I}}-X|$。利用驻足相位原理可得方位向的频谱和多普勒带宽分别为

$$\begin{aligned}A(\xi;x,r)&=\mathrm{FT}[a(x'-x;x,r)]\\&=\int a(x'-x;x,r)\exp(-\mathrm{j}2\pi\xi x')\mathrm{d}x'\\&\approx\exp\left(\mathrm{j}2\pi\frac{\xi^2\lambda r}{4}-\xi x\right)\mathrm{rect}\left[\frac{A\xi-\frac{2x(A-1)}{\lambda r}}{2/L}\right]\\&\quad\cdot\mathrm{rect}\left[\frac{\xi-\frac{2x}{\lambda r}}{\frac{2}{L}\frac{X_{\mathrm{I}}}{X}}\right]\mathrm{rect}\left(\frac{x}{X_{\mathrm{f}}}\right)\end{aligned}\tag{3-93}$$

$$\Delta\xi=\frac{2}{L}+\frac{2}{L}\frac{X_{\mathrm{I}}}{X}(1-A)\tag{3-94}$$

式中，FT[·]为傅里叶变换；A的最大值为$A_{\max}=1-\dfrac{X}{X_{\mathrm{I}}}\dfrac{\xi_s-2/L}{2/L}$，其中，$\xi_s$为方位向的采样频率，$L$为方位向天线长度。当$A$超过最大值时，会出现频谱混叠，造成误差。因此为了解决这个问题，需要将方位向的回波信号与调频信号进行卷积滤波处理。定义调频信号为

$$g(x')=\exp\left(\mathrm{j}2\pi\frac{x'^2}{\lambda\tilde{r}}\right)\tag{3-95}$$

式中，$\tilde{r}=r_0/(1-A)$，卷积公式为

$$
\begin{aligned}
c(x';x,r) &= a(x'-x;x,r)\otimes g(x') \\
&\approx \mathrm{rect}\left(\frac{x}{X_{\mathrm{f}}}\right)\exp\left[-\mathrm{j}\frac{2\pi}{\lambda}\frac{(x'-x)^2}{r-r'}\right]\mathrm{rect}\left(\frac{x}{X_{\mathrm{f}}}\right) \\
&\quad\cdot \mathrm{rect}\left\{\frac{Ax'-x\left[1-(1-A)\dfrac{\tilde{r}}{r}\right]}{\lambda\mid\tilde{r}-r\mid/L}\right\}\mathrm{rect}\left[\frac{x'-x\tilde{r}/r}{X_{\mathrm{I}}(1-\tilde{r}/r)}\right]
\end{aligned}
\tag{3-96}
$$

令 $\Delta x'$ 和 I 分别表示未经过方位向滤波处理的像素维度和方位向采样点数，$\Delta x''$ 和 P 分别表示经过方位向滤波处理后的像素维度和方位采样点数，可得

$$
\begin{aligned}
c(n\Delta x'';x,r) &= \sum_{i=-I/2}^{I/2-1} a(i\Delta x';x,r)g(n\Delta x''-i\Delta x') \\
&= \exp\left[\mathrm{j}\frac{2\pi}{\lambda\tilde{r}}(n\Delta x'')^2\right] \\
&\quad\cdot\sum_{i=-I/2}^{I/2-1} a(i\Delta x';x,r)\exp\left[\mathrm{j}2\pi\frac{(i\Delta x')^2}{\lambda\tilde{r}}\right] \\
&\quad\cdot\exp\left[-\mathrm{j}2\pi\frac{2\Delta x'\Delta x''}{\lambda\tilde{r}}in\right]
\end{aligned}
\tag{3-97}
$$

式中，$n=-P/2,\cdots,P/2-1$，根据采样定理可得，$\Delta x''$ 应该满足的条件为

$$
1/\Delta x'' \geqslant \Delta\xi \tag{3-98}
$$

P 应该满足的条件为

$$
P \geqslant \frac{\lambda\tilde{r}}{2\Delta x'}\Delta\xi \approx \frac{X_{\mathrm{I}}}{\Delta x'}+\frac{1}{1-A}\frac{X}{\Delta x'} = I+\frac{1}{1-A}\frac{X}{\Delta x'} \tag{3-99}
$$

将数据长度从 I 变换到 P，式(3-97)可以改变为

$$
\begin{aligned}
c(n\Delta x'';x,r) &= \exp\left[\mathrm{j}\frac{2\pi}{\lambda\tilde{r}}(n\Delta x'')^2\right]\sum_{i=-P/2}^{P/2-1} a(i\Delta x';x,r) \\
&\quad\cdot\exp\left[\mathrm{j}2\pi\frac{(i\Delta x')^2}{\lambda\tilde{r}}\right]\cdot\exp\left(-\mathrm{j}2\pi\frac{in}{P}\right) \\
&= \exp\left[\mathrm{j}2\pi\frac{(n\Delta x'')^2}{\lambda\tilde{r}}\right] \\
&\quad\cdot\mathrm{DFT}\left\{a(i\Delta x';x,r)\cdot\exp\left[\mathrm{j}2\pi\frac{(i\Delta x')^2}{\lambda\tilde{r}}\right]\right\}
\end{aligned}
\tag{3-100}
$$

式中，DET{ · }为离散傅里叶变换。

总结以上公式的推导步骤，最终可以得出将原始的回波信号与二次相位因子相乘，再进行离散傅里叶变换，接着与因子 $\exp[\mathrm{j}2\pi(n\Delta x'')^2/(\lambda\tilde{r})]$ 相乘，即

可完成方位向滤波处理的任务。

在合成孔径雷达成像系统中，回波信号的本质就是成像系统中传递函数和目标的后向散射系数的二维卷积。滑动聚束模式下的回波信号的时域表达式为

$$
\begin{aligned}
h(x',r') &= \iint \gamma(x,r)\exp\left(-\mathrm{j}2\pi\frac{C\tau}{\lambda}r\right)\exp\left(-\mathrm{j}4\pi\frac{X}{\lambda}\Delta R\right) \\
&\quad \cdot P\left(r'-r-\frac{2X}{C\tau}\Delta R\right)\mathrm{rect}\left(r'-r-\frac{2X}{C\tau}\Delta R\right)\mathrm{rect}\left(\frac{Ax'-x}{X}\right)\mathrm{d}x\,\mathrm{d}r \\
&= \iint \gamma(x,r)g(x'-x,r'-r;r)\mathrm{d}x\,\mathrm{d}r
\end{aligned}
\tag{3-101}
$$

式中，γ 为后向散射系数；

$$
P(r'-r)=\exp\left[-\mathrm{j}\frac{\alpha}{2}(r'-r)^2\right] \tag{3-102}
$$

$$
\Delta R=\sqrt{\left(\frac{C\tau}{2X}r\right)^2+(x'-x)^2}-\frac{C\tau}{2X}r \tag{3-103}
$$

设置 $a=2\pi X/L$，$b=2\alpha/\tau^2$，可得系统传递函数的时域表达式为

$$
\begin{aligned}
g(x'-x,r'-r;r) &= \exp\left[\mathrm{j}b\left(r'-r-\frac{2X}{C\tau}\right)^2\right] \\
&\quad \cdot \mathrm{rect}\left(r'-r-\frac{2X}{C\tau}\Delta R\right) \\
&\quad \cdot \exp\left(-\mathrm{j}a\frac{2L}{\lambda}\Delta R\right)\mathrm{rect}\left(\frac{Ax'-x}{X}\right)
\end{aligned}
\tag{3-104}
$$

将回波信号做二维 FFT 处理之后转换为二维频域，即得

$$
\begin{aligned}
G(\xi,\eta) &= \iint g(x'-x,r'-r;r)\exp[-\mathrm{j}\xi(x'-x)] \\
&\quad \cdot \exp[-\mathrm{j}\eta(r'-r)]\mathrm{d}x'\mathrm{d}r' \\
&\approx \frac{\pi}{\sqrt{ac}}\mathrm{rect}\left(\frac{\eta}{2b}\right)\mathrm{rect}\left[\frac{\xi-2a(r_0/r)(1-1/A)}{2aXr_0/(Ar)}\right] \\
&\quad \cdot \exp[-\mathrm{j}\psi(\xi,\eta;r)]
\end{aligned}
\tag{3-105}
$$

且

$$
\begin{aligned}
\psi(\xi,\eta;r) &= \frac{\eta^2}{4b}-2a\left(\frac{L}{\lambda}\right)^2\left(1+\varepsilon\frac{\eta}{2b}\right)\frac{r}{r_0} \\
&\quad +\frac{L}{\lambda}\frac{r}{r_0}\sqrt{\left(2a\frac{L}{\lambda}\right)^2\left(1+\varepsilon\frac{\eta}{2b}\right)^2-\xi^2}
\end{aligned}
\tag{3-106}
$$

式中，ε 为信号带宽与载波频率之比。将该式中与目标点无关的部分分隔开，可得到系统传递函数的最终频域表达式为

$$G(\xi,\eta)=G_0(\xi,\eta)\exp[-\mathrm{j}\mu(\xi)-\mathrm{j}v(\xi)\eta r]$$

$$=\frac{\pi}{\sqrt{ab}}\mathrm{rect}\left(\frac{\eta}{2b}\right)\mathrm{rect}\left[\frac{\xi-2ax(r_0/r)\left(1-\frac{1}{A}\right)}{\frac{2aX}{A}(r_0/r)}\right]$$

$$\cdot\exp[-\mathrm{j}\psi_0(\xi,\eta)]\exp[-\mathrm{j}\mu(\xi)r-\mathrm{j}v(\xi)\eta r] \tag{3-107}$$

式中

$$u(\xi)=-\frac{2a}{r_0}\left(\frac{L}{\lambda}\right)+\sqrt{\left(2a\,\frac{L}{\lambda}\right)^2-\xi^2} \tag{3-108}$$

$$v(\xi)=-1+\frac{2aL/\lambda}{\sqrt{\left(2a\,\frac{L}{\lambda}\right)^2-\xi^2}} \tag{3-109}$$

经过方位向的滤波处理后,回波信号的二维频域表达式为

$$\overline{H}(\xi,\eta)=G_0(\xi,\eta)\exp\left(-\mathrm{j}2\pi\,\frac{\xi^2\lambda\tilde{r}}{4}\right)$$

$$\cdot\iint\gamma(x,r)\exp[-\mathrm{j}x\xi-\mathrm{j}\mu(\xi)r-\mathrm{j}\Omega(\xi)r\eta]\mathrm{d}x\,\mathrm{d}r$$

$$=G_0(\xi,\eta)\exp\left(-\mathrm{j}2\pi\,\frac{\xi^2\lambda\tilde{r}}{4}\right)\Gamma[\xi,\Omega(\xi)\eta+\mu(\xi)] \tag{3-110}$$

系统函数经过方位向滤波之后二维频域的表达式为

$$\overline{G}=G(\xi,\eta)\exp\left(-\mathrm{j}2\pi\,\frac{\xi^2\lambda\tilde{r}}{4}\right) \tag{3-111}$$

对上式进行变形,可得

$$\hat{H}(\xi,\eta)=\Gamma[\xi,\Omega(\xi)\eta+\mu(\xi)]$$

$$=\overline{H}(\xi,\eta)G_0^*(\xi,\eta)\exp\left(\mathrm{j}2\pi\,\frac{\xi^2\lambda\tilde{r}}{4}\right) \tag{3-112}$$

式中,$\Omega(\xi)=1+v(\xi)$;$\Gamma[\cdot]$为后向散射系数 $\gamma(\cdot)$的傅里叶变换。接下来对式(3-112)进行变尺度逆傅里叶变换,可得

$$\mathrm{SCFT}^{-1}[\hat{H}(\xi,\eta)]=\frac{1}{2\pi}\int\Gamma[\xi,\Omega(\xi)\eta+\mu(\xi)]\exp[\mathrm{j}\Omega(\xi)\eta r']\mathrm{d}\Omega(\xi)\eta$$

$$=\frac{1}{2\pi}\Omega(\xi)\exp[\mathrm{j}\Omega(\xi)r'^2/2]$$

$$\cdot\int\{\Gamma[\xi,\Omega(\xi)\eta+\mu(\xi)]\exp[\mathrm{j}\Omega(\xi)\eta^2/2]\}$$

$$\cdot\exp[-\mathrm{j}\Omega(\xi)(\eta-r'^2)/2]\mathrm{d}\eta \tag{3-113}$$

接下来是对经过 Chirp-Z 变换的函数进行方位向傅里叶逆变换，完成最终的成像。具体步骤是：首先与 K_1 项相乘，其次与 K_2 项进行卷积，最后与 K_3 项相乘，就可以得到滑动聚束 SAR 模式的成像结果。

K_1、K_2 和 K_3 的计算公式分别为

$$K_1 = \exp[\mathrm{j}\Omega(\xi)\eta^2/2] \tag{3-114}$$

$$K_2 = \exp[-\mathrm{j}\Omega(\xi)(\eta - r'^2)/2] \tag{3-115}$$

$$K_3 = \frac{1}{2\pi}\Omega(\xi)\exp[\mathrm{j}\Omega(\xi)r'^2/2] \tag{3-116}$$

以上即为适用于滑动聚束模式成像的两步处理算法。将滑动因子 A 的值设为零，两步处理算法同样适用于聚束模式下的 SAR 成像处理。图 3-22 对两步处理算法的成像流程进行了总结。

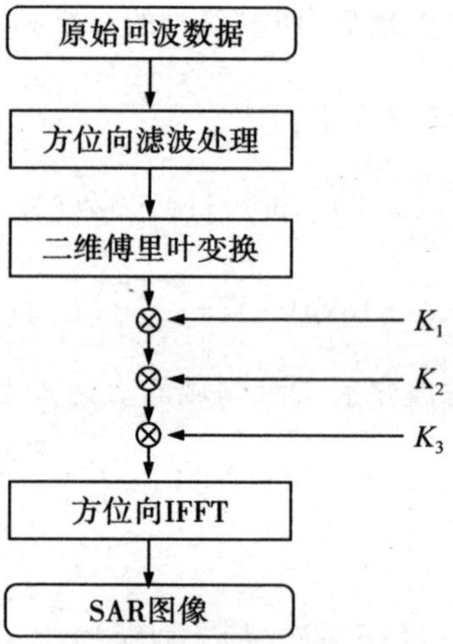

图 3-22　两步处理算法的成像流程

第六节　扫描 SAR 成像算法

一、扫描 SAR(ScanSAR)概述

ScanSAR 的提出是基于 SAR 宽测绘带成像的应用要求，用于大规模地实现变化快且时间短的大面积观测。如图 3-23 所示，整个观测场景共由五个子带

组成，星载 SAR 系统通过控制天线俯仰角的变化，使波束沿着雷达发射信号的方向对不同距离处的子观测带进行扫描。整个合成孔径时间被划分为几个部分，每个子带只享有其中的一部分。最后只利用回波信号的一部分多普勒频谱进行成像处理。ScanSAR 的优点是显著增加了测绘带，付出的代价是方位向分辨率的降低。

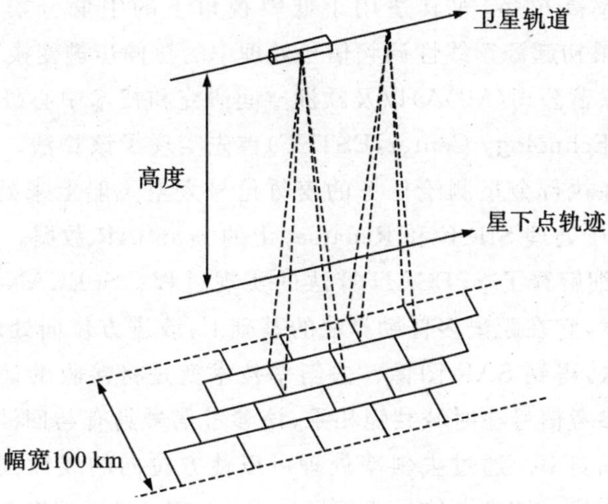

图 3-23　ScanSAR 成像模式

二、全孔径处理算法

Burst（突发）模式数据的全孔径处理方法指的是将相邻 Burst 之间缺少的数据补齐之后再进行成像的方法。在这个方法中，补齐相邻 Burst 数据块之间缺失数据的常用方法，就是添零拓展补齐，补零之后可得到类似于条带数据的 Burst 数据。如果相邻 Burst 间的间隙长度不是原来脉冲重复间隔的整数倍，那么 Burst 数据必须被重新采样到一个新的时间间隔，以便相邻 Burst 间的间隙长度可以对应于一个整数的原始数据样本。经过数据填补之后，整个子测绘带数据就可以按照条带图像的距离向处理方式来处理了，方位向也是如此。

全孔径处理算法的优点在于可以直接利用标准 SAR 信号处理器来处理 Burst 数据，可以对数据批量处理。该算法可以保持信号的相位特性，处理得到的数据既可生成幅度图像，还能生成含有相位信息的复图像，方便后续的干涉处理等加工。但是由于需要处理大量的零填充区域，这样在计算过程中会用到实际上并不可用的全部孔径，加之需要对数据重新进行过采样，因此该算法的处理效率比较低。此外,该算法处理得到的图像质量较差,比较模糊,图像的方位向存在较为明显的高频幅度调制特征。

三、SPECAN 算法

SPECAN 算法又被称作“频谱分析(SPECtral ANalysis)算法”,比距离多普勒算法的效率高很多,尤其适用于低斜视角下的中低分辨率 SAR 成像。SPECAN 算法最初起源于线性调频信号处理中的拉伸步进变换,加拿大麦克唐纳·德特威勒联营公司(MDA)以及欧洲空间研究和技术中心(European Space research and TEchnology Center,ESTEC)首先实现了该算法。SPECAN 算法历史上曾被用在执行金星测绘任务的麦哲伦号太空飞船上来处理 Burst 模式的数据,也被用于处理 SIR-C 和 Radarsat 上的 ScanSAR 数据。

图 3-24 详细解释了 SPECAN 算法的实现过程。SPECAN 算法的核心思想是去斜率技术,它在距离多普勒算法的基础上,改进方位向处理,采用去斜率加谱分析的方法,得到 SAR 图像。去斜率技术就是将接收的信号完成距离向压缩后和一个参考信号在时域共轭相乘,该参考信号具有与回波信号相同的中心频率和多普勒斜率。通过去斜率处理可以使方位向的线性调频信号变成单一频率的正弦信号。该参考信号关于场景中心对称,其调频率与方位向信号刚好相反。回波信号去斜率之后,再对方位向做 FFT,这样就能将信号压缩至目标与其频率范围相对应的正确位置上。进行 FFT 后,根据傅里叶频谱和方位向时间以及多普勒斜率之间的关系,即使该信号处于频域中,其傅里叶频点也可与方位向时间关联起来。由于多普勒斜率是关于距离的函数,傅里叶频谱和方位向时间之间的变化关系类似于一个关于距离的函数,这就导致了处理得到的图像,其输出样本的间隔随距离而改变。通常,如果有必要的话,需要在 SPECAN 算法中加入插值运算,让目标的压缩响应分布在一个均匀的网格中。

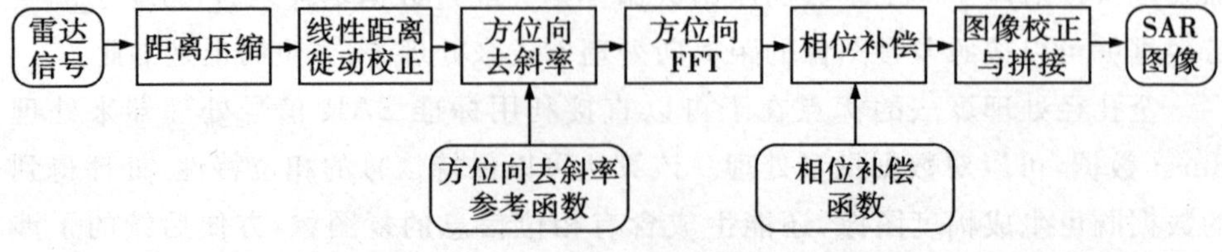

图 3-24 SPECAN 算法的实现过程

四、扩展调频变标算法

扩展调频变标(Extended Chirp Scaling,ECS)算法由莫雷达(A. Moreira)等人于1996年提出[48],该算法是对基本调频变标算法的改进,在Burst模式下使用了长度更短的方位向FFT和IFFT。扩展调频变标算法采用与标准调频变标算法相同的处理步骤,不同之处在于将方位向压缩替换为频率变标操作,该操作使每一个距离单元上的方位调频率变为一致。在方位向压缩的过程中(下文称作"方位变标"),通过与一个指数函数相乘来消除所有目标中与距离有关的方位双曲相位,同时引入一个常数线性调频。

图3-25给出了ECS算法的流程。ECS算法在距离向引入了新的变标函数,可以满足大斜视角(斜视角大于10°)的SAR成像需求。通过方位向SPECAN处理,该算法能实现比SPECAN算法精度更高的Scan SAR成像,而且能保持信号的相位特性。方位变标还可以避免SPECAN算法通常所需的插值处理,避免了成像精度的损失。

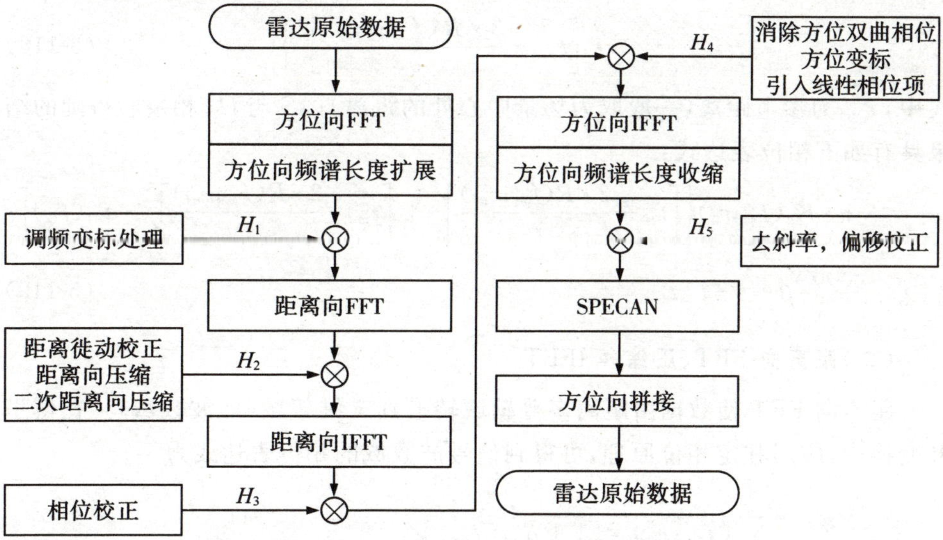

图3-25 ECS算法的流程

(一)方位向FFT

经方位向FFT后,ScanSAR的回波信号可以写成如下形式:

$$sS(t_{ra},f_{az};r_0)=C\cdot w_r\left[t_r-\frac{2\cdot R(f_{az};r_0)}{c}\right]\cdot w_a\left[-\frac{r_0\cdot\lambda\cdot f_{az}}{2\cdot v^2\cdot\beta(f_{az})}\right]$$
$$\cdot\operatorname{rect}\left\{\left[t_{ra}-\frac{2\cdot R(f_{az};r_0)}{c}\right]/\tau\right\}$$
$$\cdot\operatorname{rect}\left(-\frac{r_0\cdot\lambda\cdot f_{az}}{2\cdot v^2\cdot T_B\cdot\beta(f_{az})}\right)$$
$$\cdot\exp\left\{-j\pi K_s(f_{az};r_0)\cdot\left[t_{ra}-\frac{2\cdot R(f_{az};r_0)}{c}\right]^2\right\}$$
$$\cdot\exp\left[-j\frac{4\pi r_0}{\lambda}\beta(f_{az})\right]\cdot\exp(-j2\pi f_{az}t_0)\tag{3-117}$$

式中，C 为常数；w_r 和 w_a 分别为距离向和方位向天线方向图；t_{ra} 为距离向时间；f_{az}为方位向频率；r_0 为最近距离；t_0 为目标相对于零多普勒中心的方位向时间偏移；$K_s(f_{az};r_0)$为调频信号的调频率。

H_1 利用扩展的变标因子完成调频变标处理，其表达式如下：

$$H_1(f_{az},t_{ra})=\exp\left\{-j\cdot\pi\cdot K_s(f_{az};r_{ref})\cdot a_{scl}(f_{az})\right.$$
$$\left.\cdot\left[t_{ra}-\frac{2\cdot R(f_{az};r_{ref})}{c}\right]^2\right\}\tag{3-118}$$

式中，r_{ref}为参考距离（一般取为场景中心处的距离）；sS 与 H_1 相乘后得到的结果具有如下相位表达式：

$$\varphi_1=-\pi\cdot K_s(f_{az};r_0)\left\{\left[t_{ra}-\frac{2\cdot R(f_{az};r_{ref})}{c}\right]^2+\left[t_{ra}-\frac{2\cdot R(f_{az};r_{ref})}{c}\right]^2\cdot a_{scl}(f_{az})\right\}$$
$$-\frac{4\pi r_0}{\lambda}\beta-2\pi f_{az}t_0\tag{3-119}$$

（二）距离向 FFT、压缩和 IFFT

距离向 FFT 使数据由距离多普勒域转换到二维频域（即波数域）。在傅里叶变换中，应用驻定相位原理，可得到信号波数域的相位表达式为

$$\varphi_2=\frac{\pi\cdot f_{ra}^2}{K_s(f_{az};r_0)\cdot[1+a_{scl}(f_{az})]}$$
$$-\frac{4\cdot\pi\cdot f_{ra}\cdot[1+a(f_{az})]\cdot[r_0+r_{ref}a_{scl}(f_{az})]}{c\cdot[1+a_{scl}(f_{az})]}$$
$$+\frac{-4\cdot\pi\cdot K_s(f_{az};r_0)\cdot a_{scl}(f_{az})\cdot[1+a(f_{az})]^2}{c^2\cdot[1+a_{scl}(f_{az})]}$$
$$\cdot(r_0-r_{ref})^2-\frac{4\pi r_0}{\lambda}\beta-2\pi f_{az}t_0\tag{3-120}$$

$$H_2(f_{az},f_{ra})=\exp\left[-j\pi\cdot\frac{1}{K_s(f_{az};c)\cdot[1+a_{scl}(f_{az})]}\cdot f_{ra}^2\right]$$

$$\cdot\exp\left[j\frac{4\pi r_{ref}}{c}\cdot a(f_{az})\cdot f_{ra}\right] \tag{3-121}$$

（三）方位变标和方位向 IFFT

方位变标函数 H_4 用于移除所有目标的双曲线方位相位历史，同时引入一个常线性调频，其表达式为

$$H_4(f_{az},r_0)=\exp\left\{\frac{j\pi 4r_0}{\lambda}\cdot[\beta(f_{az})-1]\right\}\cdot\exp\left[-\frac{j\pi}{k_{a,scl}}\cdot f_{az}^2\right]$$

$$\cdot\exp[-j2\pi\cdot t_c(r_{scl})\cdot f_{az}] \tag{3-122}$$

式中，$k_{a,scl}$ 为在某个所选的变标距离处的多普勒频率；t_c 为照射周期中心处的方位向时间；r_{scl} 为所选择的方位变标的距离。

（四）去斜率和方位向 FFT

方位频谱长度缩短后，利用短方位向 IFFT，数据由距离多普勒域转换到距离方位时间域（信号域），此时所有的目标都已经在距离向被压缩，且没有任何距离徙动，在最终的方位向 FFT 后，完成信号的方位向压缩，这时信号的相位变成只与距离有关的量，体现了算法的相位保持特性。

第七节　多普勒参数估计算法

一、多普勒中心频率估计

SAR 成像要求载机做匀速直线运动，但在实际情况中，载机受气流等因素干扰导致飞行轨迹并不理想，从而影响多普勒谱。多普勒中心与载机平台和地面目标之间的径向速度有关，多普勒中心误差将直接影响 SAR 图像质量，并使图像中的目标位置发生偏移。

多普勒中心可以直接通过载机惯导系统提供的数据计算得到，但是惯导系统提供的飞行姿态数据精度有限，因此计算出的多普勒中心并不准确。所以通常采用基于雷达回波信号的处理方法对多普勒中心进行精确估计，如表 3-2 所示。估计多普勒中心的方法整体可以分为两大类：时域的估计方法和频域的估计方法。

表 3-2　多普勒中心估计常用方法

类型	方法	基本原理
频域	方位谱峰值法	适用于均匀场景，方位谱对应天线方向功率谱，通过寻找方位向回波信号的功率谱密度的峰值而得到多普勒中心估计值
	回波域杂波锁定法	适用于均匀场景，不断迭代，通过寻找方位谱的能量重心而得到多普勒中心估计值
	图像域杂波锁定法	基于回波域杂波锁定法提出，先成像才能估计多普勒中心，提高了估计精度
	能差逼近法	通过直接求方位谱能量重心以逼近多普勒中心，迭代次数较少
时域	时域估计法	利用自适应滤波器，根据最小功率准则，估计多普勒中心。该方法在场景有突变或不均匀时也同样适用
	相关多普勒估计法	利用信号的功率谱和相关函数是一对傅里叶变换对的关系来估计多普勒中心，估计精度与场景对比度成反比
	符号多普勒估计法	利用信号的符号信息获得信号的相关函数，基于高斯过程中的“arcsin”律估计多普勒中心

实际上，上述各种方法都是将回波信号的方位向功率谱与一个权函数进行相关运算，找出结果的最小值，而不同方法的区别在于权函数的不同。

二、多普勒调频率估计

方位向压缩是 SAR 成像中至关重要的一步，而多普勒调频率是一个重要参数，其直接影响 SAR 图像的聚焦效果。多普勒调频率越准确，目标方位向回波的主瓣越窄，成像效果也越好。对多普勒调频率的估计又被称为“自聚焦”。比较常用的方法有子孔径相关(Map Drift，MD)算法、相位梯度自聚焦(Phase Gradient Autofocus，PGA)算法、对比度最优算法等。

(一)子孔径相关算法

二次相位误差是影响 SAR 图像质量的主要原因，MD 算法可以稳健估计多普勒调频率，从而有效地消除二次相位误差，改善成像效果。目前，MD 算法已经在 SAR 成像处理中得到广泛应用。

MD 算法的原理就是将全孔径划分为几个子孔径，由于二次相位误差将会造成子孔径图像之间的偏移，通过对子孔径进行相关处理，找到频谱相关的最大值，从而估计出多普勒调频率。

如图 3-26 所示，L 表示合成孔径长度，$\overline{AB}$ 段是全孔径的一部分。将 $\overline{AB}$ 段以 O 为中点分为前后两段，两段之间的时延为 T，则 $\overline{AO}$ 段信号 $s_{AO}(t)$ 和 $\overline{OB}$ 段信号 $s_{OB}(t)$ 可分别表示为

$$s_{AO}(t)=w(t)\mathrm{e}^{\mathrm{j}\pi f_{\mathrm{dr}}t^2} \tag{3-123}$$

$$s_{OB}(t)=w(t-T)\mathrm{e}^{\mathrm{j}\pi f_{\mathrm{dr}}t^2} \tag{3-124}$$

式中，f_{dr} 为多普勒调频率。令 $\tau=t-T$，则式(3-124)可以改写为

$$\begin{aligned}s_{OB}(\tau+T)&=w(\tau)\mathrm{e}^{\mathrm{j}\pi f_{\mathrm{dr}}(\tau+T)^2}\\&=w(\tau)\mathrm{e}^{\mathrm{j}\pi f_{\mathrm{dr}}\tau^2}\mathrm{e}^{\mathrm{j}2\pi f_{\mathrm{dr}}\tau T}\mathrm{e}^{\mathrm{j}\pi f_{\mathrm{dr}}T^2}\\&=s_{AO}(\tau)\mathrm{e}^{\mathrm{j}2\pi f_{\mathrm{dr}}T\tau}\mathrm{e}^{\mathrm{j}\pi f_{\mathrm{dr}}T^2}\end{aligned} \tag{3-125}$$

对式(3-125)进行傅里叶变换，可得

$$S_{OB}(f)=S_{AO}(f-f_{\mathrm{dr}}T)\mathrm{e}^{\mathrm{j}\pi f_{\mathrm{dr}}T^2} \tag{3-126}$$

式中，e 的指数项是一个常数相位，因此对相关结果并没有影响。可以看出，$\overline{AO}$ 段信号和 $\overline{OB}$ 段信号的频谱之间相差了 $f_{\mathrm{dr}}T$，从而可以计算出多普勒调频率。

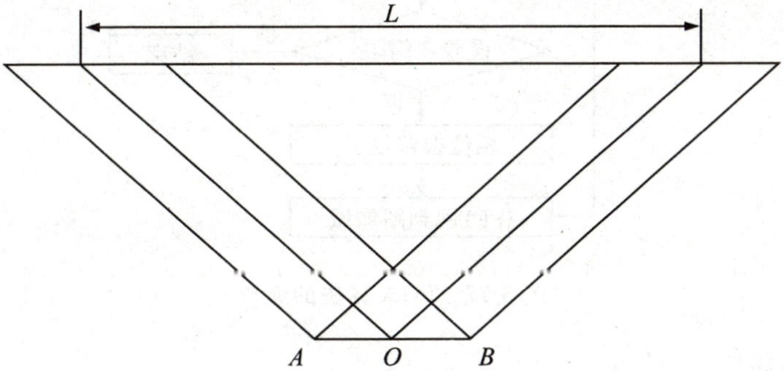

图 3-26　MD 算法调频率估计示意图

假设经过相关处理，求得两个子孔径间频谱的移动量为 Δf，而在离散频域对应的间隔为 Δn，每个子孔径的采样点数为 $\frac{N}{2}$，那么有

$$f_{\mathrm{dr}}T=\Delta f=\Delta n\frac{2\mathrm{PRF}}{N} \tag{3-127}$$

由于 $T=\frac{N}{2\mathrm{PRF}}$，因此可求得调频率的估计值为

$$\hat{f}_{\mathrm{dr}}=\Delta n\frac{4\mathrm{PRF}^2}{N^2} \tag{3-128}$$

（二）相位梯度自聚焦算法

要想获得更清晰的 SAR 图像，那么就不能忽略高阶相位误差的影响。PGA 算法与 MD 算法不同，并非基于有限阶相位误差模型，而是直接估计相位误差，既可以补偿低阶相位误差，又可以补偿高阶相位误差。PGA 算法自被提出以来，凭借其优良的性能已经得到了广泛的应用。

PGA 算法的具体流程如图 3-27 所示，主要包括四个关键步骤：循环移位、加窗、相位梯度估计、迭代相位校正。

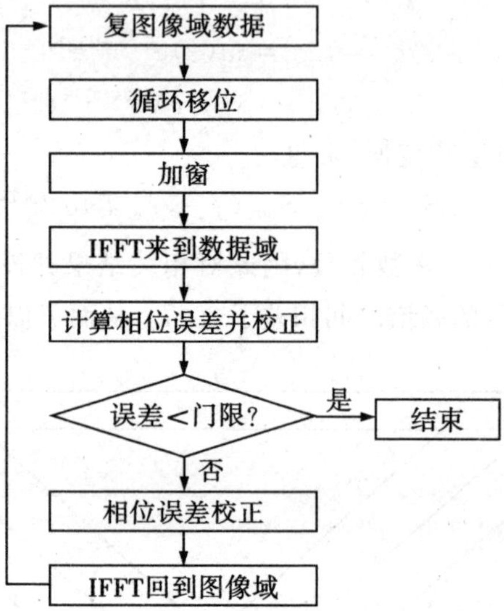

图 3-27　PGA 算法的流程

1.循环移位

首先选取图像域数据中一些能量较大的距离单元，然后分别找出每个距离单元中最强的散射点，将它们移动到图像的中心。在移动时，某个距离单元中的所有散射点作为一个整体一起移动，一端溢出的散射点补入另一端，即循环移位。

循环移位不仅可以去除由于点目标位置信息引起的相位误差，只保留线性相位，而且方便下一步的加窗操作。

2.加窗

如果直接对循环移位后的数据进行处理，不仅计算量庞大而且估计精度也不高。加窗可以保留最强散射点由相位误差所造成的模糊区域，同时去除那些不能为相位误差估计带来帮助的杂波数据（比如楼房、草木等），从而提高加窗区域的信噪比。

加窗的关键是确定窗的大小。窗太大会引入背景噪声；太小又无法包含最强散射点足够的散焦信息，导致估计精度下降。为解决上述问题，需要针对不同成像场景选择不同的加窗方法。

(1)当场景中包含强散射点时，如金属、舰船、车辆等，通常选择自适应估计窗宽的方法。用公式表示为

$$s(x)=\sum_{n}|f_{n}(x)|^{2} \tag{3-129}$$

式中，$f_n(x)$为第 n 个距离单元的图像域数据。由于循环移位，最强散射点都移动到了图像域中心，因此 $s(0)$是最大值。通常以 $s(0)$为中心，两个位置间的宽度为 W，再将这个宽度增加 50%即可作为窗宽。每迭代一次，窗宽就会减小，当算法最终收敛时，窗宽通常只有几个像素单元。

(2)如果场景中没有强散射点，而是由类杂波、特征不明显的目标(草地、农田等)组成，这种图像的对比度较低，自适应估计窗宽的方法便会失效。此时可以采取逐渐减小窗宽的办法，即选择最可能的模糊区域宽度(一般为几百个单元格)作为初始窗宽，每经过一次迭代窗宽便降低 20%。

3.相位梯度估计

对图像域数据进行循环移位和加窗处理后，需要进行 IFFT 来到数据域，再进行相位梯度估计。设经过 IFFT 的信号可表示为

$$s(u)=|s(u)|\,\mathrm{e}^{\mathrm{j}[\varphi(u)+\Delta\varphi(u)]} \tag{3-130}$$

式中，$|s(u)|$ 为信号的幅度；$\varphi(u)$ 为相位；$\Delta\varphi(u)$ 为相位误差。利用线性无偏最小方差(Linear Unbiased Minimum Variance,LUMV)准则，可得到相位误差的一阶导数 $\Delta\dot{\varphi}(u)$ 的估计值为

$$\Delta\hat{\dot{\varphi}}(u)=\frac{\sum_{n}\mathrm{Im}\{s^{*}(u)\dot{s}(u)\}}{\sum_{n}|s(u)|^{2}}=\Delta\dot{\varphi}(u)+\frac{\sum_{n}|s(u)|^{2}\dot{\varphi}(u)}{\sum_{n}|s(u)|^{2}} \tag{3-131}$$

式中，$s^{*}(u)$ 为 $s(u)$ 的复共轭；n 为距离单元格数；$\dot{s}(u)$ 为 $s(u)$ 的一阶差分。则相位误差为

$$\Delta\hat{\varphi}(u)=\sum_{m}^{n-1}\Delta\hat{\dot{\varphi}}(m) \tag{3-132}$$

4.迭代相位校正

将估计的相位误差和距离向压缩后的数据域数据共轭相乘，消除相位误差，再进行 FFT 返回图像域得到新的图像，用于下一次迭代。

随着迭代的不断进行，图像质量逐渐提高，聚焦程度越来越好。一般地，迭

代 5～6 次就可以达到良好的成像效果。也可以设定一个阈值，当估计的相位小于阈值时，认为已收敛完毕，最终得到聚焦的 SAR 图像。

第八节　SAR 系统的几何和辐射定标

一、几何定标模型

几何定标是实现 SAR 影像高精度几何定位的关键技术，主要方法是借助外部控制数据对某一平台下的 SAR 影像进行误差参数标定，然后基于改正后的参数对同平台下的其他影像进行校正，以达到提升所有影像几何定位精度的目的。

（一）几何定位模型

几何定标模型是在影像几何定位模型的基础上针对几何定标参数而建立的。因此在 SAR 影像几何定标中，几何定位模型是实现高精度几何定标的关键和核心问题。SAR 几何定位模型主要包括 RD 模型、Leberl 雷达共线模型、Konecny 投影模型、有理多项式模型和距离-共面模型等。

RD 定位模型是一种经典的几何定位模型，在 SAR 的几何定标中得到了广泛的应用。其主要思想为：在一幅 SAR 影像内，根据目标的距离、多普勒频率和地球模型，可以对影像内的任一像素点进行定位。具体通过以下三个方程进行建模：

（1）描述传感器与目标间距离的 SAR 距离方程。

（2）描述目标多普勒频率的 SAR 多普勒方程。

（3）描述地球表面的椭球面方程。

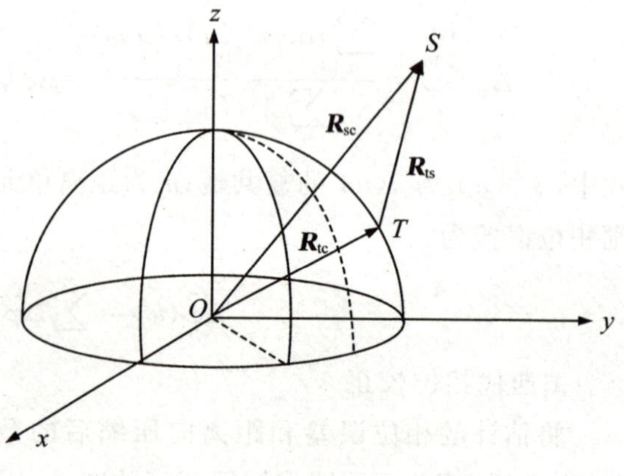

图 3-28　RD 模型的示意图

RD 模型的示意图如图 3-28 所示。其中，S 表示卫星传感器，以地心 O 为坐标原点，传感器的位置矢量和速度矢量分别用 $\boldsymbol{R}_{sc}$ 和 $\boldsymbol{V}_{sc}$ 表示。T 表示地球表面上的地物点，地物点的位置矢量用 $\boldsymbol{R}_{tc}$

表示。卫星传感器与地物点之间的距离用 R_{ts} 表示，即雷达斜距。

设传感器 S 的位置矢量和速度矢量分别为 $\boldsymbol{R}_{sc}=[X_s \quad Y_s \quad Z_s]^T$ 和 $\boldsymbol{V}_{sc}=[V_x \quad V_y \quad V_z]^T$，地物点 T 的位置矢量为 $\boldsymbol{R}_{tc}=[X_t \quad Y_t \quad Z_t]^T$，对于 SAR 影像上的每个像元所对应的地物点，其斜距可表示为

$$\begin{aligned} R &= |\boldsymbol{R}_{sc}-\boldsymbol{R}_{tc}| \\ &= |[X_s \quad Y_s \quad Z_s]^T-[X_t \quad Y_t \quad Z_t]^T| \\ &= \sqrt{(X_s-X_t)^2+(Y_s-Y_t)^2+(Z_s-Z_t)^2} \end{aligned} \tag{3-133}$$

SAR 卫星的持续飞行使得雷达天线与地物点之间发生相对运动，这种相对运动造成了雷达回波与卫星飞行方向不垂直的情况，如图 3-29 所示。卫星沿 AB 方向飞行，当飞行到 C 点时，雷达沿飞行方向朝一侧发射波束，照射到地球表面的影像幅宽为 L。假设与雷达波束中心垂直正交的地物点为 X_0，与卫星之间的距离为 R_0。随着卫星的飞行，X_0 处的后向散射回波由雷达天线在 X 处接收，与地物点之间的距离为 R。沿卫星飞行方向，设 X_0 处的坐标为 x_0，X 处的坐标为 x，则斜距可表示为

$$R^2=R_0^2+(x-x_0)^2 \tag{3-134}$$

将上式中的 R_0 假定为常数，对时间求导数，可得

$$2R\frac{\mathrm{d}R}{\mathrm{d}t}=2(x-x_0)\frac{\mathrm{d}x}{\mathrm{d}t} \tag{3-135}$$

$$\frac{\mathrm{d}R}{\mathrm{d}t}=\frac{x-x_0}{R}\frac{\mathrm{d}x}{\mathrm{d}t} \tag{3-136}$$

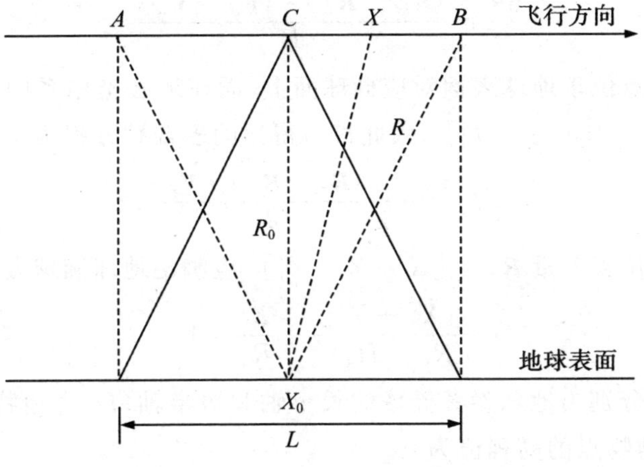

图 3-29　雷达波束与地物回波示意图

雷达回波的相位函数通常表示为

$$\varphi(t)=2\pi f_0\left(t-\frac{2R}{v}\right)=2\pi f_0 t-\frac{4\pi f_0 R}{v} \tag{3-137}$$

式中，f_0 为雷达载荷频率；v 为雷达波速。此时雷达回波频率可写为

$$f=\frac{1}{2\pi}\frac{\mathrm{d}\varphi}{\mathrm{d}t}=\frac{1}{2\pi}\left(2\pi f_0-\frac{4\pi f_0}{v}\frac{\mathrm{d}R}{\mathrm{d}t}\right)=f_0-\frac{2f_0}{v}\frac{\mathrm{d}R}{\mathrm{d}t} \tag{3-138}$$

式中，第二项为多普勒频率，用 f_d 表示，即

$$f_\mathrm{d}=-\frac{2f_0}{v}\frac{\mathrm{d}R}{\mathrm{d}t} \tag{3-139}$$

由于雷达波长 $\lambda=v/f_0$，故

$$f_\mathrm{d}=-\frac{2}{\lambda}\frac{\mathrm{d}R}{\mathrm{d}t} \tag{3-140}$$

设 $\boldsymbol{R}_\mathrm{ts}=[X\quad Y\quad Z]^\mathrm{T}$，其中，$X=X_\mathrm{s}-X_\mathrm{t}$，$Y=Y_\mathrm{s}-Y_\mathrm{t}$，$Z=Z_\mathrm{s}-Z_\mathrm{t}$，则由式(3-133)可知

$$R=\sqrt{X^2+Y^2+Z^2} \tag{3-141}$$

将式(3-141)对时间求导数，可得

$$\frac{\mathrm{d}R}{\mathrm{d}t}=\frac{X\dfrac{\mathrm{d}X}{\mathrm{d}t}+Y\dfrac{\mathrm{d}Y}{\mathrm{d}t}+Z\dfrac{\mathrm{d}Z}{\mathrm{d}t}}{\sqrt{X^2+Y^2+Z^2}} \tag{3-142}$$

由于 $\left[\dfrac{\mathrm{d}X}{\mathrm{d}t}\quad\dfrac{\mathrm{d}Y}{\mathrm{d}t}\quad\dfrac{\mathrm{d}Z}{\mathrm{d}t}\right]=\boldsymbol{V}_\mathrm{sc}-\boldsymbol{V}_\mathrm{tc}$，则式(3-142)等价于

$$\frac{\mathrm{d}R}{\mathrm{d}t}=\frac{(\boldsymbol{R}_\mathrm{sc}-\boldsymbol{R}_\mathrm{tc})\cdot(\boldsymbol{V}_\mathrm{sc}-\boldsymbol{V}_\mathrm{tc})}{R} \tag{3-143}$$

由于地物点位于地球表面对应椭球面上，而在地心坐标系中地物点的速度矢量为0，即 $\boldsymbol{V}_\mathrm{tc}=[0\quad 0\quad 0]^\mathrm{T}$，因此最后得出的多普勒方程为

$$f_\mathrm{d}=-\frac{2}{\lambda}\frac{(\boldsymbol{R}_\mathrm{sc}-\boldsymbol{R}_\mathrm{tc})\cdot\boldsymbol{V}_\mathrm{sc}}{R} \tag{3-144}$$

地物点的位置矢量 $\boldsymbol{R}_\mathrm{tc}=[X_\mathrm{t}\quad Y_\mathrm{t}\quad Z_\mathrm{t}]^\mathrm{T}$ 应满足地球椭球方程，即

$$\frac{X_\mathrm{t}^2+Y_\mathrm{t}^2}{(R_\mathrm{e}+H_\mathrm{t})^2}+\frac{Z_\mathrm{t}^2}{R_\mathrm{p}^2}=1 \tag{3-145}$$

式中，R_e 和 R_p 分别为地球参考椭球的长半轴和短半轴；H_t 为地物点的高程，在椭球表面上，地物点的高程值为 0。

由式(3-133)、式(3-144)和式(3-145)组成的非线性方程组即为 RD 几何定位模型，通过这三个方程的约束，RD 模型可以解算出 SAR 影像每个像元的地

理位置。RD 模型的解算依赖于 SAR 回波数据的距离多普勒参数和卫星轨道数据，其中，距离多普勒参数可在 SAR 影像头文件中获取，卫星轨道数据可通过轨道拟合求出。因此，RD 模型可以仅使用卫星辅助信息实现 SAR 影像每个像元的地理定位，即绝对地理定位。其几何定位精度主要取决于卫星辅助信息的准确性，并且通过提高这些信息的测量精度或者使用地面控制点进行几何定标加以校正，可进一步提高其影像的几何定位精度。

（二）几何定标模型构建

由 RD 定位模型可知，几何定位的必要变量包括斜距 R、卫星传感器位置矢量 $[X_s \quad Y_s \quad Z_s]^T$、卫星传感器速度矢量 $[V_x \quad V_y \quad V_z]^T$、多普勒频率 f_d、雷达波长 λ、椭球参数 R_e/R_p。其中，雷达波长是已知值，可根据公式 $\lambda=c/f$（c 为光速，f 为雷达载荷频率）求得；椭球参数在选定椭球模型后也为已知值。

斜距 R 是通过测量雷达脉冲收发时间差来获得的，斜距误差将使地物点的视场位置沿着多普勒线移动，从而产生定位误差。对于斜距成像 SAR 影像，其斜距可表示为影像列号的线性函数，即

$$R=r_0+m_j\cdot j \tag{3-146}$$

式中，r_0 为初始斜距；m_j 为距离向像元分辨率；j 为从近距端到远距端逐渐增大的影像列号。一般认为，头文件中提供的距离向像元分辨率是准确的。前期试验发现，改正距离向像元分辨率对最终定位结果产生的影响很小，可忽略不计，因此这里只考虑初始斜距误差对距离向定位所产生的影响。

卫星传感器的位置和速度矢量误差与方位向时间 t 密切相关。方位向时间 t 可表示为影像行号的线性函数，即

$$t=t_0+t_1\cdot i \tag{3-147}$$

式中，t_0 为影像起始成像时间；t_1 为方位向时间分辨率；i 为沿方位向逐渐增大的影像行号。试验表明，方位向时间分辨率误差对最终定位结果产生的影响也可忽略不计，因此这里只考虑起始成像时间误差对方位向定位所产生的影响。由于只考虑初始斜距 r_0 和影像起始成像时间 t_0 的误差对几何定位精度的影响，故定标参数向量 $\boldsymbol{\Sigma}=[r_0 \quad t_0]^T$。接下来根据 RD 定位模型建立条件方程，进行定标参数估计。

基于距离方程[式(3-133)]的条件方程为

$$F_1(\boldsymbol{\Sigma})=|\boldsymbol{R}_{sc}-\boldsymbol{R}_{tc}|-(r_0+m_j\cdot j) \tag{3-148}$$

对于多普勒归零的数据产品，基于多普勒频率方程[式(3-144)]的条件方程为

$$F_2(\boldsymbol{\Sigma})=-\frac{2}{\lambda}\cdot\frac{(\boldsymbol{R}_{sc}-\boldsymbol{R}_{tc})\cdot\boldsymbol{V}_{sc}}{R} \tag{3-149}$$

由于地球椭球方程[式(3-145)]中不涉及成像参数，因此无须对其建立条件方程。

由条件方程，利用若干个定标控制点即可对模型参数进行非线性最小二乘估计。以定标参数向量 $\boldsymbol{\Sigma}$ 作为未知观测值，对观测值求导进行线性化可得误差方程式为

$$\begin{cases} V_1=(F_1)-F_1+\dfrac{\partial F_1}{\partial r_0}\Delta r_0+\dfrac{\partial F_1}{\partial t_0}\Delta t_0 \\ V_2=(F_2)-F_2+\dfrac{\partial F_2}{\partial r_0}\Delta r_0+\dfrac{\partial F_2}{\partial t_0}\Delta t_0 \end{cases} \tag{3-150}$$

式中，观测值误差(F_1)、(F_2)可通过各待定参数 $\boldsymbol{\Sigma}$ 的近似值代入式(3-149)、式(3-150)计算得到，观测值真值 $F_1=F_2=0$。一个定标控制点对应一组误差方程式，当利用若干个控制点对模型进行参数优化时，误差方程式可写为矩阵形式，即

$$\boldsymbol{V}=\boldsymbol{B}\boldsymbol{X}-\boldsymbol{L} \tag{3-151}$$

式中

$$\boldsymbol{V}=\begin{bmatrix} V_1 \\ V_2 \end{bmatrix} \tag{3-152}$$

$$\boldsymbol{B}=\begin{bmatrix} \dfrac{\partial F_1}{\partial r_0} & \dfrac{\partial F_1}{\partial t_0} \\ \dfrac{\partial F_2}{\partial r_0} & \dfrac{\partial F_2}{\partial t_0} \end{bmatrix} \tag{3-153}$$

$$\boldsymbol{X}=\begin{bmatrix} \Delta r_0 \\ \Delta t_0 \end{bmatrix} \tag{3-154}$$

$$\boldsymbol{L}=\begin{bmatrix} F_1-(F_1) \\ F_2-(F_2) \end{bmatrix} \tag{3-155}$$

矩阵 $\boldsymbol{B}$ 由方程 F_1、F_2 对定标参数集 $\boldsymbol{\Sigma}$ 中的元素的偏微分构成。对矩阵 $\boldsymbol{B}$ 中的元素进行求解，则有如下表示形式：

$$\boldsymbol{B}=\begin{bmatrix} 0 & \dfrac{K}{R^2}\left(Q_1R-\dfrac{MQ_2}{R}\right) \\ -1 & \dfrac{Q_2}{R} \end{bmatrix} \tag{3-156}$$

式中

$$K=-2f/\lambda \tag{3-157}$$

$$M = X_v(X_s - X_t) + Y_v(Y_s - Y_t) + Z_v(Z_s - Z_t) \tag{3-158}$$

$$\begin{aligned} Q_1 = & X_v(a_1 + 2a_2t + 3a_3t^2) + (X_s - X_t)\cdot(2a_2 + 6a_3t) \\ & + Y_v(b_1 + 2b_2t + 3b_3t^2) + (Y_s - Y_t)\cdot(2b_2 + 6b_3t) \\ & + Z_v(c_1 + 2c_2t + 3c_3t^2) + (Z_s - Z_t)\cdot(2c_2 + 6c_3t) \end{aligned} \tag{3-159}$$

$$\begin{aligned} Q_2 = & (X_s - X_t)\cdot(a_1 + 2a_2t + 3a_3t^2) \\ & + (Y_s - Y_t)\cdot(b_1 + 2b_2t + 3b_3t^2) \\ & + (Z_s - Z_t)\cdot(c_1 + 2c_2t + 3c_3t^2) \end{aligned} \tag{3-160}$$

给定参数初始值 $\boldsymbol{X}_0$，构建法方程式 $\boldsymbol{B}^{\mathrm{T}}\boldsymbol{B}\Delta\boldsymbol{X} - \boldsymbol{B}^{\mathrm{T}}\boldsymbol{L} = 0$，求解法方程，根据式(3-161)可求解出参数的改正量为

$$\Delta\boldsymbol{X} = (\boldsymbol{B}^{\mathrm{T}}\boldsymbol{B})^{-1}\boldsymbol{B}^{\mathrm{T}}\boldsymbol{L} \tag{3-161}$$

此时可得到修正后的定标参数值，即

$$\boldsymbol{X}_0 + \boldsymbol{X} = [r_0 + \Delta r \quad t_0 + \Delta t]^{\mathrm{T}} \tag{3-162}$$

二、几何定标模型解算

定标参数的求解过程是一个逐步迭代趋近的过程。其基本思路为：给定定标参数 r_0、t_0 的初始值，按照初始值构造误差方程式，由法方程式求解定标参数的改正量，从而求得定标参数的第一次趋近值。将此趋近值作为下一次迭代的初始值，多次迭代后定标参数将逐渐稳定。当参数改正量小于指定阈值（本节取 $\varepsilon = 10^{-6}$）时，迭代收敛，则此时参数改正量的累加结果即为最终的定标参数改正值。

几何定标模型解算的详细步骤如下：

(1)输入所有的遥感影像地面控制点(Ground Control Point，GCP)点集，解析 GCP 的影像坐标 (i,j) 和大地坐标 (B_t,L_t,H_t)，并从影像头文件中读取几何定标参数 r_0、t_0 的初始值。

(2)根据 GCP 的影像坐标 (i,j) 和式(3-147)计算 GCP 对应的方位向时间 t，将时间 t 代入卫星轨道拟合多项式中，可得到传感器位置矢量 $\boldsymbol{R}_{sc} = [X_s \quad Y_s \quad Z_s]^{\mathrm{T}}$。GCP 的大地坐标需转换为地心坐标系下的空间直角坐标，转换后 GCP 的位置矢量可表示为 $\boldsymbol{R}_{tc} = [X_s \quad Y_s \quad Z_s]^{\mathrm{T}}$，根据式(3-133)可计算出卫星传感器到 GCP 的斜距 R，并假定此值为卫星传感器到地物点的真实斜距值。

(3)根据式(3-157)至式(3-160)分别计算 K、M、Q_1 和 Q_2 的值，构建矩阵 $\boldsymbol{L}$ 和矩阵 $\boldsymbol{B}$，向矩阵中添加该 GCP 对应的元素值。

(4)判断是否遍历完所有的 GCP 点集。若否，则转到步骤(2)；若是，则转到下一步。

(5)基于非线性最小二乘法，由式(3-161)计算出几何定标参数改正值 Δr 和 Δt，并根据式(3-162)更新改正后的定标参数值。

(6)判断几何定标参数改正值是否小于设定阈值($\varepsilon = 10^{-6}$)。若否，则转到步骤(2)，执行下一次迭代，使参数改正值逐渐收敛；若是，则输出最终改正后的定标参数值。至此，几何定标模型解算完成。

三、辐射定标

(一)辐射定标概述

SAR 系统的辐射定标可以构建雷达图像强度与目标的 RCS 之间的定量关系。这种定量关系的确定，由辐射定标完成。辐射定标分为内定标和外定标。内定标能够监测系统的增益变化，是相对定标；外定标能够对 SAR 系统工作的整个链路增益标定，是绝对定标。经过精确绝对定标后的 SAR 系统，可以对地物的后向散射系数进行统计。

(二)内定标

SAR 系统的电子设备在工作过程中受工作环境的影响，其增益会发生变化，影响雷达辐射定标的精度，因此，需要在工作过程中进行实时的系统增益标定。为了实现实时标定 SAR 系统的增益变化，要在 SAR 系统设计时增加内定标通道，内定标通道应该尽可能地覆盖系统的工作回路。

图 3-30 是 SAR 系统的内定标原理图。内定标通道包括波形发生器、上变频支路、下变频支路和 A/D 采集录取支路，不包括 T 模块、收发天线和大气传输通道。其功能包括：

(1)噪声测量：直接采集系统的噪声，了解系统的噪声功率水平。

(2)增益、时延及幅相误差测量：采集经过内定标通道的线性调频信号波形，处理后得到系统的增益、时延以及幅相误差数据。

在 SAR 系统进行成像工作之前，进行一次内定标操作，采集内定标数据，可以监测系统的噪声水平、增益变化和时延变化，并提取系统的幅相误差，用于成像处理中的补偿。内定标无法完成对 SAR 系统包括 T 模块、天线和大气衰减等整个工作链路的增益标定，完成 SAR 系统的绝对标定需要采用外定标技术。

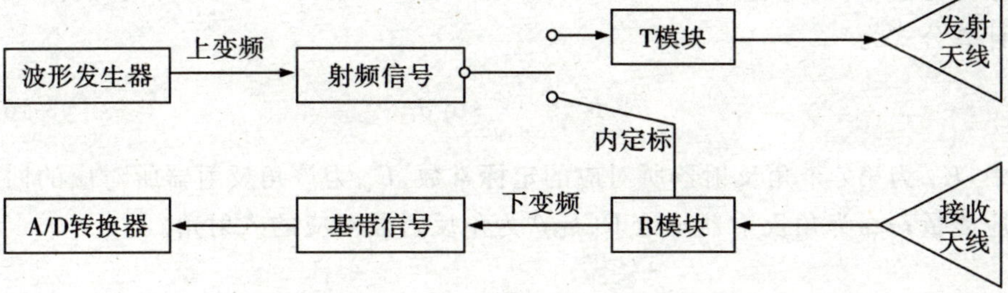

图 3-30　SAR 系统的内定标原理图

（三）外定标

外定标通常采用布设 RCS 已知的定标器来标定雷达系统整个链路的增益。经过标定的 SAR 系统，可以建立 SAR 图像像素的灰度值和 RCS（或 σ）之间的一一对应关系。常规的定标器一般采用二面角、三面角及其他角反射器。

SAR 系统经常采用三角形三面角反射器作为定标器，如图 3-31 所示。三面角反射器 3 dB 角度范围大，能够在保证较高定标精度的情况下，降低布设角反射器时对雷达波束的指向精度要求。选取合适的尺寸，满足角反射器的 RCS 值较周边地物高 20 dB。

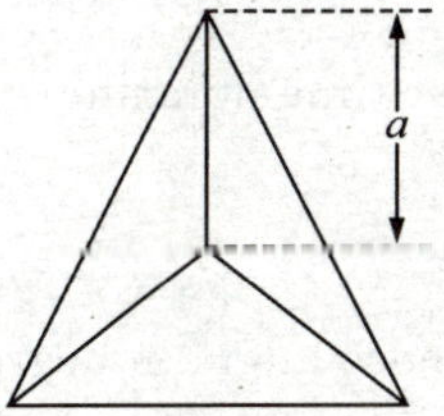

图 3-31　三角形三面反射器及其理论 RCS 值

（四）外定标常数计算

根据 SAR 成像原理，地面上某一点接收的功率为

$$P_r=\frac{P_t G_\theta^2 \lambda^2 \sigma_\theta}{(4\pi)^3 R^4} \tag{3-163}$$

式中，P_r 为接收功率；P_t 为发射功率；G_θ 为天线增益；λ 为雷达波长；σ_θ 为角反射器 RCS；R 为雷达天线到目标的距离。

在 SAR 图像中，对于任一给定的像元，其影像振幅值 A_i 与接收功率的关系为

$$A_i=kP_r^{1/2} \tag{3-164}$$

根据上述公式，对于稳定的 SAR 系统，其传递函数应为一常数，即为定标常数，其计算公式为

$$K_i = \frac{E_{pi}}{\sigma_{refi}} \sin\theta \tag{3-165}$$

式中，K_i 为第 i 个角反射器所对应的定标常数；E_{pi} 为该角反射器所对应的回波响应能量；σ_{refi} 为角反射器理论 RCS；θ 为角反射器对应的入射角。

第九节　合成孔径雷达距离多普勒算法的 MATLAB 仿真

一、仿真程序

本节基于距离多普勒算法进行雷达成像仿真实现，仿真程序如下：

```
%input_parameters
%==========================================
Fc=3e+09; %carrier frequency
Tr=5e-06; %pulse duration
Br=3e+07; %bandwidth
Fsr=3.6e+07; %sampling frequency in fast-time domain
platform_V=100; %platform's velocity
platform_H=10000; %platform's height
platform_inc_angle=45; %platform's incidence angle in degrees
azimuth_antenna_size=0.5; %antenna length in azimuth direction
range_antenna_size=0.3; %antenna length in range direction
system_loss=0; %system loss in dB
receiver_noise_figure=1.14; %receiver noise figure in dB
norm_equiv_sigma0=-30; %normalized equivalent sigma0 in dB
PRI=(Xmax-Xmin+Lsar)/platform_V/Nslow; %refresh
lamda=speed_C/Fc; %wavelength
Yc=platform_H/cos(platform_inc_angle_radian); %the ground range
between radar projection and the scene center
R0=sqrt(Yc^2+platform_H^2); %closet range between radar and the scene center
```

```
DY_slant_range=speed_C/2/Fsr; %range resolution
DY_ground_range=DY_slant_range/sin(platform_inc_angle_radian);
DX=azimuth_antenna_size/2; %cross-range resolution
antenna_Ae=rou_antenna * azimuth_antenna_size * range_antenna_size;
%antenna effective area
antenna_G=4 * pi * antenna_Ae/lamda^2; %antenna gain 7
PRF=1/PRI;
ds=PRI;
Kr=-Br/Tr; %chirp slope
dt=1/Fsr; %sample spacing in fast-time domain
Rmin=sqrt((Yc-Y0)^2+platform_H^2);
Rmax=sqrt((Yc+Y0)^2+platform_H^2+(Lsar/2)^2);
Nfast=ceil(2 * (Rmax-Rmin)/speed_C/dt+Tr/dt); %sample number
in fast-time domain
Nfast=2^nextpow2(Nfast);
tm_vector=-Tr/2+linspace(2 * Rmin/speed_C,2 * Rmax/speed_C+
Tr,Nfast); %discrete time array in fast-time domain
dt=(2 * Rmax/speed_C+Tr-2 * Rmin/speed_C)/Nfast; %refresh
Fsr=1/dt;
receiver_voltage_gain=1;
%=========================================
%SAR_echo_generation
%=========================================
signal_echo_matrix=zeros(Nslow,Nfast);
relative_1_represents_constant=100000;
for temp_i=1:1:Nscatterers
temp_relative_sigma=scatterers_matrix(temp_i,3);
Dslow_vector=sn_vector * platform_V-scatterers_matrix(temp_i,1);
Dslow_matrix=Dslow_vector' * ones(1,Nfast);
R_vector=sqrt(Dslow_vector.^2+(Yc+scatterers_matrix(temp_i,2))^2
+platform_H^2);
```

```
tau_vector=2 * R_vector/speed_C;
Dfast_matrix=ones(Nslow,1) * tm_vector-tau_vector' * ones(1,Nfast);
phase_matrix=pi * Kr * Dfast_matrix.^2-(4 * pi/lamda) * (R_vector' *
ones(1,Nfast));
signal_echo_matrix=signal_echo_matrix+signal_at_receiver_output_
voltage_constant * relative_1_represents_constant * sqrt(temp_relative_
sigma) * exp(1j * phase_matrix). * (-Tr/2<=Dfast_matrix&Dfast_
matrix<=Tr/2). * (abs(Dslow_matrix)<=Lsar/2);
end
noise_at_receiver_output_matrix=wgn(Nslow,Nfast,10 * log10(noise_
power_variance_at_receiver_output),'complex');
Srnm_matrix=signal_echo_matrix+noise_at_receiver_output_matrix;
%=======================================
%range_compression
%=======================================
tr_vector=tm_vector-2 * Rmin/speed_C;
Refr_vector=exp(1j * pi * Kr * tr_vector.^2). * (-Tr/2<=tr_vector&
tr_vector<=Tr/2);
temp1_matrix=fty(Srnm_matrix);
temp2_matrix=conj(ones(Nslow,1) * fty(Refr_vector));
range_compressed_Srnm_matrix=zp_ifty(temp1_matrix. * temp2_
matrix);
%=======================================
%range_migration_correction
%=======================================
temp_matrix1=ftx(range_compressed_Srnm_matrix);
P=8;%8 points sinc interpolation
azi_freq_domain_RMC_Srnm_matrix=zeros(Nslow,Nfast);
fortemp_n=1:Nslow
 for temp_m=1:Nfast
```

```
delta_R=(1/8)*(lamda/platform_V)^2*(R0+(temp_m-Nfast/2)*speed_C/2/Fsr)*((temp_n-Nslow/2)*PRF/Nslow)^2;%Calculate the range migration distance
 RMC=delta_R/(speed_C/(2*Fsr)); %the number of range cells corresponding to the range migration distance
 delta_RMC=RMC-round(RMC); %the portion part of the range migration distance
 for temp_i=P/2:P/2-1
 if temp_m+RMC+temp_i>Nfast %Judge whether it is outside the border
azi_freq_domain_RMC_Srnm_matrix(temp_n,temp_m)=azi_freq_domain_RMC_Srnm_matrix(temp_n,temp_m)+temp_matrix1(temp_n,Nfast)*sinc((temp_m-Nfast+RMC));
 elseif temp_m+RMC+temp_i<1 %Judge whether it is outside the border
azi_freq_domain_RMC_Srnm_matrix(temp_n,temp_m)=azi_freq_domain_RMC_Srnm_matrix(temp_n,temp_m)+temp_matrix1(temp_n,1)*sinc((temp_m-1+RMC));
 else
azi_freq_domain_RMC_Srnm_matrix(temp_n,temp_m)=azi_freq_domain_RMC_Srnm_matrix(temp_n,temp_m)+temp_matrix1(temp_n,temp_m+round(RMC)+temp_i)*sinc((-temp_i+delta_RMC));
 end end end end
%=========================================
%azimuth_compression
%=========================================
ta_vector=sn_vector-Xmin/platform_V;
Refa_vector=exp(1j*pi*Ka*ta_vector.^2).*(abs(ta_vector)<=Tsar/2);
freq_domain_Refa_matrix=conj(ftx(Refa_vector)).'*ones(1,Nfast);
final_image_matrix=zp_iftx(azi_freq_domain_RMC_Srnm_matrix.*freq_domain_Refa_matrix);
%=========================================
```

二、运行结果

运行结果如图 3-32 所示，通过如图所示的操作界面，可以输入雷达参数，观察到成像过程的中间结果和最终的成像结果。根据图中回波的分布可以看出，点目标的回波在距离向和方位向都明显散开。经距离向压缩后，距离向的宽脉冲变为窄脉冲；经过距离徙动校正后，距离多普勒域的图像中目标的轨迹由弯曲变直；经方位向压缩后，最终的 SAR 图像呈现出点目标的形状。

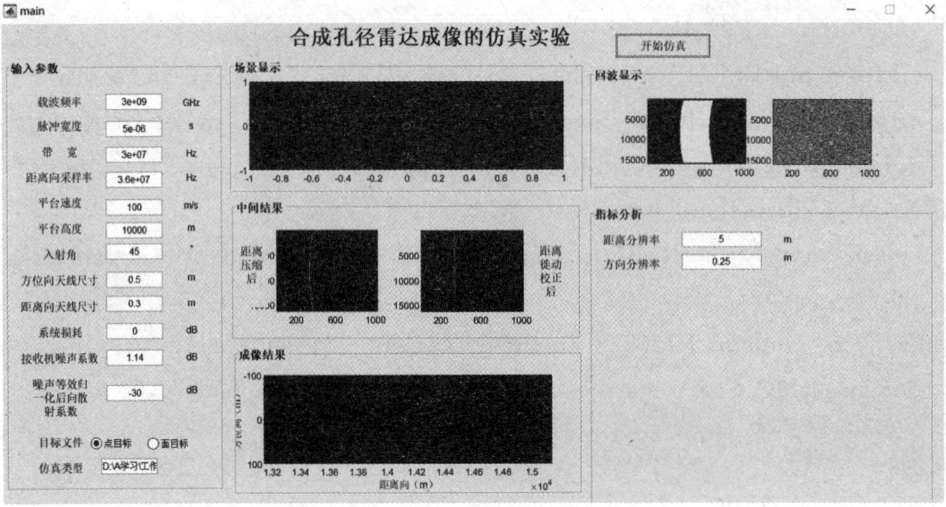

图 3-32　距离多普勒算法的运行结果

第四章　逆合成孔径雷达成像技术

本章主要介绍逆合成孔径雷达技术的发展、逆合成孔径雷达与合成孔径雷达的对比、包络对齐、平动相位补偿、时窗选取、转动相位补偿、经典成像算法、方位向定标、时频分析成像方法，并给出了逆合成孔径雷达成像的 MATLAB 仿真程序。

第一节　逆合成孔径雷达技术的发展

常见的雷达成像包括 SAR 成像和 ISAR 成像，两者既相互区别又紧密联系。两者均是利用目标与雷达的相对运动形成虚拟孔径来获得雷达图像。ISAR 技术是在 SAR 技术的基础上产生的，ISAR 平台一般是静止的，对非合作目标进行观测。

ISAR 作为现代电子系统中重要的信息获取工具，在动目标探测、目标运动轨迹估计、目标运动状态分析等方面发挥着至关重要的作用。ISAR 成像的概念基本与 SAR 同步提出。20 世纪 60 年代初，柳树运行（Willow Run）实验室的布朗（W. M. Brown）等人成功对空间轨道目标实现成像，标志着 ISAR 成像的发展进入了实际应用阶段[49]。迄今为止，ISAR 经历了成像目标从平稳运动到机动运动、成像要求从粗略探测到目标识别、雷达系统从单天线单极化到多天线多极化、雷达功能从单一功能到多功能配合、观测场景从有限区域到广域的发展过程。根据国内外 ISAR 的发展情况，可将 ISAR 的发展历程分为技术探索（20 世纪 50—80 年代）、技术应用（20 世纪 90 年代）和技术初步成熟（21 世纪以来）三个阶段[50-56]。

一、技术探索阶段(20 世纪 50—70 年代)

早在 20 世纪 50 年代,美国就展开了对 ISAR 技术的研究。60 年代初,美国密西根大学实验室首先开展了旋转目标的成像研究,研制出了对空间轨道目标成像的雷达,迈出了 ISAR 成像系统发展中关键的一步。此后,美国国防部高级研究计划署(Advanced Research Projects Agency, ARPA)支持西屋公司开展对空间轨道目标成像的 ISAR 系统的研制,随后美国通用电气等公司也着手研制轨道目标 ISAR。

20 世纪 70 年代,在美国国防部高级研究计划局的批准下,麻省理工学院的林肯实验室研制的高级研究计划署林肯实验室 C 波段可观测雷达(ARPA Lincoln Laboratoy C-Band Observable Radar,ALCOR)成功实现了 ISAR 成像。该雷达工作于 C 波段,带宽为 512 MHz,距离分辨率为 0.5 m,被认为是全世界第一部远距离 ISAR。该雷达被布置在进行反战略导弹试验的夸贾林靶场,此雷达系统刚服役就对中国发射的第一颗人造地球卫星“东方红”进行成像,根据火箭成像结果推断火箭运载能力,从而推测出中国洲际弹道导弹的运载能力。同时,该雷达也开创了反导防御系统中宽带识别的新途径。图 4-1 为 ALCOR 外形图。此外,林肯实验室还先后建造了多个宽带雷达,组成了空间监视组合网,用于对国家导弹防御系统和空间目标识别的研究。

图 4-1　ALCOR 外形

二、技术应用阶段(20 世纪 80—90 年代)

经过十几年的技术积累,研究人员逐渐开始对远距离的目标进行 ISAR 成像。1980 年,陈(C. C. Chen)和安德鲁斯(H. C. Andrews)利用地基雷达获得了直线和弯曲轨迹飞行的飞机目标的成像结果[57],并且对距离曲率、距离对准、信号预处理等进行了研究,提出了有效的运动补偿方法。此后,ISAR 成像进入快速发展的时期,世界各国陆续开展了 ISAR 成像系统和算法方面的研究。

1987 年,魏纳(D. R. Wehner)对 ISAR 舰船成像进行了初步的研究[58]。同年,美国海军研究实验室和德州仪器公司联合研制出了新型 ISAR 技术,可使机载雷达显示出海面上舰船的轮廓。该技术还被应用到海军洛克希德(Lockheed)S-3A 和 Lockheed S-3S 飞机中。

在此阶段,美国的战略防御计划将陆基成像雷达列入计划中。该雷达是一部 X 波段雷达,能在足够高的空间同时捕获多个目标,并能实时区分和诱捕真正目标,以便在稠密大气层内拦截武器对目标进行摧毁。1989 年,美国国防部在向国会提交的“关键技术计划”年度报告中,把 ISAR 技术作为发展高灵敏度雷达的重要项目,这说明 ISAR 技术已正式进入美国军事应用领域。

在该阶段,美国还研发了朱迪眼镜蛇(Cobra Judy)雷达和 AN/APS-137 雷达等多个成功的雷达产品,这表明美国此时已经在 ISAR 领域取得了重大技术突破。其中,Cobra Judy 雷达是一部舰载雷达,于 1981 年被安装在美国 T-AGM-23“观察岛”号观测船上(见图 4-2),主要用于对弹道导弹进行监视与预警跟踪。起初只在舰尾安装了一部 S 波段相控阵雷达,后又于 1984 年加装了一部 X 波段雷达,从而使该舰载雷达系统具备了宽带成像功能。

图 4-2　“观察岛”号观测船上的 Cobra Judy 雷达

美国林肯空间监视中心也是在该阶段建立的，由磨石山（Millstone Hill）雷达、“干草堆”超宽带卫星成像雷达（Haystack Ultrawideband Satellite Imaging Radar，HUSIR）和“干草堆”辅助（Haystack Auxiliary，HAX）雷达三个雷达配套形成监视系统。其中，HUSIR 作为 ISAR 的主要成像雷达，最初是 X 波段“干草堆”传感器，是美国太空监视网络中的传感器之一。图 4-3 为 HUSIR 内部结构。

图 4-3　HUSIR 内部结构

德国的跟踪和成像雷达（Tracking and Imaging Radar，TIRA）工作在 L 波段和 Ku 波段。该雷达最初的带宽为 800 MHz，经过不断的技术改造，目前该雷达的带宽已达到 2.1 GHz。图 4-4(a)是 TIRA 的外形图。1991 年和 1992 年，TIRA 成功观测了苏联“礼炮”7 号空间站和“和平号”空间站的载入过程[见图 4-4(b)(c)]，并对其进行了高分辨 ISAR 成像，对空间站的 ISAR 图像进行散射特征提取，获得了空间站的形状、大小、姿态角等详细信息。

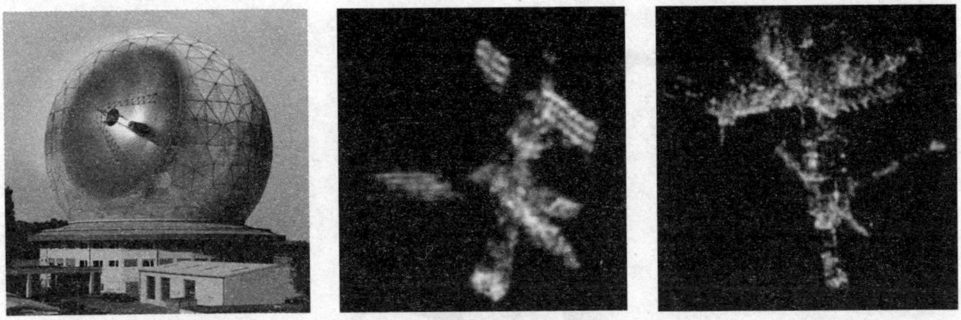

（a）TIRA的外形　（b）“礼炮”7号空间站　（c）“和平号”空间站

图 4-4　TIRA 的外形及 ISAR 成像结果

三、技术初步成熟阶段(21 世纪以来)

21 世纪以来，ISAR 技术进入初步成熟阶段。各种 ISAR 产品在上一阶段的 ISAR 的基础上经过了多次技术迭代。美国的海基雷达由 Cobra Judy 发展到双子座眼镜蛇(Cobra Gemini)，并最终发展至眼镜蛇王(Cobra King)雷达系统。图 4-5 所示为舰船上的 Cobra King 雷达系统。机载雷达由 AN/APS-137 经过 AN/APS-143、AN/APS-147 两代产品发展至 AN/APS-153 雷达。图 4-6 所示为 AN/APS-153 雷达的外形。

图 4-5　舰船上的 Cobra King 雷达

图 4-6　AN/APS-153 雷达的外形

2002 年，德国将 TIRA 进行升级改造。升级后的 TIRA 的成像带宽达到 2 GHz，成像分辨率优于 0.125 m，并被用于对航天飞机和 ATV-4 货运飞船进行 ISAR 成像，如图 4-7 所示。

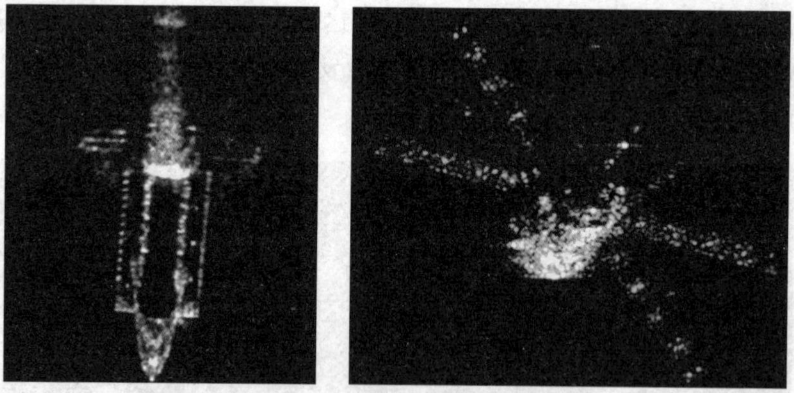

（a）航天飞机的ISAR成像结果　（b）ATV-4货运飞船的ISAR成像结果

图 4-7　TIRA 升级后的 ISAR 成像结果

从 2007 年开始，林肯实验室开始研发宽带组网雷达系统，通过 Haystack 和 HAX 雷达协同工作，可实现稀疏频带 ISAR 成像。2010 年，林肯实验室再一次将 Haystack 雷达升级为工作在 W 波段的 HUSIR 系统，带宽升级到 8 GHz，用于对空间目标的电磁散射特性进行测量和极高分辨率成像。2014 年的林肯实验室年度报告显示，该系统是拥有最高分辨率的现役 ISAR 空间目标成像雷达。图 4-8 为 Haystack 雷达分辨率升级过程。

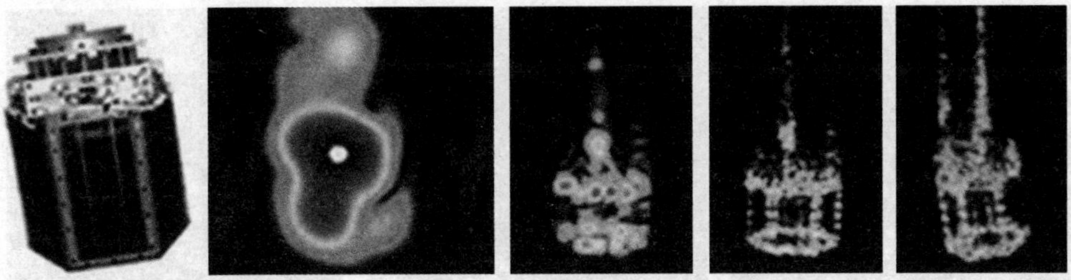

（a）空间卫星模型　（b）Haystack LRIR-1 GHz　（c）MMW-2 GHz（12 cm）　（d）MMW-4 G Hz（6 cm）　（e）HUSIR-8 GHz（3 cm）

LRIR—远距离成像雷达；MMW—毫米波雷达。

图 4-8　Haystack 雷达分辨率升级过程

从美国、德国等发达国家的最新雷达产品来看，目前主要的雷达产品均为 SAR/ISAR 混合探测模式。根据国际上较为前沿的 ISAR 技术研究文献来看，进一步提高雷达产品的成像分辨率、成像精度和抗干扰能力将成为 ISAR 技术研究的主要趋势。

随着国际上对 ISAR 成像技术研究的不断深入，国内的 ISAR 技术研究于 20 世纪 80 年代逐渐展开。其中，北京航空航天大学率先获得了飞机、舰船和导弹等目标的缩比模型的 ISAR 图像。随后，国内多家高校与研究所对 ISAR 成像技术展开了更深入的研究，为后续的实际应用打下了良好的基础。1993 年，国内研制成功了首台宽带实验 ISAR 成像系统（带宽为 400 MHz），该系统获取了大量空中目标的实测数据，比如雅克（Yak）42 飞机、安-26 飞机等。2003 年，中国电子科技集团某研究所利用工作在 Ku 波段、脉冲重复频率为 2 kHz、距离分辨率为 3 m 的雷达系统获取了大量实测舰船数据，为国内 ISAR 技术研究提供了宝贵的参考资料。2010 年，在国家“973”计划的支撑下，中国科学院电子学研究所协同国内多家科研机构开展了“稀疏微波成像的理论、体制和方法研究”项目。在项目研究中，稀疏信号处理方法得到了极大发展，比如稀疏孔径 ISAR 成像、超分辨 ISAR 成像以及基于稀疏数据的干涉 ISAR 3D 成像算法。相比于传统的 ISAR 成像方法，该项目所使用的研究方法能够得到背景更加清晰、细节结构更加清楚的成像结果。图 4-9 所示为飞机、舰船和卫星的稀疏 ISAR 成像结果。

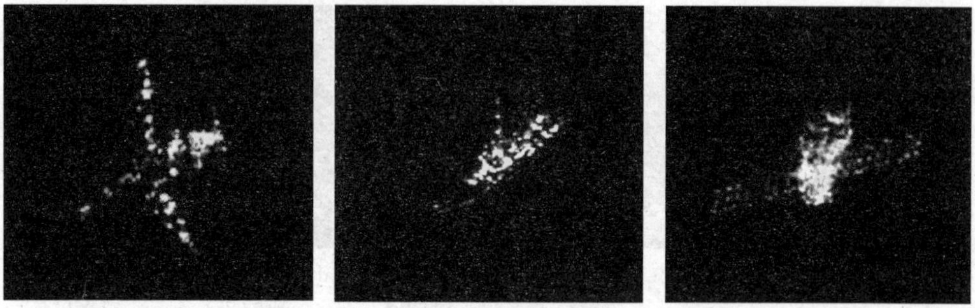

（a）Yak-42飞机稀疏成像　（b）破冰船稀疏成像　（c）卫星稀疏成像

图 4-9　稀疏 ISAR 成像结果

目前，国内对于空中、空间以及船只目标的 ISAR 成像、稀疏 ISAR 成像、超分辨 ISAR 成像以及干涉 ISAR 3D 成像等，都通过实测数据得到了验证，所处水平已接近或达到国际水平。但相关技术在实际场景应用中的稳健性、精确度以及实时性还有进一步提升的空间。

第二节　逆合成孔径雷达与合成孔径雷达的对比

ISAR 是 SAR 发展过程中的一个重要分支，它们的基本原理是相通的。传统意义上，SAR 所搭载的平台处于运动状态，场景静止不动；而 ISAR 所搭载的平台一般是静止的，对运动的非合作目标进行观测。SAR 可以实现大场景的高分辨率观测，但对于运动目标会产生散焦。ISAR 能够对远距离目标进行高分辨率成像，但对非合作目标运动补偿的精度要求很高。随着雷达的工作模式越来越多样化，SAR 与 ISAR 的界限变得模糊。当雷达平台和目标都运动时，就可以利用 SAR/ISAR 混合运动模式进行成像，如机载雷达对海面船只目标成像。另外，工作方式及作用对象的不同，导致 SAR 与 ISAR 的信号处理过程也不相同。SAR 成像致力于距离向和方位向回波的解耦合，而 ISAR 则侧重于研究非合作目标的运动补偿技术。表 4-1 对 SAR 和 ISAR 进行了较为全面的对比。

表 4-1　SAR 和 ISAR 的对比

对比项目	SAR	ISAR
功能	运动平台对地(场景)成像	静止(运动)平台对动目标成像
距离向高分辨	发射大带宽信号,脉冲压缩	发射大带宽信号,脉冲压缩
方位向高分辨	合成孔径技术,脉冲压缩	转盘成像原理
运动补偿	需要,补偿平台的非理想运动	需要,包括平动补偿和转动补偿
成像算法	种类较多(RD、CS、ωk 等)	种类较少
图像方位坐标	空间坐标(单位:像元或 m)	频率坐标(单位:Hz)
工作模式	种类较多(条带、聚束、扫描等)	种类较单一

第三节　包络对齐

一、包络对齐处理概述

ISAR 成像算法一般都以转台模型为基础对目标进行二维成像,即不考虑目标的平动。在实际的成像场景中,目标的运动一般都存在着平动,导致目标回波信号中的距离和相位出现错位的问题,因此在回波信号中需要消除目标的平动分量,以获取较清晰的 ISAR 二维图像。

对雷达收到的回波信号进行距离压缩后可得到一维距离像,如图 4-10 所示。距离像反映了沿雷达视线方向的目标后向散射强度分布,可用于目标的分类与识别。但距离像只能呈现雷达视线方向的一维图像,影响了目标分类与识别的精度。若希望得到清晰的二维图像以提高目标分类与识别的精度,需解决目标相对于雷达做平动运动导致的包络未对齐的问题。

由图 4-11 可以看出,目标运动的平动分量,导致雷达所接收到的每次脉冲在距离方向上都会产生一定的位移,在图像上表现为相邻两次一维距离像之间有若干个距离单元的错位(如果目标的平动分量足够大)。为了实现更好的 ISAR 二维成像,需要通过包络对齐对距离向压缩后的回波信号进行处理,纠正这种距离方向上的错位,使同一散射点在不同的脉冲接收时间上只出现在同一距离单元中,如图 4-12 所示。目前,常用的包络对齐方法有基于最大互相关的包络对齐方法和基于最小熵的包络对齐方法。以下将对这两种包络对齐方法进行介绍。

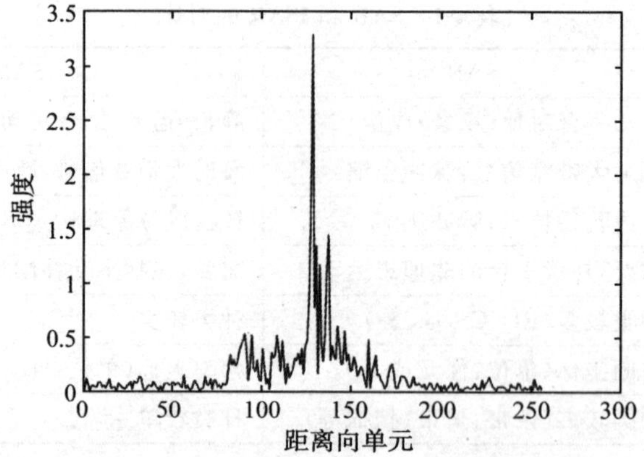

图 4-10　目标的一维距离像

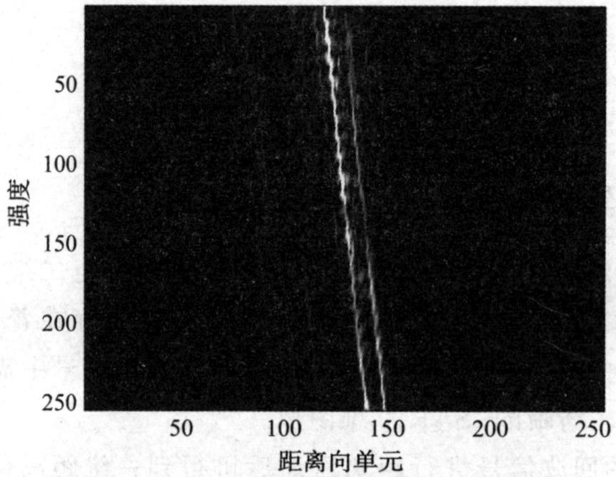

图 4-11　未对齐的一维距离包络

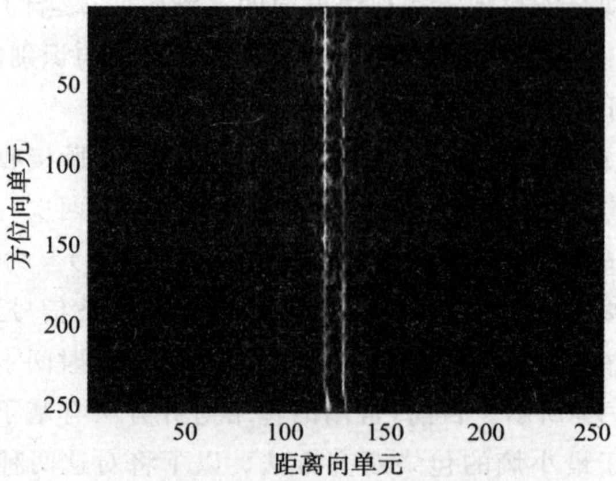

图 4-12　包络对齐后的一维距离像

二、基于最大互相关的包络对齐方法

最大互相关法的前提是在雷达观测的过程中，目标回波中的每个脉冲信号在距离向上有相似的距离像包络，各脉冲的距离像包络之间可近似视为信号在距离向时间上发生了平移。通过估计距离像之间相关峰的位置，即可估计目标在雷达视线方向的平动情况，利用傅里叶变换的时移性质即可实现包络对齐。基于最大互相关的包络对齐方法一般在距离时间域中实现，具体步骤为：

(1)假设一共有 M 个距离像，选取其中一个距离像作为参考距离像，将其设为 $A_1(t)$(一般选取第一个距离像)，其中的 t 表示距离向时间。

(2)将其余的距离像 $A_i(t)$ ($1 < i \leqslant M$)与参考距离像做互相关，这里仅用距离像的幅值做相关运算，即

$$R_i(\tau) = \int A_1(t) A_i(t - \tau) \mathrm{d}t \tag{4-1}$$

式中，τ 为相关运算过程中的平移时间；下标 i 表示第 i 个脉冲；$R_i(\tau)$为第 i 个脉冲与第一个脉冲的互相关结果。

(3)通过式(4-1)寻找出互相关函数的峰值，即

$$\Delta t_i = \max_{\tau} R_i(\tau) \tag{4-2}$$

峰值对应的平移时间 Δt_i 代表了所选距离像与参考距离像之间距离走动对应的延时，将该延时值存入数组。

(4)将该数组组成一个序列，通过线性拟合进行平滑，即

$$\Delta \hat{t}_i = a_0 + a_1 i \tag{4-3}$$

(5)利用平滑得到的延时校正值对每个复数距离像在频域内进行校正。

(6)校正后即可重新获取对齐后的距离像。

图 4-13 给出了基于最大互相关的包络对齐方法的处理流程。

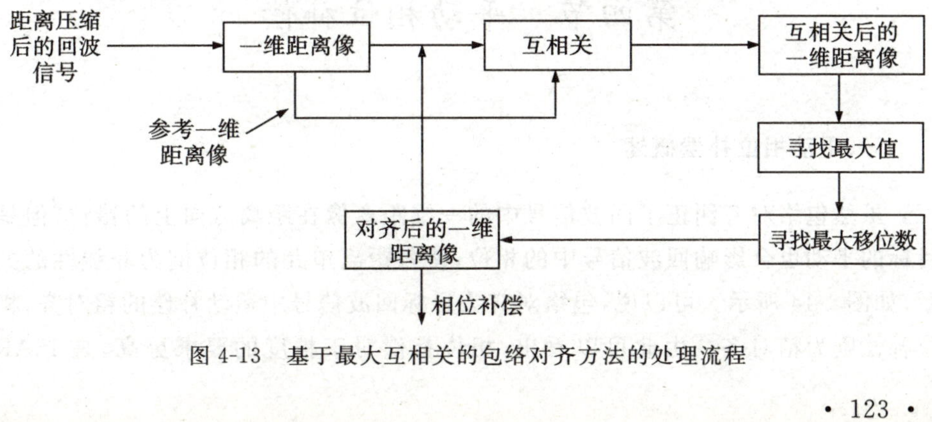

图 4-13 基于最大互相关的包络对齐方法的处理流程

三、基于最小熵的包络对齐方法

不同于基于最大互相关的包络对齐方法，基于最小熵的包络对齐方法通过以最小熵为准则实现目标回波信号的包络对齐。在已知所有一维距离像已经对齐的条件下，对所有一维距离像进行求和，各脉冲信号的波峰会叠加在一起，波谷会叠加在一起，因此合成波形的分辨率没有变化。若所有的一维距离像没有对齐，就会出现波峰加波谷，导致合成波形钝化。所以采用波形锐化度作为衡量准则，锐化度越大，一维距离像对齐的效果就会越好。通常，锐化度用熵来表述，锐化度越大，熵越小；锐化度越小，熵越大。对于离散型随机变量 $S=[S_1, S_2, \cdots, S_N]$，它的熵定义为

$$H(S) = -\sum_{i=1}^{N} p(s_n) \cdot \log p(s_n) \tag{4-4}$$

式中，$p(s_n)$为随机变量 S 的取值等于 s_n的概率。若 S 各种可能取值的概率相等，则熵最大；若 S 各种可能取值的概率相差较大，则熵较小。当相邻两个脉冲的一维距离像完全对齐时，强散射点所在距离单元的强度和较大，噪声所在距离单元的强度和较小，将这种情况下各距离单元的强度和与所有距离单元的强度和之比定义为某离散型随机变量取各种可能值的概率，则该随机变量的熵值较小。

设 $A_i(t)$ 、$A_{i+1}(t)$ 为目标回波信号中相邻的一维距离像。对 $A_i(t)$、$A_{i+1}(t)$ 的平移按每一个距离单元为单位对相邻两个脉冲的强度进行求和，可将各距离单元强度求和的结果视为一个离散型随机变量。当 $A_{i+1}(t)$ 的平移量不同时，该随机变量的熵值也不同。当 $A_{i+1}(t)$ 的平移量为某适宜值时，该随机变量的熵值取最小值，此时按该平移量进行包络对齐的效果最好。

第四节　平动相位补偿

一、平动相位补偿概述

虽然包络对齐纠正了回波信号中的一维距离像在距离方向上的错位，但是目标的平动也会影响回波信号中的相位，使各距离单元的相位谱为非线性的关系，如图 4-14 所示。可以说，包络对齐为目标回波信号中运动补偿的粗对齐，相位补偿则为精对齐。由此可以看出，相位补偿对于精度的要求更高，是 ISAR

信号处理中的难点。常用的相位补偿方法有基于特显点的相位补偿方法和基于多普勒跟踪的相位补偿方法，下面分别进行介绍。

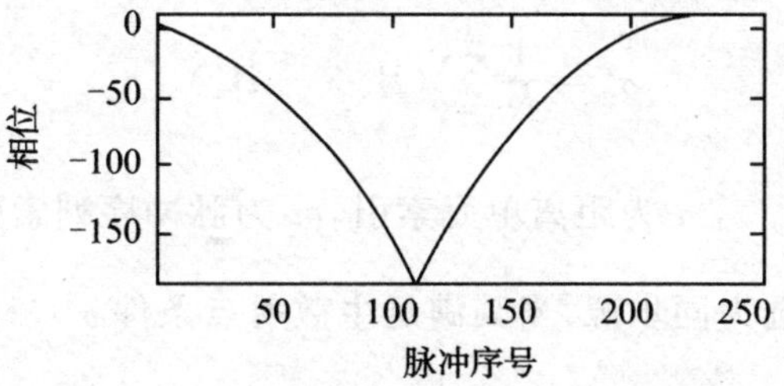

图 4-14　相位补偿前各距离单元之间的相位关系

二、基于特显点的相位补偿方法

假设目标回波的 N 个距离单元中，存在一个距离单元只有一个孤立的散射点，则该距离单元的回波相位是混乱的，但它的幅值是恒定的。令其相邻回波之间的相位差为零，就相当于将该距离单元的孤立散射点作为目标的旋转中心，从而可把平动和系统带来的相位误差补偿掉。

在实际的 ISAR 成像应用中，理想的孤立散射点几乎是不存在的，经常存在的是一个距离单元中只有一个特显点，同时伴随着比较弱的分布散射点。因此，可以把这种距离单元当作理想的孤立散射点。由此可以看出，基于特显点的相位补偿方法存在一定的误差。为了保证 ISAR 图像处理的质量，通常情况下，归一化幅度起伏方差在 0.12 以下的散射点，即可以视为特显点。

三、基于多普勒跟踪的相位补偿方法

虽然包络对齐可将散射点对齐于其所在的距离单元内，但这些散射点的多普勒频移仍然会随着时间的变化而变化。目标平动的存在，致使散射点之间的多普勒频移并不是一个常数。为了使各距离单元之间的多普勒频移是一个常数，可以通过多普勒跟踪法来补偿散射点之间的相位误差。

多普勒跟踪法是通过消除平动引入的多普勒频移随时间的变化项，使每个散射点的多普勒频移为一个常数，进而使目标在方位向上达到最优的聚焦效果。只有当散射点之间的多普勒频移是一个常数时，才能保证目标成像后其相对位置不会发生变化，进而保证获取的 ISAR 图像不会出现散焦的问题。典型的多普勒跟踪方法有主散射点方法、子孔径方法、相位梯度方法等。本小节主要介绍常用的主散射点方法。

若某距离单元内的幅度方差最小，则该距离单元内可能有一个强散射点。第 n 个距离单元内的幅度方差的计算公式为

$$\sigma_n^2 = \frac{1}{N}\sum_{m=1}^{M}(B_{n,m} - \bar{B}_n) \tag{4-5}$$

式中，$\bar{B}_n = \frac{1}{N}\sum_{m=1}^{M} B_{n,m}$，$n$ 为距离单元索引，m 为脉冲序列索引。有最小幅度方差的距离单元可被选为同步源，当其满足主散射点条件 $\sigma_n^2 \geqslant \sigma_q^2, \forall n \neq q$ 且

$$\sum_{m=1}^{M}(B_{q,m})^2 > \frac{1}{N}\sum_{n=1}^{N}\left[\sum_{m=1}^{M}(B_{n,m})^2\right] \tag{4-6}$$

时，可将距离单元 q 作为参考距离单元，也是主散射点所在的距离单元。在参考距离单元 q 内，参考距离像和第 m 个距离像之间的相位差为

$$\Delta\psi_m = \psi_{q,m} - \psi_{q,1} \tag{4-7}$$

将该相位差应用到每个距离像中，可得

$$r_{m,c} = r_m \exp(-\mathrm{j}\Delta\Psi_m) \tag{4-8}$$

式中，r_m 为第 m 个距离像序列；$r_{m,c}$ 为相位补偿后的第 m 个距离像序列。

第五节　时窗选取

由于数据采集过程中目标运动特性的复杂性，适宜时窗的选取在 ISAR 处理环节中占有重要地位。该步骤的目标是选取目标平稳转动的时间段，即确定适宜的中心时刻和时窗长度。

目前，已有的 ISAR 时窗选取算法主要分为以下几类：基于多普勒展宽估计的时窗选取算法、基于图像对比度的时窗选取算法、基于散射点追踪的时窗选取算法和基于多普勒频率信息的时窗选取算法。

一、基于多普勒展宽估计的时窗选取算法

多普勒展宽是指图像在多普勒频率域上投影的宽度。由于多普勒展宽频率随时间的变化规律与有效转动矢量的大小随时间的变化规律是一致的，因而，基于多普勒展宽频率曲线可以估计有效转动矢量的大小随时间的变化规律，进而选择最优成像时间。

多普勒展宽频率曲线的估计流程如图 4-15 所示。首先对距离向压缩后的

雷达接收数据进行平动补偿，然后将数据分成连续的子区间，对每一子区间进行距离多普勒处理，获得连续的子图像，在每一个子图像中估计目标的多普勒展宽频率，通过插值和平滑，可以将各个多普勒展宽频率点相连，最终得到目标的多普勒展宽频率随时间变化的曲线。

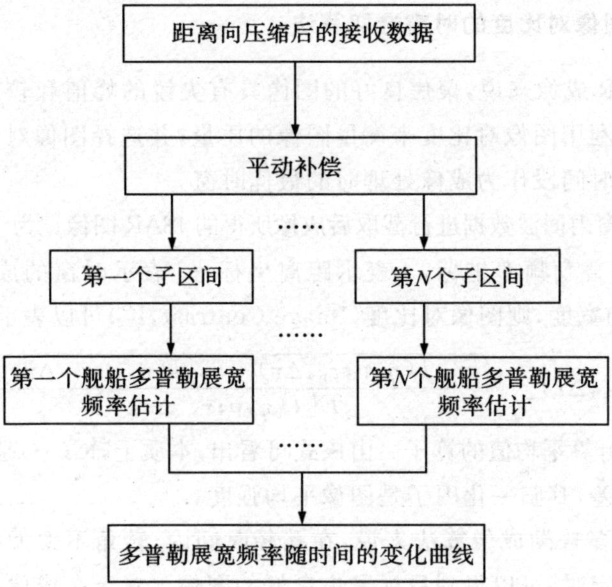

图 4-15　多普勒展宽频率曲线的估计流程

在曲线估计过程中，可以有效使用一维方位向包络 F_n，计算出图像的多普勒展宽频率，公式为

$$\begin{cases} p_n = F_n / \sum\limits_{n=-N/2}^{N/2-1} F_n \\ f_{ds} = \dfrac{\text{PRF}}{N} \cdot \sqrt{\sum\limits_{n=-N/2}^{N/2-1} \left(N - \sum\limits_{n=-N/2}^{N/2-1} n p_n\right) p_n} \end{cases} \tag{4-9}$$

式中，n 为方位向单元的序号；N 为方位向单元的数目；p_n 为各单元方位向包络对应的概率；f_{ds} 为多普勒展宽频率。

获取多普勒展宽频率曲线后，就可以进行最优成像中心时刻的选取。首先，对回波数据进行脉冲压缩。之后，将经脉冲压缩后的回波数据矩阵在方位向划分为多个子矩阵。然后，对子矩阵进行 ISAR 成像，并从图像中提取出多普勒展宽频率。接下来，对从各子矩阵中提取出的多普勒展宽频率进行插值和平滑处理后，可得到多普勒展宽频率随时间变化的曲线。最后，选择多普勒展宽曲线峰值对应的时刻作为最优成像中心时刻。得到最优成像中心时刻后，以该时刻为中心，利用图像对比度最大准则确定最优成像积累时间段。得到最优成像积累时间段后，只利用该时间段内的回波数据进行成像，可得到目标的高质量图像。

二、基于图像对比度的时窗选取算法

对于 ISAR 成像来说，聚焦良好的图像具有尖锐的峰值和较高的峰值旁瓣比。因此可以利用图像对比度来衡量图像的质量，并选择图像对比度最大情况下的成像积累时间段作为成像处理时的最优时窗。

将对某时窗内回波数据进行截取后成像所得的 ISAR 图像记为 $I(\eta,v;\tau_c,\Delta\tau)$，其中，$\eta$ 表示多普勒频率坐标，v 表示距离坐标，τ_c 表示时窗的成像中心时刻，$\Delta\tau$ 表示时窗的宽度，则图像对比度（Image Contrast，IC）可以表示为

$$\mathrm{IC}(\tau_c,\Delta\tau)=\frac{\sqrt{E(\{I(\eta,v;\tau_c,\Delta\tau)-E[I(\eta,v;\tau_c,\Delta\tau)]\}^2)}}{E[I(\eta,v;\tau_c,\Delta\tau)]} \tag{4-10}$$

式中，$E(\cdot)$是计算平均值的算子。由该式可看出，本质上，$\mathrm{IC}(\cdot)$是$I(\eta,v;\tau_c,\Delta\tau)$的归一化标准差，其归一化因子是图像平均强度。

对于距离多普勒成像算法来说，在孔径时间内，转角不太大并且等效转动角速度近似恒定时，可以得到目标聚焦良好的图像。对于在成像积累时间内目标散射点的多普勒频率表现出时变性的目标，可以通过选取平稳运动的成像时间段获得聚焦的 ISAR 图像。因此，可以通过选择满足上述条件的 τ_c 和 $\Delta\tau$ 使得图像对比度达到最大值，该优化问题可以用下式表示：

$$(\tau_{\mathrm{opt}},\Delta\tau_{\mathrm{opt}})=\arg\{\max_{\tau_c,\Delta\tau}[\mathrm{IC}(\tau_c,\Delta\tau)]\} \tag{4-11}$$

式中，$\Delta\tau\in[0,T_{\mathrm{obs}}]$，$\tau\in[\Delta\tau/2,T_{\mathrm{obs}}-\Delta\tau/2]$，$T_{\mathrm{obs}}$ 表示全孔径时间。

因为 τ_c、$\Delta\tau$ 都是离散变量，式(4-11)可认为是一个求解二维离散型函数的极值问题。一般情况下，一段 ISAR 回波数据有上万个回波信号，所以为了避免 $\mathrm{IC}(\tau_c,\Delta\tau)$ 的二维穷尽搜索，采用双线性搜索算法，步骤如下：

(1)用一个经验值 $\Delta\tau^{(\mathrm{in})}$ 初始化变量 $\Delta\tau$，通过搜索 τ_c 的最优解 τ_{opt} 使图像对比度达到最大值；

(2)用最优解 τ_{opt} 固定变量 τ_c，搜索变量 $\Delta\tau$ 的最优解 $\Delta\tau_{\mathrm{opt}}$ 使图像对比度达到最大值。

其中，$\Delta\tau^{(\mathrm{in})}$ 的经验值一般根据脉冲重复频率和目标的运动速度确定。

需要注意的是，较短的时窗宽度将导致图像的方位向分辨率差，较长的时

窗宽度则导致图像出现明显散焦。因此,应综合考虑图像的方位向分辨率和图像聚焦效果确定最优的时窗宽度。

三、基于散射点追踪的时窗选取算法

基于散射点追踪的时窗选取算法通过追踪四个特殊位置的散射点,即船头散射点、船尾散射点、船上建筑(桅杆)散射点和船上建筑散射点对应的甲板位置上的散射点的多普勒频率变化,确定获得舰船侧视图和俯视图的时刻。基于前两者多普勒频率之差为零的时刻可得到侧视图,而基于后两者多普勒频率之差为零的时刻可得到俯视图。成像积累时间的选择以保证多普勒频率近似恒定不变为条件。

由于散射点的位置略有不同,因此在确定成像时间时会出现误差。船首和船尾散射点的高度差将导致横滚、俯仰成像时间出现误差。可以将船舶建模为一个周期性旋转的刚体,并通过对散射点多普勒的结果表达式进行泰勒展开估计误差。表达式为

$$\langle \varepsilon_r^2 \rangle = \frac{(\omega_p^2 \rho_m^2 \sin^2 \alpha_0 + \omega_\beta^2 \beta_m^2 \cos^2 \alpha_0) z^2}{\omega_\gamma^2 \gamma_m^2 (x \cos \alpha_0 - y \sin \alpha_0)^2} \tag{4-12}$$

式中,ε_r 为俯视定时误差;α_0 为方位角;ω_γ 为偏航频率;ω_β 为横滚频率;ω_p 为俯仰频率;γ_m 为最大偏航偏移;β_m 为最大横滚偏移;ρ_m 为最大俯仰偏移;z 为船首、船尾散射点的高度差;y 和 x 分别为船首、船尾散射点之间连线在船身、两翼方向的投影长度。

这种算法以舰船的三维转动同时存在,且幅度较大为基础,考虑如何获取舰船侧视图和俯视图,并从定性的角度分析跟踪特殊散射点的可行性。理论上,该算法不需要对目标成像,有比其他基于舰船图像的最佳成像时刻选择方法实现简单的优点。但实际上选择的散射点的准确度和难度制约了成像时刻选择的准确性,且大多数情况下需要利用船头和船尾的两个散射点,额外构造一个满足条件的虚拟散射点,实现不易。

四、基于多普勒频率信息的时窗选择算法

通过理论分析,船只转动引起的瞬时多普勒频率仅在较短的时间内近似服从线性调频信号的规律。

在基于多散射点瞬时多普勒频率估计的时窗选择算法中,要对二维时间域的 ISAR 回波信号进行预处理,包括距离向压缩、平动补偿。将完整的信号采集时间划分为若干个短时间段,在每个短时间段内,散射点瞬时多普勒频率的

变化如下式所示：

$$f_{dk}(t) \approx \sum_{i=1}^{N} \left\{ K_{rki} \left[t - t_{\text{start}} - \frac{(2i-1)}{2} T_{\text{seg}} \right] + f_{dcki} \right\} \cdot \text{rect}\left[\frac{t - t_{\text{start}} - \frac{(2i-1)}{2} T_{\text{seg}}}{T_{\text{seg}}} \right] \tag{4-13}$$

式中，t 为方位向时间；$f_{dk}(t)$ 为第 k 个散射点的瞬时多普勒频率；i 为时间段的序号；N 为所有时间段的个数；K_{rki} 为第 k 个散射点在第 i 个时间段内的线性调频率；t_{start} 为信号采集时间的起始时刻；T_{seg} 为每个时间段的时间长度；f_{dcki} 为第 k 个散射点在第 i 个时间段内的中心频率；rect 为关于纵轴对称的标准矩形函数。

在 ISAR 系统中，方位时间-距离频率域的船只回波信号可表示为

$$S(t, f_r) = W(t, f_r) \cdot \exp\left[-\text{j} \frac{4\pi}{c} f_r R_0(t) \right] \cdot \int A(\boldsymbol{r}, t) \cdot \sigma_0(\boldsymbol{r}) \cdot \exp\left\{ -\text{j} \frac{4\pi}{c} f_r \left[\boldsymbol{r}^{\text{T}} \cdot \boldsymbol{i}_{\boldsymbol{R}_0}(t) \right] \right\} \text{d}\boldsymbol{r} \tag{4-14}$$

式中，f_r 为距离向频率；$S(t, f_r)$ 为方位时间-距离频率域的船只回波信号；$W(t, f_r) = \text{rect}\left(\frac{t}{T_{\text{obs}}}\right) \cdot \text{rect}\left(\frac{f_r - f_c}{B_r}\right)$，其中，$T_{\text{obs}}$ 为信号的数据采集时间，f_c 为雷达载波频率，B_r 为雷达信号带宽；c 为光速；$\boldsymbol{R}_0(t)$ 为从雷达的相位中心到船只转动中心的矢量，$R_0(t)$ 为 $\boldsymbol{R}_0(t)$ 的模，$\boldsymbol{i}_{\boldsymbol{R}_0}(t)$ 为 $\boldsymbol{R}_0(t)$ 的单位矢量；$\boldsymbol{r}$ 为从船只转动中心到船上某散射点的矢量；$\sigma_0(\boldsymbol{r})$ 为位于 $\boldsymbol{r}$ 处散射点的归一化 RCS；$A(\boldsymbol{r}, t)$ 为考虑发射信号功率、雷达与散射点之间的距离、天线方向图效应、散射点 RCS 的时变性等因素对信号幅度和相位造成影响的复函数。

经过包括距离对齐、相位补偿在内的平动补偿处理后的信号 $S'(t, f_r)$ 可表示为

$$S'(t, f_r) = W(t, f_r) \cdot \int A(\boldsymbol{r}, t) \cdot \sigma_0(\boldsymbol{r}) \cdot \exp\left(-\text{j} \frac{4\pi}{c} f_r R'_0 \right) \cdot \exp\left\{ -\text{j} \frac{4\pi}{c} f_r \left[\boldsymbol{r}^{\text{T}} \cdot \boldsymbol{i}_{\boldsymbol{R}_0}(t) \right] \right\} \text{d}\boldsymbol{r} \tag{4-15}$$

式中，R'_0 为成像中心时刻散射点与雷达间的距离。

从预处理后的 ISAR 回波信号中，挑选出 L 个功率最强的距离单元，并将这些距离单元按功率从大到小按照 $1 \sim L$ 编上号。以 T_{seg} 为时间段长度，在方位向将 L 个距离单元的信号划分为 N 个时间段，设 i 为当前时间段的序号，并

令 i 的初值为 1。设 l_j 为第 j 个距离单元在所有距离单元中的序号，$s_{l_j}(t)$ 为序号为 l_j 的距离单元对应的一维信号，$s_{l_j}^i(t)$ 为 $s_{l_j}(t)$ 中第 i 个时间段的信号，利用经典的伯格(Burg)算法，对 $s_{l_j}^i(t)$ 进行数据外推。利用正交匹配追踪(Orthogonal Matching Pursuit，OMP)算法，估计出稀疏系数矢量 $\hat{\boldsymbol{\theta}}$。之后利用式(4-18)和式(4-19)计算得到多普勒中心频率值和多普勒调频率值。计算公式分别为

$$n_{kir}=\text{floor}\left(\frac{n_{ki}}{M}\right) \tag{4-16}$$

$$n_{kic}=n_{ki}-n_{kir}M \tag{4-17}$$

$$f_{dcki}=-\frac{\text{PRF}}{2}+n_{kic}\cdot\frac{\text{PRF}}{M} \tag{4-18}$$

$$K_{rki}=-\frac{\text{PRF}^2}{M}+n_{kir}\cdot\frac{2\text{PRF}^2}{M^2} \tag{4-19}$$

式中，n_{ki} 为第 k 个散射点第 i 个时间段所对应的局部峰值系数在矢量 $\hat{\boldsymbol{\theta}}$ 中的序号；floor(·)为取自变量整数部分的函数；n_{kir} 为对应的调频率序号；n_{kic} 为对应的中心频率序号；f_{dcki} 为多普勒中心频率值；K_{rki} 为多普勒调频率值；PRF 为脉冲重复频率。

接下来需要对相邻短时间段的瞬时多普勒频率变化进行关联，从而得到各散射点在完整数据采集时间内的多普勒频率变化。设序号为 l_j 的距离单元在第 i 个时间段估计出 $K_{l_j}'^{i}$ 个散射点，其中第 l 个($1\leqslant l\leqslant K_{l_j}'^{i}$)散射点在第 i 个时间段结束时刻的瞬时多普勒频率为 $f_{dcli}+K_{rli}\cdot T_{\text{seg}}/2$。设该距离单元在第 $i+1$ 个时间段估计出 $K_{l_j}'^{(i+1)}$ 个散射点，其中第 l' 个($1\leqslant l'\leqslant K_{l_j}'^{(i+1)}$)散射点在第 $i+1$ 个时间段开始时刻的瞬时多普勒频率为 $f_{dcl'(i+1)}-K_{rl'(i+1)}\cdot T_{\text{seg}}/2$，按如下原则对 l 和 l' 进行关联：

$$l'(l)=\arg\min_{l'}\left|\begin{array}{c}\{[f_{dcl'(i+1)}-K_{rl'(i+1)}\cdot T_{\text{seg}}/2]-(f_{dcli}+K_{rli}\cdot T_{\text{seg}}/2)\}^2+\\ \{[K_{rl'(i+1)}-K_{rli}]\cdot T_{\text{seg}}\}^2,\end{array}\right|$$

$$1\leqslant l'\leqslant K_{l_j}'^{(i+1)} \tag{4-20}$$

在完整的数据采集时间内，得到关联后的强散射点的瞬时多普勒频率，再根据强散射点所对应的瞬时多普勒频率变化信息，利用式(4-21)至式(4-23)从中选取出具有比较平稳的瞬时多普勒频率变化的强散射点的积累时间长度 $\Delta t(t_{\exp})$、最佳成像起始时刻 $t_{\text{opt,start}}$ 和时窗长度 Δt_{opt}。

$$\Delta t(t_{\exp})=\min[\Delta t_{l_j,l}(t_{\exp})]$$

$$l=1,2,\cdots,K_{l_j};\quad j=1,2,\cdots,L \tag{4-21}$$

$$t_{\text{opt,start}} = \underset{t}{\operatorname{argmax}}[\Delta t(t)] \tag{4-22}$$

$$\Delta t_{\text{opt}} = \Delta t(t_{\text{opt,start}}) \tag{4-23}$$

式中，$t_{\exp}$ 为任意的方位向时刻；$\Delta t_{l_j,l}(t_{\exp})$ 为搜索终止时刻与 $t_{\exp}$ 时刻之间的时间差。

算法的总体流程如图 4-16 所示。

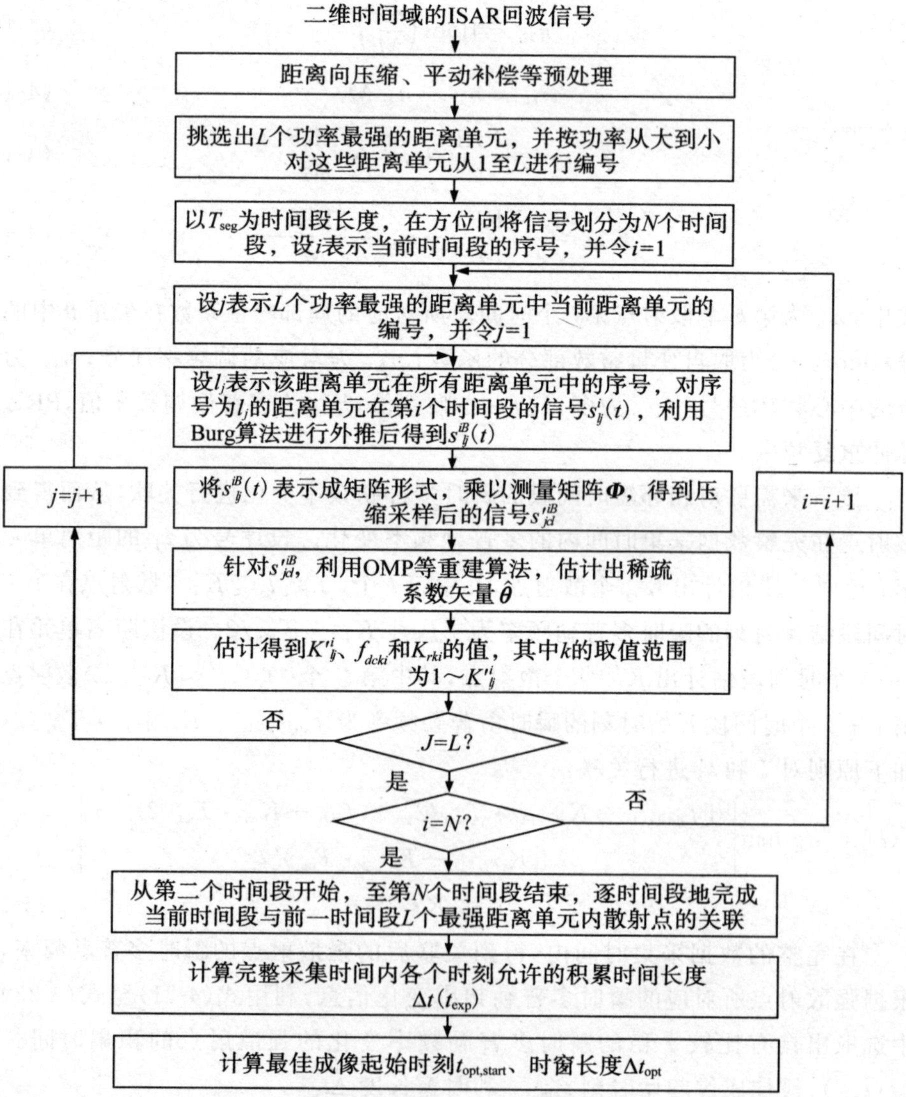

图 4-16　基于多散射点瞬时多普勒频率估计的时窗选择算法的流程

第六节　转动相位补偿

一、转动相位补偿概述

经过平动相位补偿后，目标回波中仅包含转动分量。虽然 ISAR 成像中目标运动所造成的雷达视线转动是成像的必要条件，但在成像中目标转动会使散射点跨距离单元并且产生方位向二次相位误差，从而导致多普勒频率时变，造成图像散焦等问题。因此在实际的 ISAR 成像处理中，还需要对目标的转动进行补偿。

如图 4-17 所示，假设经过平动相位补偿后，雷达与目标之间的距离可表示为

$$R(t)=R_0+x\cos\theta(t)-y\sin\theta(t) \tag{4-24}$$

由于 $\theta(t)$ 一般很小，因此可进行如下简化：

$$\begin{cases}\sin\theta(t)\approx\theta(t)\\ \cos\theta(t)\approx 1-0.5\cdot\theta^2(t)\end{cases} \tag{4-25}$$

将式(4-25)代入式(4-24)，可得

$$R(t)\approx R_0+x-0.5\cdot x\cdot\theta^2(t)-y\cdot\theta(t) \tag{4-26}$$

由于 $\theta(t)$ 一般小于10°，上式右边第三项对距离的影响相对于第四项来说可以忽略，因此可简化为

$$R(t)\approx R_0+x-y\cdot\theta(t) \tag{4-27}$$

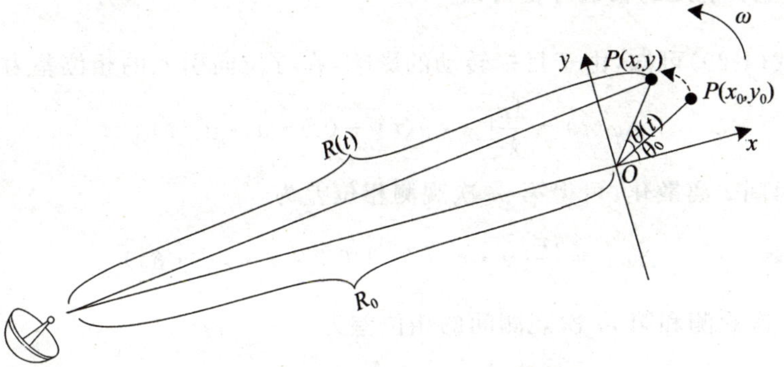

图 4-17　ISAR 成像几何示意图

由于目标转动的影响，散射点在距离向的徙动为

$$\Delta x \approx -y \cdot \theta(t) \tag{4-28}$$

散射点的方位向回波相位为

$$\varphi(t)=-\frac{4\pi}{\lambda}R(t)=-\frac{4\pi}{\lambda}[R_0+x-y\cdot\theta(t)-0.5\cdot x\cdot\theta^2(t)] \tag{4-29}$$

值得注意的是，$0.5\cdot x\cdot\theta^2(t)$ 引入的相位变化是不能忽略的，需要进行方位向相位补偿。下面分别介绍距离徙动补偿方法和基于锐度的相位补偿方法。

二、距离徙动补偿方法

根据式(4-28)，可得

$$\Delta x \approx -(p\cdot\rho_a)\cdot(m\cdot\delta_\theta) \tag{4-30}$$

式中，p 为方位向上分辨率单元的索引；ρ_a 为方位向分辨率；m 为脉冲号；δ_θ 为脉冲在一个脉冲重复间隔内转过的角度。假设目标的旋转角速度为 ω，脉冲总数为 M，信号波长为 λ，则有

$$\delta_\theta=\omega\cdot \mathrm{PRI} \tag{4-31}$$

$$\rho_a=\frac{\lambda}{2M\delta_\theta} \tag{4-32}$$

将式(4-31)和式(4-32)代入式(4-30)，可得

$$\Delta x=-(p\cdot\rho_a)\cdot(m\cdot\delta_\theta)=-pm\frac{\lambda}{2M} \tag{4-33}$$

可以看出，距离徙动和目标转动角度 δ_θ 无关，只与方位单元、脉冲号相关，对距离徙动进行补偿可以从这两方面入手。

三、基于锐度的相位补偿方法

由式(4-29)可知，由于目标转动的影响，在方位向引入的相位差为

$$\Delta\varphi(t)=\frac{4\pi}{\lambda}[y\cdot\theta(t)+0.5\cdot x\cdot\theta^2(t)] \tag{4-34}$$

将观测时间 t 离散化，可得第 m 次观测相位差为

$$\Delta\varphi_m=\frac{4\pi}{\lambda}(y\cdot m\cdot\delta_\theta+0.5\cdot x\cdot m^2\cdot\delta_\theta^2) \tag{4-35}$$

第 $m+1$ 次观测和第 m 次观测间的相位差为

$$\begin{aligned}\Delta\psi_m&=\Delta\varphi_{m+1}-\Delta\varphi_m\\&=\frac{4\pi}{\lambda}[y\cdot\delta_\theta+(0.5+m)\cdot x\cdot\delta_\theta^2]\end{aligned} \tag{4-36}$$

在第 m 次观测下，第 n 个距离单元上的散射点对应的多普勒徙动为

$$\Delta\psi_{m,n}=\Delta\psi_{m}-\Delta\psi_{0}=\frac{4\pi}{\lambda}\cdot(\rho_{r}n)\cdot\delta_{\theta}^{2}\cdot m \tag{4-37}$$

由上式可以看出，需要预先知道 δ_{θ} 才能进行补偿。在实际工作中，该值通常是未知的，可通过在 $[\delta_{\theta\min},\delta_{\theta\max}]$ 范围内对 δ_{θ} 进行遍历，采用成像效果最佳时的值作为估计值 $\hat{\delta}_{\theta}$。

在 ISAR 中，根据其聚焦特性，当成像达到理想的聚焦时，目标图像的锐度达到最大值，这也是我们基于锐度在方位向进行相位补偿的依据。衡量图像锐度时，最常用的方式是 β-2 指数函数、熵和对比度。

β-2 指数函数的定义为

$$S=\sum_{m=1}^{M}\sum_{n=1}^{N}|I(m,n)|^{2} \tag{4-38}$$

式中，$I(m,n)$ 为复图像；m 和 n 分别为图像行和列的序号；M 和 N 分别为图像的行数和列数。

熵函数的定义为

$$E=\sum_{m=1}^{M}\sum_{n=1}^{N}|I(m,n)|^{2}\ln|(m,n)|^{2} \tag{4-39}$$

对比度函数的定义为

$$C=\frac{\sigma(|I|^{2})}{\overline{|I|^{2}}} \tag{4-40}$$

式中，$\sigma(|I|^{2})$ 为图像强度的标准差，$\overline{|I^{2}|}$ 为图像强度的均值。

在衡量图像锐度时，可根据三种测量方式的变化曲线，选择最尖锐的方式。

第七节　逆合成孔径雷达的经典成像算法

经典 ISAR 的成像原理可以用转台成像模型进行描述。在该模型中，雷达固定不动，目标被放置在一个匀速转动的平台上，目标相对于雷达只有转动分量而无平动分量。距离多普勒算法是针对转台模型的最常用算法。距离向的高分辨率由雷达发射的大带宽信号实现，而横向的高分辨率则依靠目标相对于雷达的转动而形成的合成孔径。

ISAR 获得距离向高分辨率的原理与 SAR 相同，距离分辨率等于脉冲压缩后脉冲宽度 $\Delta\tau$ 对应的距离。$\Delta\tau$ 一般等于信号带宽 B 的倒数，即距离分辨率为

$$\Delta R_y = c/2B \tag{4-41}$$

式中，c 为光速。

ISAR 的横向分辨能力可以用多普勒分辨来解释。对于转台模型，位于雷达视线轴上的散射点没有相对于雷达的径向运动，其子回波的多普勒频率为零。偏离雷达视线轴的散射点，则呈现出或正或负的多普勒频率，具体的频移值则与散射点偏离雷达视线轴的横向距离成正比。因此，在目标转角足够大且保证了较高的横向分辨率的前提下，对同一距离单元的方位向回波信号进行傅里叶变换，可以呈现出该距离单元中散射点的横向分布。

如图 4-18 所示，雷达位于坐标原点 O 的正左方远处，设在相邻两次观测中目标相对于雷达视线转过了一个很小的角度 $\Delta\theta$，它上面的某一散射点则从 p 点移到了 p_1 点，其纵向位移为

$$\Delta y_p = r_p \sin(\theta + \Delta\theta) - r_p \sin\theta = x_p \sin\Delta\theta - y_p(1 - \cos\Delta\theta) \tag{4-42}$$

式中，(x_p, y_p)为散射点 p 相对于转台轴心的坐标。位移 Δy_p 引起的子回波的相位变化为

$$\Delta\varphi_p = \frac{4\pi}{\lambda}\Delta y_p = \frac{4\pi}{\lambda}[x_p \sin\Delta\theta - y_p(1 - \cos\Delta\theta)] \tag{4-43}$$

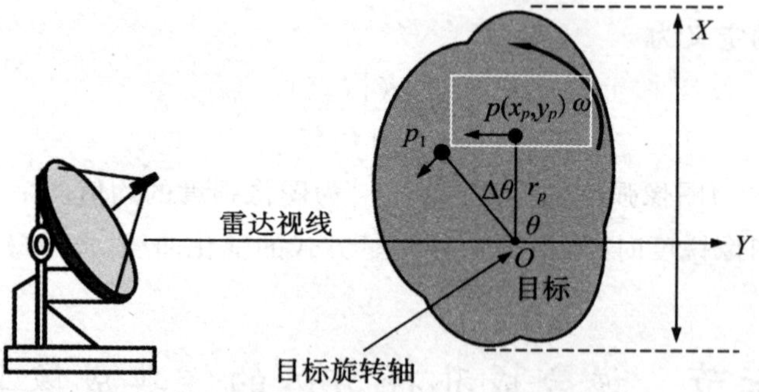

图 4-18　目标转动时散射点的移动示意图

若 $\Delta\theta$ 很小，则式(4-43)可近似写为

$$\Delta\varphi_p = \frac{4\pi}{\lambda}\left[x_p \sin\Delta\theta - y_p \frac{1}{2}(\Delta\theta)^2\right] \tag{4-44}$$

即只有 $\Delta\theta$ 非常小，上式右边的第二项才能够忽略不计，且在等速旋转（$\Delta\theta$ 为常数）的条件下，散射点子回波的相位差是与横距 x_p 成正比的常数。第二项的作用是使 $\Delta\varphi_p$ 加(减)速变化，即产生多普勒走动，这一作用在 y_p 比较大时才比较明显，它发生在离转动中心较远的上下两端的散射点。另外，若目标非匀速旋

转，$\Delta\varphi$ 也非恒定，其绝对变化值近似与 x_p 成正比，即这一多普勒走动现象在离转动中心较远的左右两侧比较严重。因此，当 $\Delta\theta$ 和 y_p 的值均较小时，转动引起的两次回波的相位差为

$$\Delta\varphi_p=\frac{4\pi}{\lambda}x_p\Delta\theta \tag{4-45}$$

上式表明，两次回波的相位差正比于横距 x_p。当转台连续转动时，x_p 越大，则该散射点子回波的多普勒频率也越高。另外，该散射点相邻两个周期的回波相差一个相位旋转因子 $\exp(\mathrm{j}\frac{4\pi}{\lambda}\Delta\theta x_p)$。

目标均匀转动，并在观测过程中接收到 M 次回波，即总转角 $\Delta\varphi=M\Delta\theta$，当两散射点的横向距离差为 Δx 时，两散射点子回波总的相位差为

$$\Delta\Phi_M=\frac{4\pi}{\lambda}\Delta\varphi\cdot\Delta x \tag{4-46}$$

利用傅里叶变换进行多普勒分析时，只要 $\Delta\Phi\geqslant2\pi$，两点即可分辨。因此，可计算出 ISAR 的横向分辨率 ΔR_x 为

$$\Delta R_x=\frac{\lambda}{2\Delta\varphi} \tag{4-47}$$

可见，对于一般工作于微波频段的 ISAR 而言，若希望获得优于米级的横向分辨率，所需的目标转角并不大。分析表明，对微波雷达，为得到亚米级的横向分辨率，所要求的转角(称为“相干积累角”)一般不超过 5°。

第八节　方位向定标

上述 ISAR 成像方法的成像结果位于距离多普勒平面，目标的距离向和方位向分辨率不一致，导致图像发生扭曲形变。为了获得正确的目标尺寸和几何形状等目标特征信息，必须对目标的 ISAR 图像进行距离向和方位向定标处理，这是进行目标识别的前提，也是 ISAR 成像的难点之一。方位向定标就是确定图像的方位向像素大小，而 ISAR 图像的方位向像素取决于雷达波长和目标相对于雷达视线在相干积累时间内的转角。前者是已知的，而后者难以确定，所以此技术的关键在于确定成像时间内目标相对于雷达转过的角度。

ISAR 系统依靠积累时间内目标相对于雷达视线的转动来实现方位向分

辨，其成像结果的方位向分辨率为

$$\rho_{\mathrm{a}}=\frac{\lambda}{2\Omega T_{\mathrm{int}}}=\frac{\lambda}{2\Delta\varphi} \tag{4-48}$$

式中，λ 为雷达工作波长；Ω 为目标的转动角速度；T_{int} 为雷达成像积累时间；$\Delta\varphi$ 为积累时间内的总转角。ISAR 图像的方位向像素大小由下式确定：

$$\mathrm{pixel}_{\mathrm{a}}=\rho_{\mathrm{a}}\frac{N_{\mathrm{a}}}{N_{\mathrm{FFT}}} \tag{4-49}$$

式中，N_{a} 为方位向回波个数；N_{FFT} 为距离多普勒成像时的 FFT 点数。

由以上分析可知，由于 ISAR 目标通常是非合作性的，即目标的尺寸以及运动轨迹等信息是未知的，成像积累时间内目标的转角或转动角速度只能通过目标的回波信息估计，因此 ISAR 方位向定标比较困难。

接下来介绍一种常用的方位向定标方法——基于线性特征的方位向定标方法。对于传统的距离多普勒成像算法，可以从本质上把它看作是一种映射关系，即把目标在空间的坐标信息映射为 ISAR 图像中的时延和多普勒信息。基于上述映射关系，对投影后的多普勒距离斜率这一体现线性特征的函数进行拟合，即可估计出目标的转速。

转台模型下的 ISAR 成像的几何场景如图 4-19 所示。

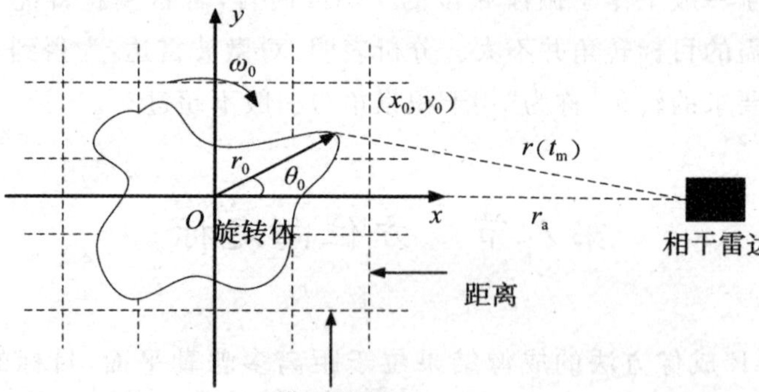

图 4-19　ISAR 成像的转台模型

在该几何模型下，对图中目标上的任一散射点(x_0, y_0)，在 t_{m} 时刻下，它与雷达的距离表达式为

$$r(t_{\mathrm{m}})=r_0^2+r_{\mathrm{a}}^2-2r_0 r_{\mathrm{a}}\cos(\theta_0-\omega_0 t_{\mathrm{m}}) \tag{4-50}$$

在远场条件下，距离表达式可以近似地描述为

$$r(t_{\mathrm{m}})\approx r_{\mathrm{a}}-[x_0\cos(\omega_0 t_{\mathrm{m}})+y_0\sin(\omega_0 t_m)] \tag{4-51}$$

将散射点的回波数据投影到距离多普勒平面上，可得

$$X_0(t_m)=\frac{-2f_s r(t_m)}{c} \tag{4-52}$$

$$Y_0(t_m)=-\frac{2M_p}{\lambda f_r}\frac{dr(t_m)}{dt_m} \tag{4-53}$$

式中，f_r 为脉冲重复频率；f_s 为采样频率；c 为光速；M_p 为累计回波脉冲数；λ 为载频对应的波长。

设在目标平面下有两个散射点，坐标分别为 (x_1,y_1) 和 (x_2,y_2)，则两点间连线的斜率为

$$K=\frac{Y_2(t_m)-Y_1(t_m)}{X_2(t_m)-X_1(t_m)}=H_0\omega_0\tan(\theta_s-\omega_0 t_m) \tag{4-54}$$

式中，θ_s 为斜线与水平方向的夹角；H_0 为常量因子，其表达式为

$$H_0=\frac{cM_p}{\lambda f_r f_s} \tag{4-55}$$

可推导出角速度的表达式为

$$\omega_0=\sqrt{-c_0^2-\frac{H_0 c_1}{H_0}} \tag{4-56}$$

式中，系数 c_0 和 c_1 分别为

$$\begin{cases}c_0=H_0\omega_0\tan\theta_s\\ c_1=-H_0\omega_0^2\sec^2\theta_s\end{cases} \tag{4-57}$$

根据式(4-56)，我们就可以得到基于线性特征方法的目标角速度估计值。

第九节　时频分析成像方法

因为效率高、运算量和所需的存储量少、便于实时处理，经典的距离多普勒算法在 ISAR 成像中得到了广泛的应用。但是当目标在成像积累时间内的转角过大时，便会产生穿越分辨单元现象，距离多普勒算法的精度会明显下降。近年来，国内外学者针对非平稳运动目标的成像提出了瞬时成像方法。该类方法应用时频分析理论，将经过距离向压缩后得到的数据矩阵在方位向进行时频分析，变换后的结果构成一个三维矩阵。对每个方位向时刻，取三维矩阵中距离向时间-方位向频域平面上的切片，可获得不同时刻的目标瞬时像。

时频分析方法具备高的时频聚集性和交叉抑制能力。时频分析方法的时频聚集性越高，则瞬时像就会体现越多的目标细节信息；交叉项抑制能力越强，则产生的虚假散射点越少。

基本的时频分析方法分为线性变换和非线性变换两种，典型的线性时频分析方法有短时傅里叶变换（STFT）、小波变换（Wavelet Transform，WT）和 S 变换（S-Transform，ST）等，最具代表性的非线性时频分析方法是维格纳-威利分布（WVD）。

一、短时傅里叶变换

短时傅里叶变换是时频分析中最简单的一种，也是使用最早、最广泛的一种。给定一个非平稳信号 $s(t)$，则其短时傅里叶变换的定义为

$$\mathrm{STFT}_s(t,f)=\int_{-\infty}^{\infty}s(\tau)h(\tau-t)\mathrm{e}^{-\mathrm{j}2\pi ft}\mathrm{d}\tau \tag{4-58}$$

式中，$h(t)$称为“窗函数”，其反变换为

$$s(t)=\int_{-\infty}^{\infty}\int_{-\infty}^{\infty}\mathrm{STFT}_s(\tau,f)h(\tau-t)\mathrm{e}^{\mathrm{j}2\pi ft}\mathrm{d}\tau\mathrm{d}f \tag{4-59}$$

定义信号的谱图为其短时傅里叶变换幅值的平方，计算公式为

$$P_s(t,f)=|\mathrm{STFT}_s(t,f)|^2=\left|\int_{-\infty}^{\infty}s(\tau)h(\tau-t)\mathrm{e}^{-\mathrm{j}2\pi ft}\mathrm{d}\tau\right|^2 \tag{4-60}$$

在实际应用中，往往需要将 $\mathrm{STFT}_s(t,\omega)$离散化，即在等间隔的时频网格点$(m\Delta t,n\Delta f)$处采样，其中 Δt 、Δf 分别表示时间变量和频率变量的采样间隔，m、n 分别为时间轴和频率轴总的采样点数。记 $\mathrm{STFT}_s(m,n)$为非平稳信号 $s(k)$短时傅里叶变换的离散形式，则

$$\mathrm{STFT}_s(m,n)=\sum_{k=-\infty}^{\infty}s(k)h(k\Delta t-m\Delta t)\mathrm{e}^{-\mathrm{j}2(n\Delta f)k} \tag{4-61}$$

虽然短时傅里叶变换简单且容易理解，但其存在两个困难：一是窗函数的选择，二是窗函数长度的选择。窗函数的长度关系着频谱图的频率和时间分辨率。对于非平稳信号，找到一个合适的窗函数来适应信号的各个时间段是非常重要的，需要在时间分辨率和频率分辨率之间进行折中。

二、小波变换

小波变换作为 ISAR 成像中时频分析的工具之一，相比于应用较长积分区间的算法，其可以生成更高质量的图像。小波变换可以通过窗函数改变分辨率。其窗函数中的尺度因子 a，可以改变小波的时域带宽和频带宽度。

对于信号 $s(t)$，其小波变换可以表示为

$$\mathrm{WT}(a,b)=\frac{1}{\sqrt{|a|}}\int_{-\infty}^{\infty}s(t)\varphi^{*}\left(\frac{t-b}{a}\right)\mathrm{d}t \tag{4-62}$$

式中，$\frac{1}{\sqrt{|a|}}\varphi\left(\frac{t-b}{a}\right)$ 称为连续小波基函数；a 为尺度因子且 $a>0$；b 为平移因子；$\varphi^{*}(t)$ 是 $\varphi(t)$ 的共轭。若尺度因子 $a>1$，母小波函数被拉伸，时域带宽被展开；若 $0<a<1$，频带宽度变宽。平移因子 b 可以使小波基函数沿着时间轴移动。根据小波变换的定义，母小波需满足以下条件：

$$\int_{-\infty}^{\infty}\frac{|\varphi(t)|^{2}}{|\omega|}\mathrm{d}\omega<+\infty \tag{4-63}$$

从频域角度看，小波变换的定义为

$$\mathrm{WT}(a,b)=\frac{1}{2\pi\sqrt{|a|}}\int_{-\infty}^{\infty}S(\omega)\varphi^{*}(a\omega)\mathrm{e}^{\mathrm{j}\omega b}\mathrm{d}\omega \tag{4-64}$$

式中，$S(\omega)$ 和 $\varphi(\omega)$ 分别为 $s(t)$ 和 $\varphi(t)$ 的傅里叶变换。

从上面的分析中，可以看到小波变换有以下特点：(1)具有多分辨率；(2)带宽与中心频率的比值是不变的；(3)母小波函数是可以变化的。合适的母小波，会使小波变换的时间分辨率和频率分辨率都表现良好。

三、S 变换

S 变换是由美国地球物理学家斯托克韦尔(Stockwell)等人提出的一种新的线性时频分析方法。S 变换与 STFT 类似，含有一个高斯窗，它的宽度与频率成反比，高度与频率呈线性关系。这种时频分析方法介于 STFT 和 WT 之间，兼具两者的一些特点。S 变换的表达式为

$$\begin{aligned}S(\tau,f)&=\int_{-\infty}^{\infty}s(t)\omega(t-\tau,f)\exp(-\mathrm{j}2\pi ft)\mathrm{d}t\\&=\int_{-\infty}^{\infty}s(t)\frac{|f|}{\sqrt{2\pi}}\exp\left[-\frac{(\tau-t)^{2}f^{2}}{2}\right]\exp(-\mathrm{j}2\pi ft)\mathrm{d}t\end{aligned} \tag{4-65}$$

式中，$S(\tau,f)$ 为 $s(t)$ 的 S 变换；t 为时间；f 为频率；ω 为高斯窗函数；τ 为控制参数，用于控制高斯窗在时轴上的位置。

与 STFT 不同的是，S 变换中使用的高斯窗的宽度是关于频率 f 的函数，具体为

$$\sigma(f)=\frac{1}{f} \tag{4-66}$$

由于S变换同时继承了STFT与WT的优良特性，近年来关于S变换的研究受到了广泛关注。S变换的优点主要包括：(1)S变换是线性变换；(2)S变换具有无损且唯一的逆变换；(3)S变换中高斯窗的宽度与信号的频率成反比。对于信号的高频成分，窗口宽度较窄，满足高时间分辨率要求；而对于信号的低频成分，窗口宽度较宽，满足高频率分辨率要求。

四、WVD

WVD作为一种最基本的双线性时频分析方法，最早由维格纳(Wigner)在量子力学中发展起来，并由威利(Ville)引入信号分析理论。

信号 $s(t)$ 的WVD的定义为信号瞬时相关函数的傅里叶变换，即

$$\mathrm{WVD}(t,\omega)=\int s\left(t+\frac{t'}{2}\right)s^{*}\left(t-\frac{t'}{2}\right)\mathrm{e}^{-\mathrm{j}\omega t'}\mathrm{d}t' \tag{4-67}$$

WVD也可以由 $s(t)$ 的傅里叶变换给出，即

$$\mathrm{WVD}(t,\omega)=\frac{1}{2\pi}\int S\left(\omega+\frac{\omega'}{2}\right)S^{*}\left(\omega-\frac{\omega'}{2}\right)\mathrm{e}^{-\mathrm{j}\omega' t}\mathrm{d}\omega' \tag{4-68}$$

WVD的优点是局部聚集性较好，其他的时频分布都可以看作是WVD的加窗形式，因此WVD被视为所有时频分布之母。但对于多分量信号的WVD会产生交叉项干扰，即两个信号和的WVD不是其各自WVD的总和，影响WVD的时频分辨率。设 $s=s_1+s_2$，则

$$\mathrm{WVD}_s(t,\omega)=\mathrm{WVD}_{s_1}(t,\omega)+\mathrm{WVD}_{s_2}(t,\omega)+2\mathrm{Re}\{\mathrm{WVD}_{s_1 s_2}(t,\omega)\} \tag{4-69}$$

由上式可以看出，信号 s_1 与信号 s_2 和的WVD中，除包含两个信号各自的WVD外，还包括与互WVD相关的交叉项。其中，互WVD的定义为

$$\mathrm{WVD}_{s_1 s_2}(t,\omega)=\int s_1\left(t+\frac{t'}{2}\right)s_2^{*}\left(t-\frac{t'}{2}\right)\mathrm{e}^{-\mathrm{j}\omega t'}\mathrm{d}t' \tag{4-70}$$

WVD引入的交叉项会严重影响WVD在时频域的直观展现。交叉项是一种虚假信号的体现，会使在时频域中提取有用信号的过程变得较为困难。交叉项和自项的多种组合形式会使人们错误地认为交叉项是有用信息，所以针对交叉项的抑制，是我们在设计和使用WVD时需要认真考虑的问题。

第十节　逆合成孔径雷达成像的 MATLAB 仿真

本节基于上述 ISAR 成像原理进行仿真实现，实验中所设置的船只结构图如图 4-20 所示。ISAR 成像算法的处理过程如图 4-21 所示，其中图(a)为距离向压缩后的图像，图(b)为距离对齐后的距离向压缩图像，图(c)为相位补偿后、转动补偿前的图像，图(d)为转动补偿中距离徙动补偿后、方位向相位补偿前的图像。

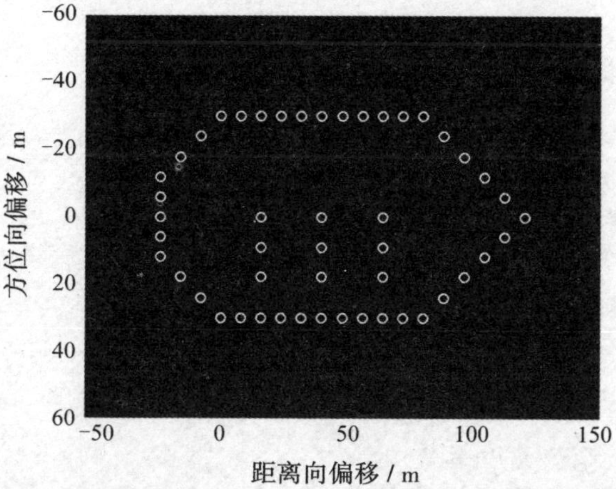

图 4-20　船只结构图

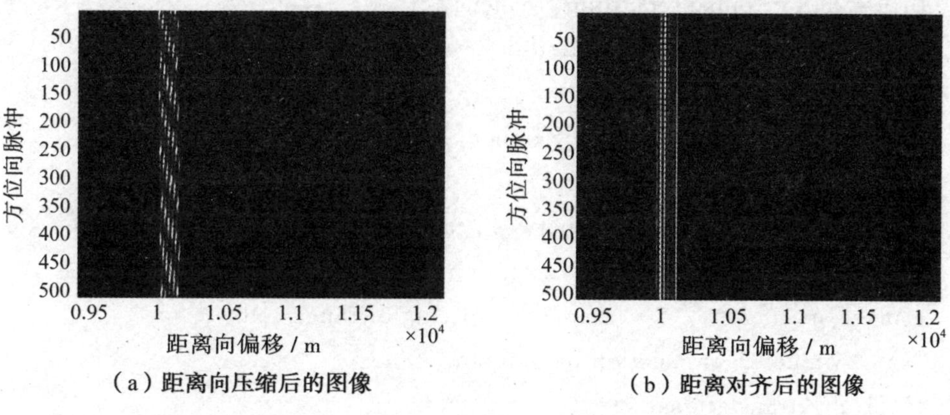

(a) 距离向压缩后的图像　　(b) 距离对齐后的图像

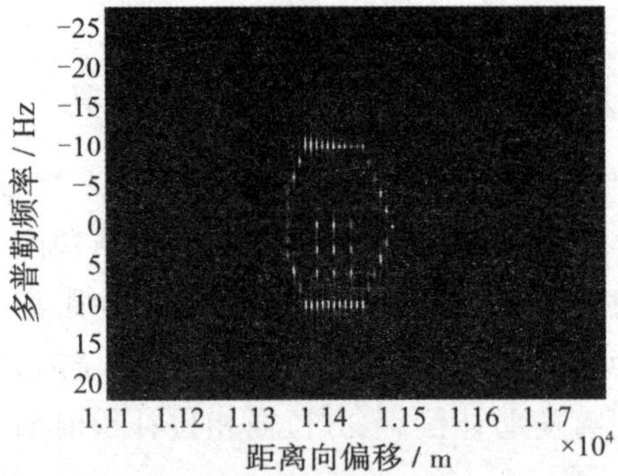

（c）相位补偿后的图像

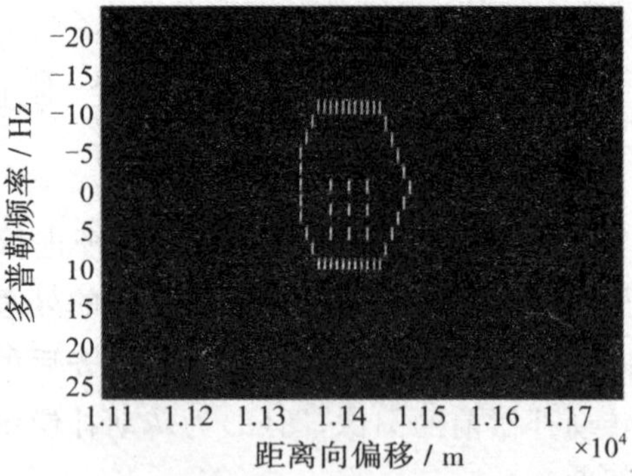

（d）转动补偿中距离徙动补偿后的图像

图 4-21　成像算法的处理过程示例

实现代码如下：

```
%%==========================================
clear;clc;close all;format long;
%%==========================================
C=3e8; %propagation speed
%%Parameter--radar characteristics
Fc=10e9; %carrier frequency
lambda=C/Fc; %wavelength
M=512; %number of azimuth pulses
tp=10e-6; %pulse width
PRF=200; %pulse repetition frequency
PRI=1/PRF; %pulse repetition interval
bw=200e6; %bandwidth
Kr=bw/tp; %pulse frequency £¨modulation slope
fs=480e6; %sample frequency²
R0=10e3; %initial distance between radar and target's rotation speed
rou_r=C/(2*bw); %range resolution
r_pixel_spacing=C/(2*fs); %the spacing of range cell
%%PArameter--translation parameters
V=10; %translational speed
omega=0.005; %rotational angular speed(rad/s)
```

```
%%Set the coordinates of scatters
Nscatters=49;
scatters_X=4*[-6,6,-6,-6,-4,-2,0,2,4,6,8,10,12,14,16,18,
20,22,24,26,28,30,-6,-4,-2,0,2,4,6,8,10,12,14,16,18,20,22,
24,26,28,4,4,4,16,16,16,10,10,10];
scatters_Y=3*[-2,2,0,4,6,8,10,10,10,10,10,10,10,10,10,10,10,
8,6,4,2,0,-4,-6,-8,-10,-10,-10,-10,-10,-10,-10,-10,
-10,-10,-10,-8,-6,-4,-2,0,3,6,0,3,6,0,3,6];
min_scatters_X=min(scatters_X);
max_scatters_X=max(scatters_X);
scatters_X_deviated_farest=max(abs(min_scatters_X),abs(max_
scatters_X));
min_scatters_Y=min(scatters_Y);
max_scatters_Y=max(scatters_Y);
scatters_Y_deviated_farest=max(abs(min_scatters_Y),abs(max_
scatters_Y));

%%=====================================
%%Draw the graph of scene
figure();
plot(scatters_X,scatters_Y,'wo');
xlabel('\rightarrow\itRange in meters');
ylabel('\itAzimuth in meters\leftarrow');
title('Target distribution\n in scene');
axis([min_scatters_X-30,max_scatters_X+30,min_scatters_Y-30,max_
scatters_Y+30]);
set(gca,'color',[0,0,0]); %set the background color of image to dark
set(gca,'YDir','reverse'); % to make scatters with negative X
coordinates displayed in the bottom
%%=====================================
%%Generate the echo
extra_range=500;
```

```
tao0=2 * (R0-(scatters_X_deviated_farest+extra_range))/C;
tao1=2 * (R0+(scatters_X_deviated_farest+extra_range))/C+tp;
N=ceil((tao1-tao0) * fs/2) * 2; % number of sample in range direction
tao_vector=tao0+(0:1:N-1)/fs; %vector of fast time
echoes=zeros(M,N);
for m=1:M
    cita=(m-1) * PRI * omega;
    for k=1:Nscatters
        temp_X=V * (m-1) * PRI+scatters_X(k) * cos(cita)-scatters_
        Y(k) * sin(cita);
        temp_Y=scatters_Y(k) * cos(cita)+scatters_X(k) * sin(cita);
        temp_R=sqrt((R0+temp_X)^2+temp_Y^2);
        tao_scatter_vector=tao_vector-2 * temp_R/C;
        echoes(m,:)=echoes(m,:)+exp(-1i * 4 * pi/lambda * temp_
        R) * exp(1i * pi * Kr * tao_scatter_vector.^2). * (tao_scatter_
        vector>=0&tao_scatter_vector<=tp);
    end
end

%%====================================
%%Range compression
ref=exp(1i * pi * Kr * (tao_vector-tao0).^2). * ((tao_vector-tao0)>=
0&(tao_vector-tao0)<=tp);
fft_ref=conj(fft(ref));
range_fft_echoes=fft(echoes,[],2);%2 means fft is performed in the
column direction(fft  for a certain row)
range_compressed_echoes=ifft(range_fft_echoes. * (ones(M,1) * fft_ref),[],
2);%2 means fft is performed in the column direction (fft for a certain row)
figure();
colormap(gray(256));
range_coordinates=(R0-(scatters_X_deviated_farest+extra_range))+
(0:r_pixel_spacing:(N-1) * r_pixel_spacing);
```

```
pulse_indexs=1:1:M;
abs_range_compressed_echoes=abs(range_compressed_echoes);
imagesc(range_coordinates, pulse_indexs, abs_range_compressed_
echoes);
xlabel('rnge(m)');
ylabel('pulse index');
title('range compressed image');

%%==========================================
%%Pulse alignment in range direction
ref_abs_range_compressed_echoes=abs_range_compressed_echoes(1,:);
range_shifted_cells_vector=zeros(1,M);
for m=1:M
    temp_vector1=xcorr(abs_range_compressed_echoes(m,:),ref_abs_
range_compressed_echoes);
    temp_vector2=find(temp_vector1==max(temp_vector1));
    range_shifted_cells_vector(m)=temp_vector2(1);
end
range_shifted_cells_vector=range_shifted_cells_vector-N;
range_shifted_time_vector=2*range_shifted_cells_vector*r_pixel_spacing/C;
figure();
plot(pulse_indexs,range_shifted_time_vector,'k');
fitted_range_shifted_time_coefficient=polyfit(pulse_indexs, range_
shifted_time_vector,1);
hold on;
fitted_range_shifted_time_vector=fitted_range_shifted_time_coefficient(2)
+fitted_range_shifted_time_coefficient(1)*pulse_indexs;
plot(pulse_indexs,fitted_range_shifted_time_vector,'k--');
xlabel('pulse index');
ylabel('\Delta t(s)');
title('actual and fitted time shift');
aligned_range_compressed_echoes=zeros(M,N);
```

```
range_cell_indexs=1:1:N;
range_fft_range_compressed_echoes=fft(range_compressed_echoes,[],
2); %2means fft is performed in the column direction (fft for a certain
row)
for m=1:M
    shifted_compensated_item=exp(1i * 2 * pi/N * (range_cell_indexs-1)
    * fs * fitted_range_shifted_time_vector(m));
    aligned_range_compressed_echoes(m,:)=ifft(range_fft_range_
    compressed_echoes(m,:).* shifted_compensated_item);
end
abs_aligned_range_compressed_echoes=abs(aligned_range_compressed_
echoes);
figure();
colormap(gray(256));
imagesc(range_coordinates,pulse_indexs,abs_aligned_range_compressed_
echoes);
xlabel('range(m)');
ylabel('pulse index');
title('alogned range compressed image');

%%=====================================
%%Phase compensation
avgofRangeCellsAmplitudes_abs_aligned_range_compressed_echoes=
sum(abs_aligned_range_compressed_echoes,1)/M; %calculate the
average of amplitudes of each range cell

avgofRangeCellsPowers_abs_aligned_range_compressed_echoes=sum
(abs_aligned_range_compressed_echoes.^2,1)/M;
Sigma_vector=1-avgofRangeCellsAmplitudes_abs_aligned_range_
compressed_echoes.^2./avgofRangeCellsPowers_abs_aligned_range_
compressed_echoes; %normalized variance
[Sigma_vector_min,Sigma_vector_min_index]=min(Sigma_vector);
```

```
compensated_phase=zeros(1,M);
phase_compensated_range_compressed_echoes=zeros(M,N);
for m=1:M
    compensated_phase(m)=aligned_range_compressed_echoes(m,
    Sigma_vector_min_index)/abs(aligned_range_compressed_echoes
    (m,Sigma_vector_min_index));
    phase_compensated_range_compressed_echoes(m,:)=aligned_range
    _compressed_echoes(m,:)*conj(compensated_phase(m));
end
figure();
colormap(gray(256));
Doppler_frequency_coordinates=linspace(-PRF/2,PRF/2,M);
azimuth_fft_phase_compensated_range_compressed_echoes=fftshift(fft
(phase_compensated_range_compressed_echoes,[],1));
imagesc(range_coordinates,Doppler_frequency_coordinates,abs(azimuth_
fft_phase_compensated_range_compressed_echoes));
xlabel('range(m)');
ylabel('Doppler frequency(Hz)');
title('focused image after phase after phase compensation,before rotation
compensation');
set(gca,'YDir','reverse');    % to make negative Doppler frequency
displayed in the bottom

%%=====================================
%%Rotation compensation-range migration correction
compensated_phase=zeros(1,N);
rotationR_compensated_range_compressed_echoes=zeros(M,N);
range_fft_phase_compensated_range_compressed_echoes=fft(phase_
compensated_range_compressed_echoes,[],2);
for p=-M/2+1:M/2
    for m=1:M
        delta_x=-p*m*lambda/(2*M);
        delta_tao=2*delta_x/C;
```

```
        compensated_phase=exp(1i * 2 * pi/N * (range_cell_indexs-1)
        * fs * delta_tao);
        rotationR_compensated_range_compressed_echoes(m,:)=ifft
        (range_fft_phase_compensated_range_compressed_echoes
        (m,:).* compensated_phase);
    end
end
figure();
colormap(gray(256));
azimuth_fft_rotationR_compensated_range_compressed_echoes=fftshift
(fft(rotationR_compensated_range_compressed_echoes,[],1));
imagesc(range_coordinates,Doppler_frequency_coordinates,abs(azimuth_
fft_rotationR_compensated_range_compressed_echoes));
xlabel('range(m)');
ylabel('Doppler frequency(Hz)');
title({'focused image after range migration correction,';'before azimuth
phase compensation during rotation compensation'});
set(gca,'YDir','reverse');      % to make negative Doppler frequency
displayed in the bottom
%%=========================================
%%Note
%-----------------------------------range direction(Ncolumns)
%
%
%
%pulse direction(M rows)
```

第五章　基于 SAR/ISAR 联合处理的运动船只图像重聚焦技术

从本质上说，SAR 与 ISAR 都是利用雷达与观测目标之间的相对运动来对目标进行成像，并且成像原理均是基于距离多普勒方法，但它们所要补偿的运动不同。SAR 需要补偿雷达平台的运动，ISAR 则要补偿目标的径向运动。在运动中的机载雷达对海面舰船成像时，舰船目标往往非合作，既具有 SAR 运动成分(雷达运动)，也具有 ISAR 运动成分(目标运动)。由于舰船目标运动方式的复杂性，在成像时一个合理的思路就是将 SAR 与 ISAR 的成像技术相结合，综合考虑目标的运动与雷达的运动，从二者的合成运动中，提取有效的运动分量，从而增加成像的灵活性，降低成像复杂度。

利用 SAR/ISAR 方法对舰船目标成像，可以获得高分辨率的舰船图像，实现在远距离上进行舰船特征提取、舰船目标分类。研究这些技术对于海上侦察、反潜、反舰及缉私等方面具有重要意义。

第一节　基于复图像的星载 SAR 船只重聚焦算法

海上的船只由于运动，在 SAR 图像上会产生明显的散焦。为了得到聚焦后的船只目标，提取更准确的船只特征，需要对散焦的船只目标进行重聚焦处理。ISAR 技术可以有效地解决舰船 SAR 图像散焦的问题，利用 SAR/ISAR 联合处理的方法进行成像是实现舰船成像的常用手段。因此，本节开展基于复图像的星载 SAR 船只重聚焦算法方面的研究。

一、舰船目标重聚焦的基本原理

基于复图像的星载 SAR 船只重聚焦算法充分利用船只目标数据在图像域

远比在回波域集中的特点，确保在船只相距较近的情况下依然能实现船只数据的有效分离，进而对各艘船只进行清晰成像。首先需要采用传统的 SAR 成像算法对回波数据进行成像，再对每幅船只目标子图像进行逆变换得到等效的 ISAR 回波信号，最后分别对 ISAR 回波信号进行时间窗、自聚焦和图像形成处理，从而得到各艘船只的清晰图像。图 5-1 为基于复图像的星载 SAR 船只重聚焦算法的流程。

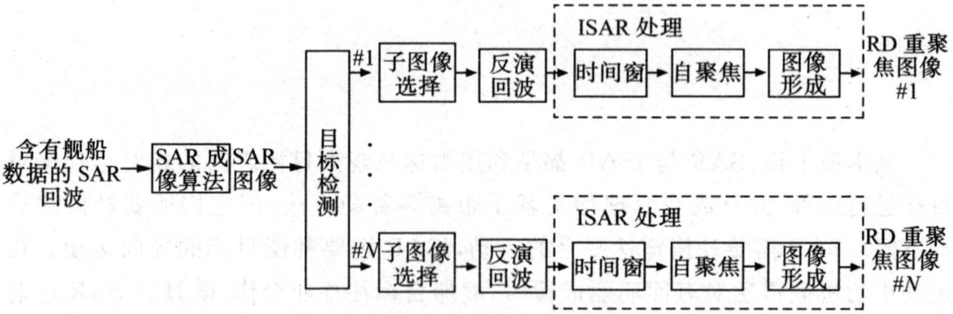

图 5-1　基于复图像的星载 SAR 船只重聚焦算法的流程

图 5-1 中，为了与 SAR 成像区分，将针对散焦舰船子图像的 ISAR 处理称为“重聚焦成像”。接下来将从 ISAR 等效回波生成、时间窗处理、运动补偿和距离多普勒成像四个方面展开研究。

二、ISAR 等效回波生成

在选取船只子图像时，应选择以船只目标为中心的矩形区域。该区域完全包含目标，且噪声和杂波的能量最小。当两个或多个舰船目标的位置比较靠近时，得到的回波数据会发生混叠，需要将各自的回波分离开。子图像选择可以通过自动选择或人工选择的方式，但都要遵循尽可能分离出目标信号的原则。

对于不同的 SAR 成像算法，将其子图像逆变换为 ISAR 回波的过程也不同。本节针对最常用的距离多普勒成像算法研究 SAR 子图像逆变换为 ISAR 回波的处理算法。图 5-2 为针对距离多普勒算法的逆变换处理流程。图中，$k=2\pi f/c$ 为距离向波数，k_t 为方位向波数，f 为距离向频率。利用图中算法最终可得到距离向为频域、方位向为时域的 ISAR 回波信号 $S(f,t)$。

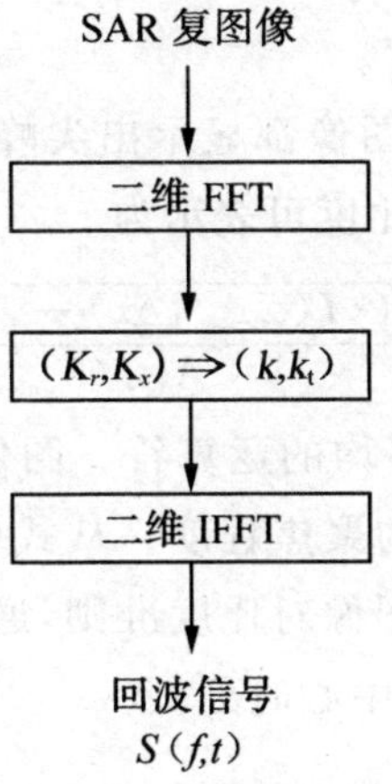

图 5-2　距离多普勒算法的逆变换处理流程

针对距离多普勒成像算法，除了图 5-2 中相对较为复杂的算法处理流程外，还可以使用另一种简便的 ISAR 等效回波生成方法——将 SAR 子图像看作某 ISAR 回波未做运动补偿而直接做二维 FFT 后得到的图像，为此，只需对 SAR 子图像做二维 IFFT 即可得到等效 ISAR 回波。

三、时间窗加窗处理

对于海上船只目标，海浪涌动会引起船只的偏航、俯仰和摇滚的三维转动。三维转动合成的目标等效转动矢量具有时变特性，使得船只目标的多普勒频率也具有时变特性。为了保证成像质量和方位分辨率，需要选取等效转动矢量平稳且转速较快的时间段，包括成像时间窗的中心时刻和时间窗长度。本节采用基于图像对比度最优准则的时间窗优化方法。

经过下变频和同相/正交(I/Q)处理后，ISAR 回波信号可以表示为

$$S(f,t)=\operatorname{rect}\left(\frac{t-t_{\text{center}}}{\Delta t}\right)\operatorname{rect}\left(\frac{f-f_0}{B}\right)\int \zeta(\boldsymbol{x})\cdot\exp\left[-\mathrm{j}\,\frac{4\pi f}{c}R(t)\right]\mathrm{d}\boldsymbol{x} \tag{5-1}$$

式中，f_0 为载频；f 为距离向频率；t 为方位向时间；Δt 为观察时间的时长；t_{center} 为观察时间的中心时刻；B 为距离向信号带宽；$\boldsymbol{x}$ 为目标某散射点在场景坐标系中对应的矢量；$\zeta(\boldsymbol{x})$为随散射点位置变化的后向散射系数；$R(t)$为雷达与散射点之间的距离。

对回波信号进行运动补偿后，再进行二维傅里叶变换可得

$$I(\eta,v;t_{\text{center}},\Delta t)=\left|\text{2D-FFT}\{S(f,t)\cdot\exp[\mathrm{j}\varphi(t)]\}\right| \tag{5-2}$$

式中，$\varphi(t)$为对回波进行运动补偿的相位；η 和 v 分别为 ISAR 图像对应的距离向和方位向坐标；I 为图像强度。

实际中，聚焦效果较好的图像都显示出尖峰，因此对比度最优时的图像就是最优图像。ISAR 图像的对比度可表示为

$$\mathrm{IC}(t_{\text{center}},\Delta t)=\frac{\sqrt{A(\{I(t_{\text{center}},\Delta t)-A[I(t_{\text{center}},\Delta t)]\}^2)}}{A[I(t_{\text{center}},\Delta t)]} \tag{5-3}$$

式中，$A(\cdot)$为对图像强度求平均的运算符。图像的对比度相当于图像强度的归一化标准差，可以衡量图像的聚焦程度。从式(5-3)中可看出，图像对比度是 t_{center} 和 Δt 的二元函数。利用图像对比度准则，通过式(5-4)可选取出图像对比度最优时对应的时间窗长度和中心时刻。

$$(t_{\text{center\_opt}},\Delta t_{\text{opt}})=\arg\left\{\max_{t_{\text{center}},\,\Delta t}[\mathrm{IC}(t_{\text{center}},\Delta t)]\right\} \tag{5-4}$$

式中，$t_{\text{center\_opt}}$ 和 Δt_{opt} 分别为时间窗中心时刻和长度的最优值。在实际运算中，选取时间窗的中心时刻和长度前，需要对时间进行离散化处理。

四、运动补偿

运动补偿是 ISAR 信号处理中的重要步骤，其目的是消除目标平动引起的回波相位分量，从而将回波数据中的相位调整为转台目标成像。本节采用基于图像对比度最优准则(ICBA)的运动补偿方法，图 5-3 为运动补偿的流程。

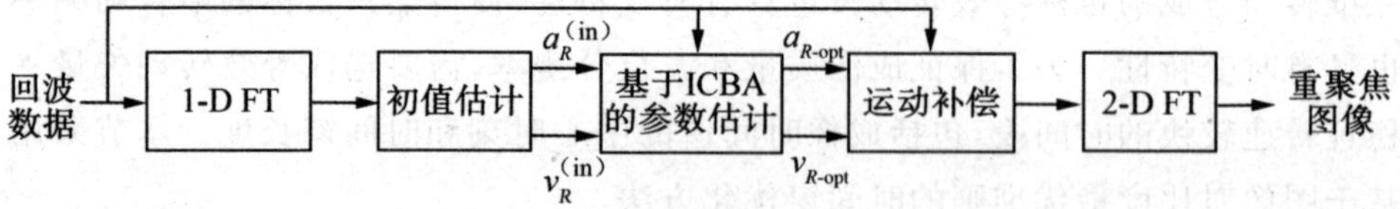

图 5-3　运动补偿的流程

经过下变频和 I/Q 处理后，目标的回波信号可表示为

$$\begin{aligned}S(f,t)&=\mathrm{rect}\left(\frac{t-t_{\text{center}}}{\Delta t}\right)\mathrm{rect}\left(\frac{f-f_0}{B}\right)\int\zeta(\boldsymbol{x})\exp\left[-\mathrm{j}\frac{4\pi f}{c}R(t)\right]\mathrm{d}\boldsymbol{x}\\&=\mathrm{rect}\left(\frac{t-t_{\text{center}}}{\Delta t}\right)\mathrm{rect}\left(\frac{f-f_0}{B}\right)\cdot\exp\left[-\mathrm{j}\frac{4\pi f}{c}R_0(t)\right]\\&\quad\cdot\int\zeta(\boldsymbol{x})\exp\left[-\mathrm{j}\frac{4\pi f\cdot\boldsymbol{x}^{\mathrm{T}}\cdot\boldsymbol{i}_{\boldsymbol{R}_0}(t)}{c}\right]\mathrm{d}\boldsymbol{x}\end{aligned} \tag{5-5}$$

式中，$\boldsymbol{i}_{\boldsymbol{R}_0}(t)$为目标参考点与雷达之间距离矢量的单位矢量，$R_0(t)$为 $\boldsymbol{R}_0(t)$的

模。运动目标与雷达的相对运动包括平动与转动两部分，$R(t)$可以分解为$R_0(t)$与$\boldsymbol{x}^{\mathrm{T}}\cdot\boldsymbol{i}_{R_0}(t)$之和。相位补偿的目的就是去除$\exp\left[-\mathrm{j}\dfrac{4\pi f}{c}R_0(t)\right]$，消除目标平动对回波数据的影响。

通常情况下，$R_0(t)$可取如下近似值：

$$R_0(t)\approx R_0+v_R t+\frac{a_R}{2}t^2 \tag{5-6}$$

式中，$v_R=\dot{R}_0(0)$，$a_R=\ddot{R}_0(0)$。由于参数R_0对应一个常数相位，因此该参数对成像结果无影响。所以，相位补偿的关键就是对参数v_R和a_R进行合理估计。v_R相当于目标的径向速度，a_R相当于目标的径向加速度。

当参数v_R和a_R的取值不同时，ISAR 图像的对比度也相应地发生变化，因此图像对比度可写成如下二元函数：

$$\mathrm{IC}(\beta,\gamma)=\frac{\sqrt{A(\{I(\eta,v,\beta,\gamma)-A[I(\eta,v,\beta,\gamma)]\}^2)}}{A[I(\eta,v,\beta,\gamma)]} \tag{5-7}$$

根据图像对比度最优的原则，显然v_R和a_R的估计值应满足如下条件：

$$(v_{R\_\mathrm{opt}},a_{R\_\mathrm{opt}})=\arg\left\{\max_{v_R,a_R}[\mathrm{IC}(v_R,a_R)]\right\} \tag{5-8}$$

首先，获取速度初值$v_R^{(\mathrm{in})}$。在距离取一阶近似的情况下，所有散射点与雷达间的瞬时距离都与参数v_R呈线性关系，使用 Radon 变换求解v_R的合理初值$v_R^{(\mathrm{in})}$。具体的计算公式可表示为

$$\begin{cases}\hat{\varphi}=\arg\left\{\mathrm{RT}_{S(R,t)}(r,\varphi)\right\}-\dfrac{\pi}{2}\\ v_R{}^{(\mathrm{in})}=K\cdot\tan\left(\hat{\varphi}\right)\end{cases} \tag{5-9}$$

式中，$\mathrm{RT}_{S(R,t)}(r,\varphi)$为对距离向压缩后的回波信号$S(R,t)$进行 Radon 变换后的结果；$r$为径向距离坐标；$\varphi$为 Radon 变换的角度；$K$为与距离分辨率和脉冲重复周期等相关的比例系数。

其次，获取加速度初值$a_R^{(\mathrm{in})}$。在$v_R=v_R^{(\mathrm{in})}$的基础上，将原始数据分成$N\times N$的矩阵，并在$(a_{R_\min},a_{R_\max})$范围内使用穷举法寻找满足图像对比度最优准则时的a_R值。当该值接近搜索范围的边界时，重新搜索；当该值远离搜索范围的边界时，将该值视为初值$a_R^{(\mathrm{in})}$。通过这种基于图像对比度的运动补偿算法获得的初值$v_R^{(\mathrm{in})}$和$a_R^{(\mathrm{in})}$，决定图像对比度在全局范围内最优值的收敛性。

然后，获取速度和加速度的最优值（v_{R_opt}，a_{R_opt}）。根据 $v_R^{(in)}$ 和 $a_R^{(in)}$ 的值，利用图像对比度最优准则进行二维优化，可得到速度和加速度的最优值 v_{R_opt} 和 a_{R_opt}。该（v_{R_opt}，a_{R_opt}）的组合对应全局的对比度最优值，图像强度远高于平均值，在对比度曲线上显示为尖峰，对应的图像将表现出良好的聚焦效果。

最后，进行相位补偿。将（v_{R_opt}，a_{R_opt}）代入式(5-6)得到 $R_0(t)$，通过乘以相位项 $\exp\left[\mathrm{j}\,\dfrac{4\pi f}{c}R_0(t)\right]$ 补偿目标的平动相位，将回波数据转化为转台目标数据。

五、距离多普勒成像

经过相位补偿的回波信号的表达式如下：

$$S_{\mathrm{RC}}(f,t)=\sum_{n=1}^{N_s}\zeta_n\exp\left(-\mathrm{j}\,\frac{4\pi f}{c}\boldsymbol{x}_n^{\mathrm{T}}\cdot\boldsymbol{i}_{\mathrm{LoS}}\right)\mathrm{rect}\left(\frac{t}{T_{\mathrm{obs}}}\right)\mathrm{rect}\left(\frac{f-f_0}{B}\right) \tag{5-10}$$

式中，n 为散射点的序号；N_s 为散射点的个数；ζ_n 为第 n 个散射点的 RCS；$\boldsymbol{x}_n$ 为散射点的位置矢量；$\boldsymbol{i}_{\mathrm{LoS}}$ 为雷达视线方向上的单位矢量。

对相位补偿后的回波信号进行傅里叶变换，即可得到 ISAR 重聚焦图像。当成像过程中目标的方位角变化不大且有效旋转矢量基本不变时，可以应用距离多普勒算法形成图像。即有

$$I(\eta,v)=\text{2D-FFT}\{S_{\mathrm{RC}}(f,t)\} \tag{5-11}$$

重聚焦后图像的方位向坐标为多普勒频率，进一步进行方位向定标处理后，可得到对应的空间域图像。

第二节　基于回波定位的机载 SAR 船只重聚焦算法

若只采用传统机载 SAR 成像方法对海面船只成像，船只部分常出现明显散焦，这是机载 SAR 应用于船只成像时面临的最大挑战。因此，本节借助 ISAR 技术解决船只 SAR 图像散焦问题，通过应用 SAR/ISAR 混合处理的方法，完成海上运动船只成像，内容包括基于船只回波的 SAR/ISAR 混合船只成像处理流程、船只回波定位与提取、距离对齐、相位补偿、加时间窗、转动补偿等。

一、基于船只回波的 SAR/ISAR 混合船只成像处理流程

本章第一节介绍了基于图像域的 ISAR 船只重聚焦方法，但该方法并不完

全适用于机载 SAR 船只成像，其原因主要是船只的多普勒频率可能高于机载 SAR 的脉冲重复频率，从而使得 SAR 图像中出现多普勒模糊。因此，本节采用基于目标回波的 SAR/ISAR 混合方法进行船只成像。首先，对完整的机载 SAR 回波数据进行初步 SAR 成像，通过 SAR 图像可以粗略地判断船只目标的距离和方位。然后，在不采取预滤波的情况下完成距离向压缩，提取出仅包含船只回波的距离单元。最后，利用 ISAR 成像方法对提取出的船只回波进行处理，得到清晰的船只图像。图 5-4 为基于船只回波的 SAR/ISAR 混合船只成像处理的流程。

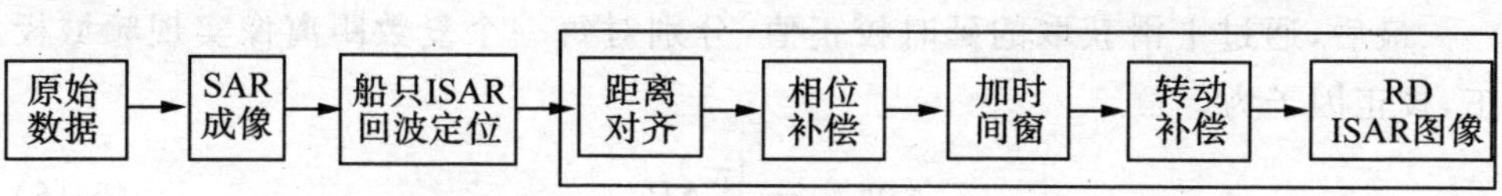

图 5-4　基于船只回波的机载 SAR/ISAR 混合船只成像处理的流程

由图 5-4 可知，基于船只回波的 SAR/ISAR 混合船只成像方法包括船只回波定位与提取、ISAR 处理步骤。接下来将从船只回波定位与提取、距离对齐、相位补偿、加时间窗、转动补偿等方面展开研究。

二、距离对齐

在成像过程中，SAR 与目标之间的相对运动会造成同一距离单元的散射点跑到相邻的距离单元，从而引起越距离单元走动(MTRC)。为了消除目标对于雷达平动而造成的相邻回波在距离向的错位，我们采取距离对齐的方法，将目标上的同一个散射点回波调整到同一距离单元。距离对齐是相位补偿的基础，如果距离对齐误差过大，将会导致无法进行有效的相位补偿，从而得不到正确的成像。

目前，常用的距离对齐方法包括频域法、特显点法、霍夫(Hough)变换法、互相关法、包络最小熵法。在 SAR 观测过程中，每个目标回波都有相似的距离向包络。本节主要介绍互相关法和包络最小熵法。

(一)互相关法

如果获取的目标回波信号在距离像上有 N 个子脉冲、M 个脉冲串，则距离像可以被定义成如下形式：

$$A_R \in C^{N\times M} = \frac{1}{N}\sum_{k=1}^{N} A_{k,m}\exp\left(-\mathrm{j}\,\frac{2\pi kn}{N} + \mathrm{j}\Psi_{k,m}\right)$$

$$n = 1,2,\cdots,N;\quad m = 1,2,\cdots,M \tag{5-12}$$

令 $r_1=[A_R^{1,1},A_R^{2,1},\cdots,A_R^{N,1}]^{\mathrm{T}}$ 为参考距离像，则第 m 个距离像 $r_m=[A_R^{1,m},A_R^{2,m},\cdots,A_R^{N,m}]^{\mathrm{T}}$ 与参考距离像之间做互相关的表达式为

$$c_{m,1}=\left|F^{-1}\left[F(|r_m|)F(|r_1|)^*\right]\right| \tag{5-13}$$

$c_{m,1}$的峰值决定了距离像与参考距离像的时间延迟，其峰值位置为

$$p_m=\arg\max_i c_{m,1}(i) \tag{5-14}$$

分别求取单个距离像和参考距离像相关峰的最大位置 $p_1,p_2,p_3,\cdots,p_M$。再将最大位置序列拟合成一个低阶多项式，表达式为

$$s(m)=a_0+a_1m \tag{5-15}$$

最后，通过平滑获取的延时校正值，分别对每一个复数距离像实现频域校正，校正因子为

$$\Delta\Psi_{n,m}=\frac{4\pi}{\lambda_n}\Delta R_{m,1} \tag{5-16}$$

校正之后的距离像可表示为

$$r_m=F^{-1}\left\{\frac{1}{N}\sum_{k=1}^{N}A_{k,m}\exp\left[-\mathrm{j}\frac{2\pi kn}{N}+\mathrm{j}\Psi_{k,m}+\frac{4\pi}{\lambda_k}\delta_{\mathrm{r}}\cdot s(m)\right]\right\} \tag{5-17}$$

式中，A_m 为第 m 个脉冲串完成校正之后的频域采集信号，其计算公式为

$$A_m=A_{k,m}\exp\left[\mathrm{j}(\Psi_{k,m}+\Delta\Psi_{k,m})\right] \tag{5-18}$$

如果回波数目相对较小，互相关法的对齐效果是较为理想的，基本上可以实现对包络的对齐。但该方法也存在一定的局限性，当回波数目比较大时，误差会逐渐积累，严重时将造成包络漂移。另外，在某处回波出现异常的情况下，后面一系列回波在时延补偿后会产生更大的误差。

(二)包络最小熵法

设 $\boldsymbol{U}_1$ 表示第一次回波，$\boldsymbol{U}_{2\tau}$ 表示延时 τ 后的第二次回波。对以上两个向量进行加法运算，可以得到它们的合成向量，合成向量的形状与 τ 相关。如果没有完成距离对齐，合成向量的波峰与波谷将分别错开运算，从而导致波形出现“钝化”现象。下面引出包络对齐最大锐化度的选择准则。信息熵的表达式为

$$H=-\sum_{i=1}^{N}p_i\ln p_i \tag{5-19}$$

式中，N 为事件数量；p_i 为事件发生概率。在统计学中，在概率相等的情况下熵值最大，而概率分布越不均匀，熵越小。在利用最小熵法进行包络对齐时，需要的就是概率分布最不均匀的情况。

设 $\boldsymbol{U}_1$、$\boldsymbol{U}_{2\tau}$ 合成后的距离向量为 $\boldsymbol{U}=[u_1\quad u_2\quad\cdots\quad u_N]^{\mathrm{T}}$，进行归一化处理之后得到类似的概率分布，则合成波形的熵值表达式为

$$H=-\sum_{i=1}^{N}u_i^0 \ln u_i^0 \tag{5-20}$$

式中，u_i^0 表示归一化处理之后距离向量中各单元的值，可以看成统计学中的概率。为了满足锐化度最大的条件，需要合成波形的熵值达到最小，即最小熵算法。但需要注意的是，最小熵法也是将相邻的回波逐个处理，同样也可能出现包络漂移和突跳误差的问题。

三、相位补偿

利用最小熵等方法完成距离补偿使各回波距离基本对齐后，需要对回波进行相位补偿，消除平动分量对相位产生的影响，从而使多普勒频移为常数。基于散射点信号的相位对齐方法主要有相位梯度法、单特显点法、多普勒中心跟踪法、多特显点综合法等。下面以单特显点法为例展开介绍。

当某一个距离单元中仅含有一个散射点时，把这个单独的散射点作为转台的旋转中心，则该散射点的回波相位不会随回波数的变化而变化。因此在相位补偿的过程中，可以用每次回波的相位减去该散射点所在距离单元的相位。然后，可以将目标等效看成以该散射点为轴心的转台成像模型。单特显点方法简单且计算量小，每个距离单元的归一化幅度方差为

$$\sigma_n^2=1-\overline{u_n}^{\,2}/\overline{u_n^2}=1-\frac{\left(\frac{1}{M}\sum_{m=1}^{M}A_R^{n,m}\right)^2}{\frac{1}{M}\sum_{m=1}^{M}(A_R^{n,m})^2},\quad n=1,2,\cdots,N \tag{5-21}$$

倘若第 q 个距离单元的归一化幅度方差满足

$$\begin{cases}\sigma_q^2\leqslant\sigma_n^2, & n=1,2,\cdots,N\\ \sigma_q^2<0.12\end{cases} \tag{5-22}$$

则认为这个距离单元是参考距离单元。

在获取参考距离单元后，求出特显点与其他散射点的相位之差，对全部散射点进行初始相位校正。每个距离单元可以采用式(5-23)进行相应的补偿：

$$r_{m,c}=r_m\cdot\exp[-\mathrm{j}(\Phi_{q,m}-\Phi_{n,m})],\quad n=1,2,\cdots,N \tag{5-23}$$

式中，$\Phi_{q,m}$、$\Phi_{n,m}$ 分别为距离对齐之后第 m 个脉冲串，第 q、n 个距离单元的相位。

一般来说，$\sigma_n^2<0.12$ 时，单特显点法的补偿效果相对较好，因为此时距离单元中特显点的回波强度要远高于杂波与噪声的强度。但在实际中，回波的各个距离单元中特显点会出现多个，所以很难找到理想的特显点。这时我们通常会

考虑采用多特显点综合的方法进行相位补偿。

四、基于时频分析的改进加窗处理方法

由于在船只目标数据采集过程中，船只的运动特性十分复杂，所以选取适宜的时窗在 ISAR 处理过程中举足轻重。本节采用基于时频分析的时窗选取新算法。首先对回波进行径向运动补偿。然后，对所有距离门按回波幅度的方差从小到大排序，对方差最小的距离门中的回波进行时频分析处理。抽取时频谱每个时刻对应幅度最大的频率，构成一个表示频率的时间序列。对该时间序列进行傅里叶变换后，判断当前距离门中的回波是否由一个主要散射体的回波组成。如果判断结果为否，则放弃当前距离单元，转向方差次小的距离单元。按照方差从小到大的次序，不断重复上述过程，直至发现某距离门的回波被确定为由一个主要散射体的回波组成。当找到这样的距离门后，即可利用该距离门对应的频率时间序列，确定出适宜的时窗长度和中心时刻。

在 ISAR 系统中，距离频率-方位时间域的信号可表示为

$$s_r(f_r,t)=W(f_r,t)\cdot\exp\left[-\mathrm{j}\frac{4\pi}{c}f_rR_0(t)\right]\cdot\int\sigma_0(\boldsymbol{r})\cdot\exp\left\{-\mathrm{j}\frac{4\pi}{c}f_r\left[\boldsymbol{r}^{\mathrm{T}}\cdot\boldsymbol{i}_{\boldsymbol{R}_0}(t)\right]\right\}\mathrm{d}\boldsymbol{r} \tag{5-24}$$

式中，f_r 为距离向分辨率；t 为方位向时间；c 为光速；$\boldsymbol{R}_0(t)$为从雷达的相位中心到船只转动中心的矢量，$R_0(t)$是 $\boldsymbol{R}_0(t)$的模；$\boldsymbol{r}$ 为从船只转动中心到船上某散射点的矢量；$\sigma_0(\boldsymbol{r})$为位于 $\boldsymbol{r}$ 处散射点的归一化雷达散射截面积；$\boldsymbol{i}_{\boldsymbol{R}_0}(t)$为 $\boldsymbol{R}_0(t)$的单位矢量；$\boldsymbol{r}^{\mathrm{T}}\boldsymbol{i}_{\boldsymbol{R}_0}(t)$为 $\boldsymbol{r}$ 和 $\boldsymbol{i}_{\boldsymbol{R}_0}(t)$的点乘；$W(f_r,t)=\mathrm{rect}\left(\frac{t}{T_{\mathrm{obs}}}\right)\cdot\mathrm{rect}\left(\frac{f_r-f_0}{B}\right)$；相位项 $\exp\left[-\mathrm{j}\frac{4\pi}{c}f_rR_0(t)\right]$ 可通过传统的径向运动补偿方法去除。

完成径向运动补偿之后，船只上某散射点在其对应的距离单元内的瞬时频率为

$$f_d(t)=\frac{2}{\lambda}\cdot\frac{\mathrm{d}\mathbf{Rot}\left[\theta_r(t),\theta_p(t),\theta_y(t)\right]}{\mathrm{d}t}\boldsymbol{r}_0\cdot\boldsymbol{i}_{\boldsymbol{R}_0} \tag{5-25}$$

式中，λ 为波长；$\boldsymbol{r}_0$为船只转动中心到散射点初始位置的矢量；$\theta_r(t)$ 为横滚角，$\theta_p(t)$ 为俯仰角；$\theta_y(t)$ 为偏航角，$\mathbf{Rot}\left[\theta_r(t),\theta_p(t),\theta_y(t)\right]$ 为转动矩阵。

散射点的多普勒频率可以分解为分别对应横滚、俯仰、偏航转动分量的三部分，即有

$$f_d(t)=f_{dr}(t)+f_{dp}(t)+f_{dy}(t) \tag{5-26}$$

上述三部分分别为

$$f_{dr}(t)=\frac{2}{\lambda}\omega_r[(y\cos\theta_r-z\sin\theta_r)k_3-(y\sin\theta_r+z\cos\theta_r)k_2] \quad (5\text{-}27)$$

$$f_{dp}(t)=\frac{2}{\lambda}\omega_p[(z\cos\theta_p+x\sin\theta_p)k_1+(z\sin\theta_p-x\cos\theta_p)k_3] \quad (5\text{-}28)$$

$$f_{dy}(t)=\frac{2}{\lambda}\omega_y[(x\cos\theta_y-y\sin\theta_y)k_2-(x\sin\theta_y+y\cos\theta_y)k_1] \quad (5\text{-}29)$$

式中，ω_r、ω_p、ω_y 分别为横滚、俯仰、偏航角速度；θ_r、θ_p、θ_y 分别为横滚角、俯仰角和偏航角；x、y、z 分别为船只上某散射点在三个坐标轴上的坐标；k_1、k_2、k_3 分别为从雷达的相位中心到船只转动中心的矢量对应的单位矢量 $\boldsymbol{i}_{R_0}(t)$ 在三个坐标轴上的分量。

通常而言，在ISAR系统的数据采集过程中，横滚、俯仰和偏航角都是较小的。因此，式(5-26)可近似为

$$f_d(t)\approx\frac{2}{\lambda}\cdot[(yk_3-zk_2)\cdot\omega_r(t)+(zk_1-xk_3)\cdot\omega_p(t)+(xk_2-yk_1)\cdot\omega_y(t)] \quad (5\text{-}30)$$

依据船只水动力学的相关理论，船只的三维转动近似服从余弦函数的变化规律，即有

$$\omega_r(t)=A_r\cdot\cos\left(\frac{2\pi}{T_r}t+\theta_r\right) \quad (5\text{-}31)$$

$$\omega_p(t)=A_p\cdot\cos\left(\frac{2\pi}{T_p}t+\theta_p\right) \quad (5\text{-}32)$$

$$\omega_y(t)=A_y\cdot\cos\left(\frac{2\pi}{T_y}t+\theta_y\right) \quad (5\text{-}33)$$

式中，A_r、A_p、A_y，T_r、T_p、T_y，θ_r、θ_p、θ_y 分别为横滚、俯仰和偏航角速度对应的余弦函数的幅度、频率和相位。

根据船只水动力学方面的统计数据，海面运动船只横滚、俯仰、偏航角速度的典型周期值为3～20 s。因此，在ISAR系统中，对于径向补偿后某距离门内的回波，若可确定该距离门的回波由一个主要散射体贡献形成，则该散射点对应的 $f_d(t)$ 频谱中的主要分量应位于1 Hz以下的频率处。

接下来，构造一个时间序列，该序列由该距离门回波时频谱中每个时刻最大幅度对应的频率值组成。显然，该时间序列傅里叶频谱中，1 Hz以上频率的幅度谱值与1 Hz以下频率的幅度谱值之比的数值较小。与之对应，如果某距离门的回波由两个以上RCS相当的散射体贡献形成，则上述比值的数值将较

大。通过上述比值数值上的差异,可判别出某距离门的回波是否由一个主要散射体贡献形成。

本节采用 SPWVD 作为时频分析的工具,该分布具有良好的局部时频聚集性。信号 $x(t)$ 的 SPWVD 的定义为

$$W_x(t,f)=\int_{-\infty}^{\infty}\int_{-\infty}^{\infty}g(u)h(\tau)x(t-u+\tau/2)\cdot x^*(t-u-\tau/2)\mathrm{e}^{-\mathrm{j}2\pi f\tau}\,\mathrm{d}u\,\mathrm{d}\tau \tag{5-34}$$

式中,$h(\tau)$ 和 $g(u)$ 分别为时域和频域的窗函数。窗函数 $h(\tau)$ 在平滑、抑制时域的交叉项方面具有重要作用,窗函数 $g(u)$ 在平滑、抑制频域的交叉项方面具有重要作用。

一旦某距离门的回波被判定为由一个主要散射体贡献形成,则利用该距离门对应的频率时间序列,即可计算出最优时窗的中心时刻和时间长度。

选择出合适的时窗后,再利用第四章第六节介绍的转动补偿算法进行补偿,即可得到聚焦良好的船只图像。

第三节 基于 SAR/ISAR 联合处理的船只目标雷达成像 MATLAB 仿真

本节基于上述 SAR/ISAR 联合处理的雷达船只成像原理进行 MATLAB 仿真,搭建了星载 SAR 船只成像仿真平台,可实现以下具体功能:

(1)可根据实际需求输入星载 SAR 雷达参数、平台参数、船只参数三大类参数。

(2)可显示包括原始图像、重聚焦后的图像在内的船只成像结果。

(3)可实现星载 SAR 图形保存功能。

(4)可保存用户输入或修改的星载 SAR 三大类参数数据。

利用该仿真平台,可以实现由输入的雷达参数、船只参数、平台参数仿真得到的船只数据的重聚焦处理,具有实用性强、操作简单的特点。

图 5-5 为 MATLAB 图形用户界面(Graphical User Interface,GUI)。其中雷达参数输入模块可输入载频、脉冲宽度、信号带宽以及方位向天线长度,平台参数输入模块可输入高度、速度以及倾斜角度,船只参数输入模块可输入船只质心初始位置、船只偏航三维转动的幅度和周期等。参数设置成功后,单击“开始仿真”按钮便可生成雷达图像,随后可选择保存该图像。

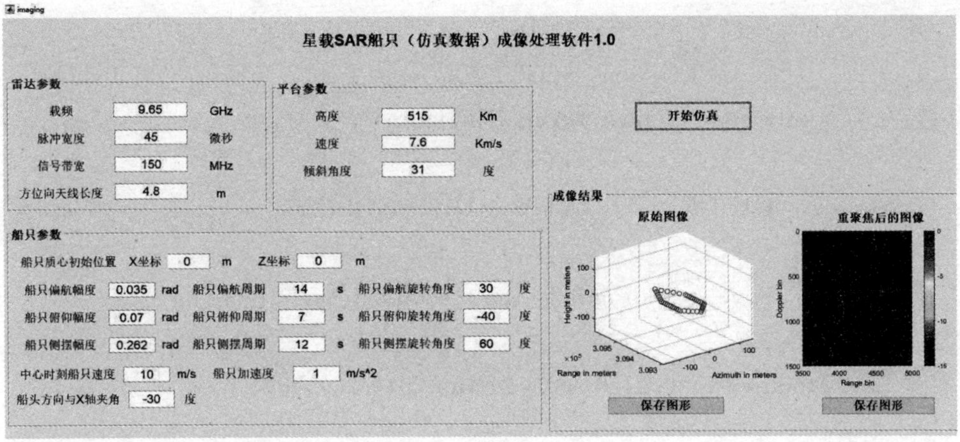

图 5-5　星载 SAR 船只成像仿真界面

主要实现代码如下：

```
/ * imaging.m * /
%GUI 界面主程序
function varargout = imaging(varargin)
% IMAGING MATLAB code for imaging.fig
%       IMAGING, by itself, creates a new IMAGING or raises the
%       existing singleton * .
%
%       H=IMAGING returns the handle to a new IMAGING or the handle to
%       the existing singleton * .
%
%       IMAGING('CALLBACK',hObject,eventData,handles,...) calls the local
%       function named CALLBACK in IMAGING.M with the given input
%       arguments.
%
%       IMAGING('Property','Value',...) creates a new IMAGING or raises
%       the existing singleton * .  Starting from the left, property value pairs
%       are applied to the GUI before imaging_OpeningFcn gets called.  An
%       unrecognized property name or invalid value makes property application
%       stop.  All inputs are passed to imaging_OpeningFcn via varargin.
```

```
%
%        * See GUI Options on GUIDE's Tools menu.  Choose "GUI allows
%        only one instance to run (singleton)".
%
% See also: GUIDE, GUIDATA, GUIHANDLESjj

% Edit the above text to modify the response to help imaging

% Last Modified by GUIDE v2.5 21-Jun-2019 22:19:05

% Begin initialization code-DO NOT EDIT
gui_Singleton = 1;
gui_State = struct('gui_Name',        mfilename, ...
                   'gui_Singleton',   gui_Singleton, ...
                   'gui_OpeningFcn', @imaging_OpeningFcn, ...
                   'gui_OutputFcn',  @imaging_OutputFcn, ...
                   'gui_LayoutFcn',  [] , ...
                   'gui_Callback',   []);
if nargin && ischar(varargin{1})
    gui_State.gui_Callback = str2func(varargin{1});
end
if nargout
    [varargout{1:nargout}] = gui_mainfcn(gui_State, varargin{:});
else
    gui_mainfcn(gui_State, varargin{:});
end
% End initialization code-DO NOT EDIT

% --- Executes just before imaging is made visible.
function imaging_OpeningFcn(hObject, eventdata, handles, varargin)
% This function has no output args, see OutputFcn.
% hObject    handle to figure
```

```
% eventdata   reserved - to be defined in a future version of MATLAB
% handles     structure with handles and user data (see GUIDATA)
% varargin    command line arguments to imaging (see VARARGIN)

% Choose default command line output for imaging
handles.output = hObject;

% Update handles structure
guidata(hObject, handles);
%reading raw_parameters.txt to obtain the raw parameters
fid=fopen('input_parameter.txt','r');
cur_line=fgetl(fid);
estimating_radial_parameters_method_flag=str2double(cur_line(strfind
(cur_line,'=')+1:1:strfind(cur_line,';')-1));
cur_line=fgetl(fid);
time_windowing_method_flag=str2double(cur_line(strfind(cur_line,'=')+
1:1:strfind(cur_line,';')-1));
cur_line=fgetl(fid);
estimating_slow_time_window_moments_number_method_flag=
str2double(cur_line(strfind(cur_line,'=')+1:1:strfind(cur_line,';')
-1));
cur_line=fgetl(fid);
platform_option=str2double(cur_line(strfind(cur_line,'=')+1:1:
strfind(cur_line,';')-1));
cur_line=fgetl(fid);
stretch_option=str2double(cur_line(strfind(cur_line,'=')+1:1:strfind
(cur_line,';')-1));
cur_line=fgetl(fid);
stretch_scale_factor=str2double(cur_line(strfind(cur_line,'=')+1:1:
strfind(cur_line,';')-1));
cur_line=fgetl(fid);
stretch_exp_factor=str2double(cur_line(strfind(cur_line,'=')+1:1:
```

```
strfind(cur_line,';')-1));
cur_line=fgetl(fid);
FFT_points_2_power_flag=str2double(cur_line(strfind(cur_line,'=')
+1:1:strfind(cur_line,';')-1));
cur_line=fgetl(fid);
C=str2double(cur_line(strfind(cur_line,'=')+1:1:strfind(cur_line,
';')-1));
cur_line=fgetl(fid);
Fc=str2double(cur_line(strfind(cur_line,'=')+1:1:strfind(cur_line,
';')-1));
set(handles.edit1,'string',num2str(Fc));
cur_line=fgetl(fid);
Tr=str2double(cur_line(strfind(cur_line,'=')+1:1:strfind(cur_line,
';')-1));
set(handles.edit2,'string',num2str(Tr));
cur_line=fgetl(fid);
Br=str2double(cur_line(strfind(cur_line,'=')+1:1:strfind(cur_line,
';')-1));
set(handles.edit3,'string',num2str(Br));
cur_line=fgetl(fid);
H=str2double(cur_line(strfind(cur_line,'=')+1:1:strfind(cur_line,';')-1));
set(handles.edit5,'string',num2str(H));
cur_line=fgetl(fid);
Vr=str2double(cur_line(strfind(cur_line,'=')+1:1:strfind(cur_line,
';')-1));
set(handles.edit6,'string',num2str(Vr));
cur_line=fgetl(fid);
inc_angle=str2double(cur_line(strfind(cur_line,'=')+1:1:strfind(cur
_line,';')-1));
set(handles.edit7,'string',num2str(inc_angle));
cur_line=fgetl(fid);
D=str2double(cur_line(strfind(cur_line,'=')+1:1:strfind(cur_line,
```

```
';')-1));
set(handles.edit4,'string',num2str(D));
cur_line=fgetl(fid);
X0=str2double(cur_line(strfind(cur_line,'=')+1:1:strfind(cur_line,
';')-1));
set(handles.edit8,'string',num2str(X0));
cur_line=fgetl(fid);
Z0=str2double(cur_line(strfind(cur_line,'=')+1:1:strfind(cur_line,
';')-1));
set(handles.edit9,'string',num2str(Z0));
cur_line=fgetl(fid);
A_yaw=str2double(cur_line(strfind(cur_line,'=')+1:1:strfind(cur_
line,';')-1));
set(handles.edit11,'string',num2str(A_yaw));
cur_line=fgetl(fid);
T_yaw=str2double(cur_line(strfind(cur_line,'=')+1:1:strfind(cur_
line,';')-1));
set(handles.edit10,'string',num2str(T_yaw));
cur_line=fgetl(fid);
Cita_yaw=str2double(cur_line(strfind(cur_line,'=')+1:1:strfind(cur
_line,';')-1));
set(handles.edit12,'string',num2str(Cita_yaw));
cur_line=fgetl(fid);
A_pitch=str2double(cur_line(strfind(cur_line,'=')+1:1:strfind(cur_
line,';')-1));
set(handles.edit13,'string',num2str(A_pitch));
cur_line=fgetl(fid);
T_pitch=str2double(cur_line(strfind(cur_line,'=')+1:1:strfind(cur_
line,';')-1));
set(handles.edit15,'string',num2str(T_pitch));
cur_line=fgetl(fid);
Cita_pitch=str2double(cur_line(strfind(cur_line,'=')+1:1:strfind(cur
```

```
_line,';')-1));
set(handles.edit17,'string',num2str(Cita_pitch));
cur_line=fgetl(fid);
A_roll=str2double(cur_line(strfind(cur_line,'=')+1:1:strfind(cur_
line,';')-1));
set(handles.edit14,'string',num2str(A_roll));
cur_line=fgetl(fid);
T_roll=str2double(cur_line(strfind(cur_line,'=')+1:1:strfind(cur_
line,';')-1));
set(handles.edit16,'string',num2str(T_roll));
cur_line=fgetl(fid);
Cita_roll=str2double(cur_line(strfind(cur_line,'=')+1:1:strfind(cur_
line,';')-1));
set(handles.edit18,'string',num2str(Cita_roll));
cur_line=fgetl(fid);
ship_head_angle_from_X_positive_axis=str2double(cur_line(strfind(cur
_line,'=')+1:1:strfind(cur_line,';')-1));
set(handles.edit19,'string',num2str(ship_head_angle_from_X_positive_
axis));
cur_line=fgetl(fid);
Vs0=str2double(cur_line(strfind(cur_line,'=')+1:1:strfind(cur_line,
';')-1));
set(handles.edit20,'string',num2str(Vs0));
cur_line=fgetl(fid);
As=str2double(cur_line(strfind(cur_line,'=')+1:1:strfind(cur_line,
';')-1));
set(handles.edit21,'string',num2str(As));
fclose(fid);
% UIWAIT makes imaging wait for user response (see UIRESUME)
% uiwait(handles.figure1);

% --- Outputs from this function are returned to the command line.
```

```
function varargout = imaging_OutputFcn(hObject, eventdata, handles)
% varargout  cell array for returning output args (see VARARGOUT);
% hObject    handle to figure
% eventdata  reserved - to be defined in a future version of MATLAB
% handles    structure with handles and user data (see GUIDATA)

% Get default command line output from handles structure
varargout{1} = handles.output;

% --- Executes on button press in pushbutton1.
function pushbutton1_Callback(hObject, eventdata, handles)
% hObject    handle to pushbutton1 (see GCBO)
% eventdata  reserved - to be defined in a future version of MATLAB
% handles    structure with handles and user data (see GUIDATA)
%%-----------------------------------------------------------------
%更新参数
fid = fopen('input_parameter.txt','wt');
fprintf(fid, '%s\n', strcat('estimating_radial_parameters_method_flag=',
'2',';','    %1: optimization method based on ICBA    2: exhaustion
method based on ICBA'));
fprintf(fid, '%s\n', strcat('time_windowing_method_flag=','1',';','
    %1: Marco Martorella ICBA method    2: ZP method'));
fprintf(fid, '%s\n', strcat('estimating_slow_time_window_moments_
number_method_flag=','3',';','    1: optimization method based on
ICBA    2: exhaustion method based on ICBA    3: no windowing'));
fprintf(fid, '%s\n', strcat('platform_option=','2',';','    %1:
Radarsat-2    2: TerraSAR-X    3: Aircraft'));
fprintf(fid, '%s\n', strcat('stretch_option=','1',';','    %0: no
stretch when displaing    1: stretch when displaing'));
fprintf(fid, '%s\n', strcat('stretch_scale_factor=','1',';','
%scale factor'));
```

```
fprintf(fid, '%s\n', strcat('stretch_exp_factor=','0.5',';','
%exp factor'));
fprintf(fid, '%s\n', strcat('FFT_points_2_power_flag=','0',';','
%0: not enlarge to the nearest power of 2        1:enlarge to the nearest power
of 2'));
fprintf(fid, '%s\n', strcat('C=','3e8',';','       %light speed'));
fprintf(fid, '%s\n', strcat('Fc=',get(handles.edit1,'String'),';','
  %carrier frequency GHz'));
fprintf(fid, '%s\n', strcat('Tr=',get(handles.edit2,'String'),';','
%pulse width'));
fprintf(fid, '%s\n', strcat('Br=',get(handles.edit3,'String'),';','
  %signal bandwidth MHz'));
fprintf(fid, '%s\n', strcat('H=',get(handles.edit5,'String'),';','
  %height of platform Km'));
fprintf(fid, '%s\n', strcat('Vr=',get(handles.edit6,'String'),';','
  %SAR velocity Km/s'));
fprintf(fid, '%s\n', strcat('inc_angle=',get(handles.edit7,'String'),';
','       %incidence angle degree'));
fprintf(fid, '%s\n', strcat('D=',get(handles.edit4,'String'),';','
  %antenna length in azimuth direction'));
fprintf(fid, '%s\n', strcat('X0=',get(handles.edit8,'String'),';','
%at central moment, coordinates of ship rotation center in Er X aix'));
fprintf(fid, '%s\n', strcat('Z0=',get(handles.edit9,'String'),';','
%at central moment, coordinates of ship rotation center in Er Z aix'));
fprintf(fid, '%s\n', strcat('A_yaw=',get(handles.edit11,'String'),';
','       %the following six parameters adopts parameters on Liuyongtan
Radar Imaging Technology (P260-P262), corresponding to 2 degree'));
fprintf(fid, '%s\n', strcat('T_yaw=',get(handles.edit10,'String'),';
','       %%unit: second, inf for non cosinoidal variation'));
fprintf(fid, '%s\n', strcat('Cita_yaw=',get(handles.edit12,'String'),
';','       %rotation angle'));
fprintf(fid, '%s\n', strcat('A_pitch=',get(handles.edit13,'String'),';
```

```
',' %corresponding to 4 degree'));
fprintf(fid, '%s\n', strcat('T_pitch=',get(handles.edit15,'String'),';
',' %unit: second, inf for non cosinoidal variation'));
fprintf(fid, '%s\n', strcat('Cita_pitch=',get(handles.edit17,'String'),
';',' %rotation angle '));
fprintf(fid, '%s\n', strcat('A_roll=',get(handles.edit14,'String'),';
',' %corresponding to 15 degree'));
fprintf(fid, '%s\n', strcat('T_roll=',get(handles.edit16,'String'),';
',' %unit: second, inf for non cosinoidal variation'));
fprintf(fid, '%s\n', strcat('Cita_roll=',get(handles.edit18,'String'),
';',' %rotation angle'));
fprintf(fid, '%s\n', strcat('ship_head_angle_from_X_positive_axis=',get
(handles.edit19,'String'),';',' %the angle from X positive axis to the
head direction of the ship (anticlockwise direction versus positive angle'));
fprintf(fid, '%s\n', strcat('Vs0=',get(handles.edit20,'String'),';','
    %ship velocity at central moment'));
fprintf(fid, '%s\n', strcat('As=',get(handles.edit21,'String'),';','
    %ship acceleration'));

fclose(fid);
data_input_parameters_init;    %to load raw parameters from the disk
SAR_imaging;          %to generate Spaceborne SAR ship imaging
load('data.mat');
axes(handles.axes1);
scatter3(Ptarget_pie(:,1),Ptarget_pie(:,2),Ptarget_pie(:,3),'o');
xlabel('Azimuth in meters');
ylabel('Range in meters');
zlabel('Height in meters');
xlim([-150 150]);
ylim([Yc-150 Yc+150]);
zlim([-150 150]);
axes(handles.axes2);
```

```
imagesc(20 * log10(stretched_abs_Icen)－max(20 * log10(stretched_abs_
Icen(:))),[－15 0]);
xlim([2000 3500]);
ylim([0 500]);
colormap(jet);
colorbar;
xlabel('Range bin');
ylabel('Doppler bin');

% --- Executes on button press in pushbutton2.
function pushbutton2_Callback(hObject, eventdata, handles)
% hObject    handle to pushbutton2 (see GCBO)
% eventdata  reserved - to be defined in a future version of MATLAB
% handles    structure with handles and user data (see GUIDATA)
%=========保存图片==============%
[filename,pathname] = uiputfile({'*.bmp';'*.tif';'*.png';'*.
jpg'},'保存图片');
if ~isequal(filename,0)
    str = [pathname filename];
    px=getframe(handles.axes1);
    %saveas(gcf,str,'jpg');
   ta = getappdata(gcf,'Timg');
    imwrite(px.cdata,str);
    close(gcf);
else
    disp('保存失败');
end

% --- Executes on button press in pushbutton3.
function pushbutton3_Callback(hObject, eventdata, handles)
% hObject    handle to pushbutton3 (see GCBO)
% eventdata  reserved - to be defined in a future version of MATLAB
```

```
% handles      structure with handles and user data (see GUIDATA)
%==========保存图片===============%
[filename, pathname] = uiputfile({' *.bmp';' *.tif';' *.png';' *.
jpg'},'保存图片');
if ~isequal(filename,0)
     str = [pathname filename];
     px=getframe(handles.axes1);
     %saveas(gcf,str,'jpg');
   ta = getappdata(gcf,'Timg');
     imwrite(px.cdata,str);
     close(gcf);
else
     disp('保存失败');
end

function edit8_Callback(hObject, eventdata, handles)
% hObject      handle to edit8 (see GCBO)
% eventdata   reserved-to be defined in a future version of MATLAB
% handles      structure with handles and user data (see GUIDATA)

% Hints: get(hObject,'String') returns contents of edit8 as text
%              str2double(get(hObject,'String')) returns contents of edit8 as
a double

% --- Executes during object creation, after setting all properties.
function edit8_CreateFcn(hObject, eventdata, handles)
% hObject      handle to edit8 (see GCBO)
% eventdata   reserved - to be defined in a future version of MATLAB
% handles      empty - handles not created until after all CreateFcns called

% Hint: edit controls usually have a white background on Windows.
%              See ISPC and COMPUTER.
if ispc && isequal(get(hObject,'BackgroundColor'), get(0,
```

```
'defaultUicontrolBackgroundColor'))
    set(hObject,'BackgroundColor','white');
end

function edit9_Callback(hObject, eventdata, handles)
% hObject    handle to edit9 (see GCBO)
% eventdata  reserved - to be defined in a future version of MATLAB
% handles    structure with handles and user data (see GUIDATA)

% Hints: get(hObject,'String') returns contents of edit9 as text
%        str2double(get(hObject,'String')) returns contents of edit9 as
a double

% --- Executes during object creation, after setting all properties.
function edit9_CreateFcn(hObject, eventdata, handles)
% hObject    handle to edit9 (see GCBO)
% eventdata  reserved - to be defined in a future version of MATLAB
% handles    empty - handles not created until after all CreateFcns called

% Hint: edit controls usually have a white background on Windows.
%       See ISPC and COMPUTER.
if ispc && isequal(get(hObject,'BackgroundColor'), get(0,
'defaultUicontrolBackgroundColor'))
    set(hObject,'BackgroundColor','white');
end

function edit10_Callback(hObject, eventdata, handles)
% hObject    handle to edit10 (see GCBO)
% eventdata  reserved - to be defined in a future version of MATLAB
% handles    structure with handles and user data (see GUIDATA)

% Hints: get(hObject,'String') returns contents of edit10 as text
```

```
%           str2double(get(hObject,'String')) returns contents of edit10
%           as a double

% --- Executes during object creation, after setting all properties.
function edit10_CreateFcn(hObject, eventdata, handles)
% hObject    handle to edit10 (see GCBO)
% eventdata  reserved - to be defined in a future version of MATLAB
% handles    empty - handles not created until after all CreateFcns called

% Hint: edit controls usually have a white background on Windows.
%           See ISPC and COMPUTER.
if ispc && isequal(get(hObject,'BackgroundColor'), get(0,
'defaultUicontrolBackgroundColor'))
    set(hObject,'BackgroundColor','white');
end

function edit11_Callback(hObject, eventdata, handles)
% hObject    handle to edit11 (see GCBO)
% eventdata  reserved - to be defined in a future version of MATLAB
% handles    structure with handles and user data (see GUIDATA)

% Hints: get(hObject,'String') returns contents of edit11 as text
%           str2double(get(hObject,'String')) returns contents of edit11
%           as a double

% --- Executes during object creation, after setting all properties.
function edit11_CreateFcn(hObject, eventdata, handles)
% hObject    handle to edit11 (see GCBO)
% eventdata  reserved - to be defined in a future version of MATLAB
% handles    empty - handles not created until after all CreateFcns called

% Hint: edit controls usually have a white background on Windows.
```

```
%           See ISPC and COMPUTER.
if ispc && isequal(get(hObject,'BackgroundColor'), get(0,
'defaultUicontrolBackgroundColor'))
    set(hObject,'BackgroundColor','white');
end

function edit12_Callback(hObject, eventdata, handles)
% hObject    handle to edit12 (see GCBO)
% eventdata  reserved - to be defined in a future version of MATLAB
% handles    structure with handles and user data (see GUIDATA)

% Hints: get(hObject,'String') returns contents of edit12 as text
%        str2double(get(hObject,'String')) returns contents of edit12
%        as a double

% --- Executes during object creation, after setting all properties.
function edit12_CreateFcn(hObject, eventdata, handles)
% hObject    handle to edit12 (see GCBO)
% eventdata  reserved - to be defined in a future version of MATLAB
% handles    empty - handles not created until after all CreateFcns called

% Hint: edit controls usually have a white background on Windows.
%       See ISPC and COMPUTER.
if ispc && isequal(get(hObject,'BackgroundColor'), get(0,
'defaultUicontrolBackgroundColor'))
    set(hObject,'BackgroundColor','white');
end

function edit13_Callback(hObject, eventdata, handles)
% hObject    handle to edit13 (see GCBO)
% eventdata  reserved - to be defined in a future version of MATLAB
% handles    structure with handles and user data (see GUIDATA)
```

```
% Hints: get(hObject,'String') returns contents of edit13 as text
%        str2double(get(hObject,'String')) returns contents of edit13
%        as a double

% --- Executes during object creation, after setting all properties.
function edit13_CreateFcn(hObject, eventdata, handles)
% hObject    handle to edit13 (see GCBO)
% eventdata  reserved - to be defined in a future version of MATLAB
% handles    empty - handles not created until after all CreateFcns called

% Hint: edit controls usually have a white background on Windows.
%       See ISPC and COMPUTER.
if ispc && isequal(get(hObject,'BackgroundColor'), get(0,
'defaultUicontrolBackgroundColor'))
    set(hObject,'BackgroundColor','white');
end

function edit14_Callback(hObject, eventdata, handles)
% hObject    handle to edit14 (see GCBO)
% eventdata  reserved - to be defined in a future version of MATLAB
% handles    structure with handles and user data (see GUIDATA)

% Hints: get(hObject,'String') returns contents of edit14 as text
%        str2double(get(hObject,'String')) returns contents of edit14
%        as a double

% --- Executes during object creation, after setting all properties.
function edit14_CreateFcn(hObject, eventdata, handles)
% hObject    handle to edit14 (see GCBO)
% eventdata  reserved - to be defined in a future version of MATLAB
% handles    empty - handles not created until after all CreateFcns called
```

```
% Hint: edit controls usually have a white background on Windows.
%       See ISPC and COMPUTER.
if ispc && isequal(get(hObject,'BackgroundColor'), get(0,
'defaultUicontrolBackgroundColor'))
    set(hObject,'BackgroundColor','white');
end

function edit15_Callback(hObject, eventdata, handles)
% hObject    handle to edit15 (see GCBO)
% eventdata  reserved - to be defined in a future version of MATLAB
% handles    structure with handles and user data (see GUIDATA)

% Hints: get(hObject,'String') returns contents of edit15 as text
%        str2double(get(hObject,'String')) returns contents of edit15
%        as a double

% --- Executes during object creation, after setting all properties.
function edit15_CreateFcn(hObject, eventdata, handles)
% hObject    handle to edit15 (see GCBO)
% eventdata  reserved - to be defined in a future version of MATLAB
% handles    empty - handles not created until after all CreateFcns called

% Hint: edit controls usually have a white background on Windows.
%       See ISPC and COMPUTER.
if ispc && isequal(get(hObject,'BackgroundColor'), get(0,
'defaultUicontrolBackgroundColor'))
    set(hObject,'BackgroundColor','white');
end

function edit16_Callback(hObject, eventdata, handles)
% hObject    handle to edit16 (see GCBO)
% eventdata  reserved - to be defined in a future version of MATLAB
```

```
% handles     structure with handles and user data (see GUIDATA)

% Hints: get(hObject,'String') returns contents of edit16 as text
%        str2double(get(hObject,'String')) returns contents of edit16
%        as a double

% --- Executes during object creation, after setting all properties.
function edit16_CreateFcn(hObject, eventdata, handles)
% hObject     handle to edit16 (see GCBO)
% eventdata   reserved - to be defined in a future version of MATLAB
% handles     empty - handles not created until after all CreateFcns called

% Hint: edit controls usually have a white background on Windows.
%        See ISPC and COMPUTER.
if ispc && isequal(get(hObject,'BackgroundColor'), get(0,
'defaultUicontrolBackgroundColor'))
    set(hObject,'BackgroundColor','white');
end

function edit17_Callback(hObject, eventdata, handles)
% hObject     handle to edit17 (see GCBO)
% eventdata   reserved - to be defined in a future version of MATLAB
% handles     structure with handles and user data (see GUIDATA)

% Hints: get(hObject,'String') returns contents of edit17 as text
%        str2double(get(hObject,'String')) returns contents of edit17
%        as a double

% --- Executes during object creation, after setting all properties.
function edit17_CreateFcn(hObject, eventdata, handles)
% hObject     handle to edit17 (see GCBO)
% eventdata   reserved - to be defined in a future version of MATLAB
```

```
% handles      empty - handles not created until after all CreateFcns called

% Hint: edit controls usually have a white background on Windows.
%             See ISPC and COMPUTER.
if ispc && isequal(get(hObject,'BackgroundColor'), get(0,
'defaultUicontrolBackgroundColor'))
    set(hObject,'BackgroundColor','white');
end

function edit18_Callback(hObject, eventdata, handles)
% hObject      handle to edit18 (see GCBO)
% eventdata    reserved - to be defined in a future version of MATLAB
% handles      structure with handles and user data (see GUIDATA)

% Hints: get(hObject,'String') returns contents of edit18 as text
%             str2double(get(hObject,'String')) returns contents of edit18
%             as a double

% --- Executes during object creation, after setting all properties.
function edit18_CreateFcn(hObject, eventdata, handles)
% hObject      handle to edit18 (see GCBO)
% eventdata    reserved - to be defined in a future version of MATLAB
% handles      empty - handles not created until after all CreateFcns called

% Hint: edit controls usually have a white background on Windows.
%             See ISPC and COMPUTER.
if ispc && isequal(get(hObject,'BackgroundColor'), get(0,
'defaultUicontrolBackgroundColor'))
    set(hObject,'BackgroundColor','white');
end

function edit19_Callback(hObject, eventdata, handles)
% hObject      handle to edit19 (see GCBO)
```

```
% eventdata   reserved - to be defined in a future version of MATLAB
% handles     structure with handles and user data (see GUIDATA)

% Hints: get(hObject,'String') returns contents of edit19 as text
%         str2double(get(hObject,'String')) returns contents of edit19
%         as a double


% --- Executes during object creation, after setting all properties.
function edit19_CreateFcn(hObject, eventdata, handles)
% hObject     handle to edit19 (see GCBO)
% eventdata   reserved - to be defined in a future version of MATLAB
% handles     empty - handles not created until after all CreateFcns called

% Hint: edit controls usually have a white background on Windows.
%         See ISPC and COMPUTER.
if ispc && isequal ( get ( hObject, 'BackgroundColor' ), get ( 0,
'defaultUicontrolBackgroundColor' ))
    set(hObject,'BackgroundColor','white');
end

function edit20_Callback(hObject, eventdata, handles)
% hObject     handle to edit20 (see GCBO)
% eventdata   reserved - to be defined in a future version of MATLAB
% handles     structure with handles and user data (see GUIDATA)

% Hints: get(hObject,'String') returns contents of edit20 as text
%         str2double(get(hObject,'String')) returns contents of edit20
%         as a double


% --- Executes during object creation, after setting all properties.
function edit20_CreateFcn(hObject, eventdata, handles)
% hObject     handle to edit20 (see GCBO)
```

```
% eventdata   reserved - to be defined in a future version of MATLAB
% handles     empty - handles not created until after all CreateFcns called

% Hint: edit controls usually have a white background on Windows.
%          See ISPC and COMPUTER.
if ispc && isequal(get(hObject,'BackgroundColor'), get(0,'defaultUicontrolBackgroundColor'))
    set(hObject,'BackgroundColor','white');
end

function edit21_Callback(hObject, eventdata, handles)
% hObject     handle to edit21 (see GCBO)
% eventdata   reserved - to be defined in a future version of MATLAB
% handles     structure with handles and user data (see GUIDATA)

% Hints: get(hObject,'String') returns contents of edit21 as text
%          str2double(get(hObject,'String')) returns contents of edit21
%          as a double

% --- Executes during object creation, after setting all properties.
function edit21_CreateFcn(hObject, eventdata, handles)
% hObject     handle to edit21 (see GCBO)
% eventdata   reserved - to be defined in a future version of MATLAB
% handles     empty - handles not created until after all CreateFcns called

% Hint: edit controls usually have a white background on Windows.
%          See ISPC and COMPUTER.
if ispc && isequal(get(hObject,'BackgroundColor'), get(0,'defaultUicontrolBackgroundColor'))
    set(hObject,'BackgroundColor','white');
end
```

```
function edit5_Callback(hObject, eventdata, handles)
% hObject    handle to edit5 (see GCBO)
% eventdata  reserved - to be defined in a future version of MATLAB
% handles    structure with handles and user data (see GUIDATA)

% Hints: get(hObject,'String') returns contents of edit5 as text
%        str2double(get(hObject,'String')) returns contents of edit5
%        as a double

% --- Executes during object creation, after setting all properties.
function edit5_CreateFcn(hObject, eventdata, handles)
% hObject    handle to edit5 (see GCBO)
% eventdata  reserved - to be defined in a future version of MATLAB
% handles    empty - handles not created until after all CreateFcns called

% Hint: edit controls usually have a white background on Windows.
%       See ISPC and COMPUTER.
if ispc && isequal(get(hObject,'BackgroundColor'), get(0,
'defaultUicontrolBackgroundColor'))
    set(hObject,'BackgroundColor','white');
end

function edit6_Callback(hObject, eventdata, handles)
% hObject    handle to edit6 (see GCBO)
% eventdata  reserved - to be defined in a future version of MATLAB
% handles    structure with handles and user data (see GUIDATA)

% Hints: get(hObject,'String') returns contents of edit6 as text
%        str2double(get(hObject,'String')) returns contents of edit6
%        as a double

% --- Executes during object creation, after setting all properties.
function edit6_CreateFcn(hObject, eventdata, handles)
```

```
% hObject      handle to edit6 (see GCBO)
% eventdata   reserved - to be defined in a future version of MATLAB
% handles      empty - handles not created until after all CreateFcns called

% Hint: edit controls usually have a white background on Windows.
%            See ISPC and COMPUTER.
if ispc && isequal(get(hObject,'BackgroundColor'), get(0,
'defaultUicontrolBackgroundColor'))
    set(hObject,'BackgroundColor','white');
end

function edit7_Callback(hObject, eventdata, handles)
% hObject      handle to edit7 (see GCBO)
% eventdata   reserved - to be defined in a future version of MATLAB
% handles      structure with handles and user data (see GUIDATA)

% Hints: get(hObject,'String') returns contents of edit7 as text
%           str2double(get(hObject,'String')) returns contents of edit7
%           as a double

% --- Executes during object creation, after setting all properties.
function edit7_CreateFcn(hObject, eventdata, handles)
% hObject      handle to edit7 (see GCBO)
% eventdata   reserved - to be defined in a future version of MATLAB
% handles      empty - handles not created until after all CreateFcns called

% Hint: edit controls usually have a white background on Windows.
%            See ISPC and COMPUTER.
if ispc && isequal(get(hObject,'BackgroundColor'), get(0,
'defaultUicontrolBackgroundColor'))
    set(hObject,'BackgroundColor','white');
end
```

```
function edit1_Callback(hObject, eventdata, handles)
% hObject      handle to edit1 (see GCBO)
% eventdata    reserved - to be defined in a future version of MATLAB
% handles      structure with handles and user data (see GUIDATA)

% Hints: get(hObject,'String') returns contents of edit1 as text
%        str2double(get(hObject,'String')) returns contents of edit1
%        as a double

% --- Executes during object creation, after setting all properties.
function edit1_CreateFcn(hObject, eventdata, handles)
% hObject      handle to edit1 (see GCBO)
% eventdata    reserved - to be defined in a future version of MATLAB
% handles      empty - handles not created until after all CreateFcns called

% Hint: edit controls usually have a white background on Windows.
%       See ISPC and COMPUTER.
if ispc && isequal(get(hObject,'BackgroundColor'), get(0,
'defaultUicontrolBackgroundColor'))
    set(hObject,'BackgroundColor','white');
end

function edit2_Callback(hObject, eventdata, handles)
% hObject      handle to edit2 (see GCBO)
% eventdata    reserved - to be defined in a future version of MATLAB
% handles      structure with handles and user data (see GUIDATA)

% Hints: get(hObject,'String') returns contents of edit2 as text
%        str2double(get(hObject,'String')) returns contents of edit2
%        as a double

% --- Executes during object creation, after setting all properties.
```

```
function edit2_CreateFcn(hObject, eventdata, handles)
% hObject     handle to edit2 (see GCBO)
% eventdata   reserved - to be defined in a future version of MATLAB
% handles     empty - handles not created until after all CreateFcns called

% Hint: edit controls usually have a white background on Windows.
%          See ISPC and COMPUTER.
if ispc && isequal(get(hObject,'BackgroundColor'), get(0,
'defaultUicontrolBackgroundColor'))
    set(hObject,'BackgroundColor','white');
end

function edit3_Callback(hObject, eventdata, handles)
% hObject     handle to edit3 (see GCBO)
% eventdata   reserved - to be defined in a future version of MATLAB
% handles     structure with handles and user data (see GUIDATA)

% Hints: get(hObject,'String') returns contents of edit3 as text
%          str2double(get(hObject,'String')) returns contents of edit3
%          as a double

% --- Executes during object creation, after setting all properties.
function edit3_CreateFcn(hObject, eventdata, handles)
% hObject     handle to edit3 (see GCBO)
% eventdata   reserved - to be defined in a future version of MATLAB
% handles     empty - handles not created until after all CreateFcns called

% Hint: edit controls usually have a white background on Windows.
%          See ISPC and COMPUTER.
if ispc && isequal(get(hObject,'BackgroundColor'), get(0,
'defaultUicontrolBackgroundColor'))
    set(hObject,'BackgroundColor','white');
end
```

```
function edit4_Callback(hObject, eventdata, handles)
% hObject     handle to edit4 (see GCBO)
% eventdata   reserved - to be defined in a future version of MATLAB
% handles     structure with handles and user data (see GUIDATA)

% Hints: get(hObject,'String') returns contents of edit4 as text
%        str2double(get(hObject,'String')) returns contents of edit4
%        as a double


% --- Executes during object creation, after setting all properties.
function edit4_CreateFcn(hObject, eventdata, handles)
% hObject     handle to edit4 (see GCBO)
% eventdata   reserved - to be defined in a future version of MATLAB
% handles     empty - handles not created until after all CreateFcns called

% Hint: edit controls usually have a white background on Windows.
%       See ISPC and COMPUTER.
if ispc && isequal(get(hObject,'BackgroundColor'), get(0,
'defaultUicontrolBackgroundColor'))
    set(hObject,'BackgroundColor','white');
end

/* data_input_parameters_init.m */
%reading raw_parameters.txt to obtain the raw parameters
function []=data_input_parameters_init()
fid=fopen('input_parameter.txt','r');
cur_line=fgetl(fid);
estimating_radial_parameters_method_flag=str2double(cur_line(strfind
(cur_line,'=')+1:1:strfind(cur_line,';')-1));
cur_line=fgetl(fid);
time_windowing_method_flag=str2double(cur_line(strfind(cur_line,'=')
```

```
+1:1:strfind(cur_line,';')-1));
cur_line=fgetl(fid);
estimating_slow_time_window_moments_number_method_flag =
str2double(cur_line(strfind(cur_line,'=')+1:1:strfind(cur_line,';')
-1));
cur_line=fgetl(fid);
platform_option = str2double(cur_line(strfind(cur_line,'=')+1:1:
strfind(cur_line,';')-1));
cur_line=fgetl(fid);
stretch_option=str2double(cur_line(strfind(cur_line,'=')+1:1:strfind
(cur_line,';')-1));
cur_line=fgetl(fid);
stretch_scale_factor=str2double(cur_line(strfind(cur_line,'=')+1:1:
strfind(cur_line,';')-1));
cur_line=fgetl(fid);
stretch_exp_factor=str2double(cur_line(strfind(cur_line,'=')+1:1:
strfind(cur_line,';')-1));
cur_line=fgetl(fid);
FFT_points_2_power_flag=str2double(cur_line(strfind(cur_line,'=')
+1:1:strfind(cur_line,';')-1));
cur_line=fgetl(fid);
C=str2double(cur_line(strfind(cur_line,'=')+1:1:strfind(cur_line,
';')-1));
cur_line=fgetl(fid);
Fc=str2double(cur_line(strfind(cur_line,'=')+1:1:strfind(cur_line,
';')-1));
cur_line=fgetl(fid);
Tr=str2double(cur_line(strfind(cur_line,'=')+1:1:strfind(cur_line,
';')-1));
cur_line=fgetl(fid);
Br=str2double(cur_line(strfind(cur_line,'=')+1:1:strfind(cur_line,
';')-1));
```

```
cur_line=fgetl(fid);
H=str2double(cur_line(strfind(cur_line,'=')+1:1:strfind(cur_line,';')-1));
cur_line=fgetl(fid);
Vr=str2double(cur_line(strfind(cur_line,'=')+1:1:strfind(cur_line,';')-1));
cur_line=fgetl(fid);
inc_angle=str2double(cur_line(strfind(cur_line,'=')+1:1:strfind(cur_line,';')-1));
cur_line=fgetl(fid);
D=str2double(cur_line(strfind(cur_line,'=')+1:1:strfind(cur_line,';')-1));
cur_line=fgetl(fid);
X0=str2double(cur_line(strfind(cur_line,'=')+1:1:strfind(cur_line,';')-1));
cur_line=fgetl(fid);
Z0=str2double(cur_line(strfind(cur_line,'=')+1:1:strfind(cur_line,';')-1));
cur_line=fgetl(fid);
A_yaw=str2double(cur_line(strfind(cur_line,'=')+1:1:strfind(cur_line,';')-1));
cur_line=fgetl(fid);
T_yaw=str2double(cur_line(strfind(cur_line,'=')+1:1:strfind(cur_line,';')-1));
cur_line=fgetl(fid);
Cita_yaw=str2double(cur_line(strfind(cur_line,'=')+1:1:strfind(cur_line,';')-1));
cur_line=fgetl(fid);
A_pitch=str2double(cur_line(strfind(cur_line,'=')+1:1:strfind(cur_line,';')-1));
cur_line=fgetl(fid);
T_pitch=str2double(cur_line(strfind(cur_line,'=')+1:1:strfind(cur_line,';')-1));
```

```
cur_line=fgetl(fid);
Cita_pitch=str2double(cur_line(strfind(cur_line,'=')+1:1:strfind(cur_
line,';')-1));
cur_line=fgetl(fid);
A_roll=str2double(cur_line(strfind(cur_line,'=')+1:1:strfind(cur_
line,';')-1));
cur_line=fgetl(fid);
T_roll=str2double(cur_line(strfind(cur_line,'=')+1:1:strfind(cur_
line,';')-1));
cur_line=fgetl(fid);
Cita_roll=str2double(cur_line(strfind(cur_line,'=')+1:1:strfind(cur_
line,';')-1));
cur_line=fgetl(fid);
ship_head_angle_from_X_positive_axis=str2double(cur_line(strfind(cur
_line,'=')+1:1:strfind(cur_line,';')-1));
cur_line=fgetl(fid);
Vs0=str2double(cur_line(strfind(cur_line,'=')+1:1:strfind(cur_line,
';')-1));
cur_line=fgetl(fid);
As=str2double(cur_line(strfind(cur_line,'=')+1:1:strfind(cur_line,
';')-1));
Fc=Fc*1000000000;
H=H*1000;
Vr=Vr*1000;
inc_angle=inc_angle*pi/180;
Cita_yaw=Cita_yaw*pi/180;
Cita_pitch=Cita_pitch*pi/180;
Cita_roll=Cita_roll*pi/180;
ship_head_angle_from_X_positive_axis=ship_head_angle_from_X_
positive_axis*pi/180;
Tr=Tr*0.000001;
Br=Br*1000000;
```

```
save('data.mat','estimating_radial_parameters_method_flag','time_
windowing_method_flag','estimating_slow_time_window_moments_
number_method_flag','platform_option','stretch_option','stretch_scale
_factor','stretch_exp_factor',...
'FFT_points_2_power_flag','C','Fc','H','Vr','inc_angle','D','X0',
'Z0','A_yaw','T_yaw','Cita_yaw','A_pitch','T_pitch','Cita_pitch','A
_roll','T_roll','Cita_roll',...
        'ship_head_angle_from_X_positive_axis','Vs0','As','Tr','Br');

/* SAR_imaging.m */
%to generate Spaceborne SAR ship imaging
function []=SAR_imaging()
load('data.mat');
lambda=C/Fc;                    %wavelength
Vr=7.6e3;
inc_angle=31*pi/180;            %incidence angle
Yc=H*tan(inc_angle);            %center of imaged area
R0=sqrt(Yc^2+H^2);              %the minimum range between the radar and
the swath center
Lsar=lambda*R0/D;               %SAR integration length
Tsar=Lsar/Vr;                   %SAR integration time
Y0=Yc;
ship_target_parameters_flag=2;
if ship_target_parameters_flag==1
   A_yaw=0.035;                 % the following six parameters adopts
parameters on Liuyongtan's Radar Imaging Technology (P260-P262),
corresponding to 2 degree
   T_yaw=14;                    %unit: second, inf for non cosinoidal variation
   Cita_yaw=30*pi/180;
   A_pitch=0.07;                %corresponding to 4 degree
   T_pitch=7;                   %unit: second, inf for non cosinoidal variation
   Cita_pitch=-40*pi/180;
```

```
    A_roll=0.262;%corresponding to 15 degree
    T_roll=12;              %unit: second, inf for non cosinoidal variation
    Cita_roll=60 * pi/180;
    ship_head_angle_from_X_positive_axis=-30 * pi/180;        %the
angle from X positive axis to the head direction of the ship (anticlockwise
direction versus positive angle)
    Vs0=10;                 %ship's velocity at central moment
    As=1;                   %ship's acceleration
else
    A_yaw=0.35;
    T_yaw=inf;
    Cita_yaw=0;
    A_pitch=0;
    T_pitch=inf;
    Cita_pitch=0;
    A_roll=0;
    T_roll=inf;
    Cita_roll=0;
    ship_head_angle_from_X_positive_axis=-90 * pi/180;
    Vs0=10;
    As=1;
end
cita_y0=ship_head_angle_from_X_positive_axis;          %the following
three degrees correspond to yaw, pitch, roll angle from xyz axis frame to
ξηζ axis frame
cita_p0=0;
cita_r0=0;
%%Read Targets' Parameter (positions and RCS)
[Ntarget, Ptarget]=Read_Targets_Info('Targets.txt');
Xmin= min(Ptarget(:,1)) - 500;          % target area in azimuth is
within[Xmin,Xmax]
Xmax=max(Ptarget(:,1)) + 500;
```

```
SWhalf=max(abs(Ptarget(:,2))) + 500;          %target area in range
is within[Yc-SWhalf,Yc+SWhalf]
%%Parameter--slow-time domain
Ka=-2*Vr^2/lambda/R0;               %doppler frequency modulation rate
Ba=abs(Ka*Tsar);                    %doppler frequency modulation
bandwidth
PRF=Ba;                             %pulse repitition frequency
PRT=1/PRF;                          %pulse repitition time
ds=PRT;                             %sample spacing in slow-time domain
Nslow=ceil((Xmax-Xmin+Lsar)/Vr/ds); %sample number in slow-
time domain
if FFT_points_2_power_flag==0
    if mod(Nslow,2)==1
        Nslow=Nslow+1;            %to guarantee Nslow is an even number
    end
else
    Nslow=2^nextpow2(Nslow);
end
sn_vector=linspace((Xmin-Lsar/2)/Vr,(Xmax+Lsar/2)/Vr,Nslow);
      %discrete time vector in slow time domain
PRT=(Xmax-Xmin+Lsar)/Vr/Nslow;        %refresh
PRF=1/PRT;
ds=PRT;
Kr=Br/Tr;                          %chirp slope
Fsr=1.1*Br;                        %sampling frequency in fast-time
domain
dt=1/Fsr;                          %sample spacing in fast-time domain
Rmin=sqrt((Yc-SWhalf)^2+H^2);
Rmax=sqrt((Yc+SWhalf)^2+H^2+(Lsar/2)^2);
Nfast=ceil(2*(Rmax-Rmin)/C/dt+Tr/dt);      %sample number in
fast-time domain
```

```
if FFT_points_2_power_flag==0
    if mod(Nfast,2)==1
        Nfast=Nfast+1;          %to guarantee Nfast is an even number
    end
else
    Nfast=2^nextpow2(Nfast);
end
tm_vector=-Tr/2+linspace(2*Rmin/C,2*Rmax/C+Tr,Nfast);
%discrete time vector in fast-time domain
dt=(2*Rmax/C+Tr-2*Rmin/C)/Nfast;            %refresh
Fsr=1/dt;
%%Parameter--resolution
r_pixel_spacing=C/2/Fsr;                    %range sample spacing
azimuth_spacing=D/2;                        %cross-range resolution
%%Generate the raw signal data
Srnm=zeros(Nslow,Nfast);
Rot_b_array=Rot_Matrix_Getting(cita_y0, cita_p0, cita_r0);
Rot_a_3D_array=Rotation_3D_Array_A_Computing(A_yaw, T_yaw,
Cita_yaw, A_pitch, T_pitch, Cita_pitch, A_roll, T_roll, Cita_roll, sn_
vector);
for temp_i=1:1:Ntarget
    temp_sigma=Ptarget(temp_i,4);
    [R_vector,Dslow_vector]=Radar_Scatter_Distance_Computing
(Ptarget(temp_i,1), Ptarget(temp_i,2), Ptarget(temp_i,3), X0, Y0,
Z0, Vs0, As, ship_head_angle_from_X_positive_axis, sn_vector, Rot_b_
array, Rot_a_3D_array, Vr, H);
    tau_vector=2*R_vector/C;
    Dfast_vector=ones(Nslow,1)*tm_vector-tau_vector'*ones(1,
Nfast);
    phase_vector=pi*Kr*Dfast_vector.^2-(4*pi/lambda)*(R_
vector'*ones(1,Nfast));
```

```
Srnm=Srnm+temp_sigma*exp(j*phase_vector).*(-Tr/2<=Dfast_vector&Dfast_vector<=Tr/2).*((abs(Dslow_vector)<=Lsar/2)'*ones(1,Nfast));
end
clear Dfast_vector;
clear Dslow_vector;
clear phase_vector;
%%Range compression
tr_vector=tm_vector-2*Rmin/C;
Refr=exp(j*pi*Kr*tr_vector.^2).*(-Tr/2<=tr_vector&tr_vector<=Tr/2);
temp1=fty(Srnm);
temp2=conj(ones(Nslow,1)*fty(Refr));
Sr=zp_ifty(temp1.*temp2);        % Target positioning in range direction is determined by time correlation operation via FFT, IFFT result 0 in range direction versus Rmin
clear temp1;
clear temp2;
Gr=abs(Sr);
%%Azimuth compression
ta=sn_vector-(Xmin-Lsar/2)/Vr;
Refa=exp(j*pi*Ka*ta.^2).*(abs(ta)<=Tsar/2);
Sa=zp_iftx(ftx(Sr).*(conj(ftx(Refa)).'*ones(1,Nfast)));
% Target positioning in azimuth direction is determined by time correlation operation via FFT, IFFT result 0 in azimuth direction versus (Xmin-Lsar/2)
Ga=abs(Sa);
clear Sr;
%%Draw the intensity image of signal
Ptarget_pie=zeros(Ntarget,4);        %Convert coordinates of scatters in Esb into ones in Er
for temp_i=1:1:Ntarget
```

```
    Ptarget_pie(temp_i,1:3)=(Rot_b_array * [Ptarget(temp_i,1)
Ptarget(temp_i,2) Ptarget(temp_i,3)]')'+[X0 Y0 Z0];
    Ptarget_pie(temp_i,4)=Ptarget(temp_i,4);
end
scatter3(Ptarget_pie(:,1),Ptarget_pie(:,2),Ptarget_pie(:,3),'o');
xlabel('Azimuth in meters');
ylabel('Range in meters');
zlabel('Height in meters');
xlim([-150 150]);
ylim([Yc-150 Yc+150]);
zlim([-150 150]);
row_vector=sqrt(((tm_vector+Tr/2) * C/2).^2-H^2);
col_vector=sn_vector * Vr;
if stretch_option==1
    global_mean=mean(mean(Ga));              %image stretching
    stretched_Ga=1+(254 * 0.33333  * stretch_scale_factor * Ga.^(stretch
_exp_factor))/global_mean;
    temp_indexs = find(stretched_Ga>255);
    stretched_Ga(temp_indexs)=255;          %for the values greater than
255, set them to 255
else
    stretched_Ga=Ga;
end
clear Ga;
% figure();
% colormap(jet);
% colorbar;
% imagesc(row_vector,col_vector,stretched_Ga);
% clear Ga;
% xlabel('\rightarrow\itRange in meters');
% ylabel('\itAzimuth in meters\leftarrow');
% title('Stripmap SAR after range and azimuth compression');
```

```
% colorbar;
%%%============End of SAR Imaging============

%%%===========Start of ISAR Refocusing===========
fmin = Fc - Br/2;
fmax = Fc + Br/2;
%%Generante equivalent ISAR echo
slow_sub_cells = 1:Nslow;
fast_sub_cells = 1:Nfast;
Nslow_ISAR=length(slow_sub_cells);
Nfast_ISAR=length(fast_sub_cells);
PRT_ISAR=(sn_vector(Nslow)-sn_vector(1))/(Nslow_ISAR-1);
PRF_ISAR=1/PRT_ISAR;
sn_vector_ISAR=sn_vector(1):PRT_ISAR:sn_vector(Nslow);
fstep_ISAR = (fmax-fmin)/(Nfast_ISAR-1);
f_vector_ISAR = fmin:fstep_ISAR:fmax;
f_array_ISAR = ones(Nslow_ISAR,1) * f_vector_ISAR;
filedata=fft2(Sa(slow_sub_cells,fast_sub_cells));
filedata= fftshift(filedata);       % equivalent ISAR echo transformed
from SAR subimage
clear Sa;
%%Estimate optimum values of target's radial velocity, acceleration and
perform compensation
if estimating_radial_parameters_method_flag==1
    %choosing optimization method based on ICBA
    %Estimate intital values of target's radial velocity and acceleration
    [beta_init, gamma_init] = pre_est(filedata, Fsr, C, PRT_ISAR,
Nslow_ISAR, Nfast_ISAR, sn_vector_ISAR, f_vector_ISAR, fstep_
ISAR, fmin);
    %Estimate optimum values
    options_contr = optimset('TolX', 1e-7, 'MaxFunEvals', 1000,
'MaxIter',1000);
```

```
    [param_output fval exitflag] = fminsearch(@im_con_radial_movement,[beta_init,gamma_init],options_contr,filedata,sn_vector_ISAR,fstep_ISAR,fmin);
    beta=param_output(1);
    gamma=param_output(2);
else                                   %choosing exhaustion method based on ICBA
    beta_vector=-20:1:20;
    gamma_vector=-5:1:5;
    IC_array=zeros(length(beta_vector), length(gamma_vector));
    beta_i=1;
    for beta=beta_vector
        gamma_j=1;
        for gamma=gamma_vector
            IC_array(beta_i, gamma_j)=im_con_radial_movement([beta,gamma],filedata,sn_vector_ISAR,fstep_ISAR,fmin);
            gamma_j=gamma_j+1;
        end
        beta_i=beta_i+1;
    end
    IC_min=min(min(IC_array));
    [IC_min_row_no, IC_min_col_no]=find(IC_array==IC_min);
    beta=beta_vector(IC_min_row_no);
    gamma=gamma_vector(IC_min_col_no);
end
filedata=mocomp(filedata,beta,gamma,0,sn_vector_ISAR,fstep_ISAR,fmin,lambda);         %perform compensation
%%Time windowing
if time_windowing_method_flag==1          % processing with Marco Martorella's ICBA method
    %Estimate the center moment of time window
    if estimating_slow_time_window_moments_number_method_flag==1 || estimating_slow_time_window_moments_number_method_flag==2
```

```
        if mod(round(Nslow_ISAR/4),2)==0            %set the initial
value of slow_time_window_moments_number to about Nslow_ISAR/4
            temp_even=round(Nslow_ISAR/4);
        else
            temp_even=round(Nslow_ISAR/4)+1;
        end
        slow_time_window_moments_number_init=temp_even;
        temp_contrast_vector=zeros(1,length(temp_even/2+1:1:Nslow
_ISAR-temp_even/2));
        temp_j=1;
        for temp_i=temp_even/2+1:1:Nslow_ISAR-temp_even/2
            temp_contrast_vector(temp_j)=im_con_windowing([temp_i
temp_even],filedata);
            temp_j=temp_j+1;
        end
        [temp_min,center_slow_time_moment_index]=min(temp_
contrast_vector);
        center_slow_time_moment_index=center_slow_time_moment_
index+temp_even/2;
    end
    %Estimate the numbers of time window's moments
    if estimating_slow_time_window_moments_number_method_flag==1

slow_time_window_moments_number=slow_time_window_moments_
number_computing(filedata,center_slow_time_moment_index,Nslow_
ISAR);
    elseif estimating_slow_time_window_moments_number_method_flag==2
        temp_max=-1e10;
        for temp_i=5:1:min(center_slow_time_moment_index-1,Nslow
_ISAR-center_slow_time_moment_index)
            temp_con=-im_con_windowing([center_slow_time_moment_
index temp_i*2],filedata);
```

```
            contrast_base=-im_con_windowing([center_slow_time_
moment_index temp_even],filedata);
            alpha=1;
            temp_con=alpha*temp_con/contrast_base+(1-alpha)*
(temp_i*2)/temp_even;
            if temp_con>temp_max
                temp_max=temp_con;
                slow_time_window_moments_number=temp_i*2;
            end
        end
    else
        slow_time_window_moments_number=Nslow_ISAR;
    end
else                                    %processing with ZP's method
    variance_sorted_range_cell_indexs=range_cell_indexs_sorting(filedata);
    exit_flag=false;
    normal=false;
    temp_i=1;
    while exit_flag==false
        temp_col_index=variance_sorted_range_cell_indexs(temp_i);
        g_win=tftb_window(15,'Kaiser');
        h_win=tftb_window(63,'Kaiser');
[SPWVD,SP_tpie,SP_f]=tfrspwv(filedata(:,temp_col_index),1:Nslow_
ISAR,Nslow_ISAR,g_win,h_win,0);    %SPWVD是一个矩阵,列对应
某一时刻,行对应某一频率
                                          %SP_f是一个列矢量
                                          %[频率1
                                          %频率2
                                          %频率3
                                          %.....]
                                          %SP_tpie是一个行矢量
                                          %[时刻1 时刻2 时刻3 .....]
```

```
        SPWVD=fftshift(SPWVD,1);    %将零频分量放在中间,1 表示对行进行交换,将第 1 行换到中间行……
        f_vector=(SP_f-0.25) * PRF_ISAR;
        SP_f_temp_array=f_vector * ones(1,Nslow_ISAR);
        SPWVD_f_vector=[];
        [max_abs_SPWVD max_abs_SPWVD_index] = max(abs(SPWVD));    %按列挑选出每列模的最大值放在 max_abs_SPWVD 中构成矢量,每列中最大值的行序号放到 max_abs_SPWVD_index 中构成矢量
        clear SPWVD;
        for temp_j=1:Nslow_ISAR
            SPWVD_f_vector=[SPWVD_f_vector SP_f_temp_array(max_abs_SPWVD_index(temp_j),temp_j)];    %SPWVD_f_vector 最开始为空,每次循环增加当前时刻 SPWVD 当前列模最大单元对应的频率
        end
        clear SP_f_temp_array;
        %判断 SPWVD_f_vector 中 5 Hz 分量与直流分量的比例
        SPWVD_f_vector_fft=fft(SPWVD_f_vector);
        temp_fre_resolution=1/(Nslow_ISAR * PRT_ISAR);
        temp_index=ceil(5/temp_fre_resolution);
        temp_ratio = abs(SPWVD_f_vector_fft(temp_index))/abs(SPWVD_f_vector_fft(1));
        threshold1=0.05;
        if temp_ratio<threshold1
            exit_flag=true;
            normal=true;
        end
        if temp_i>Nslow_ISAR/100
            exit_flag=true;
        end
        temp_i=temp_i+1;
    end
    if normal==true
```

```
    temp_c = polyfit(sn_vector_ISAR, SPWVD_f_vector, 2); %对
SPWVD_f_vector进行平滑
    SPWVD_f_vector = polyval(temp_c, sn_vector_ISAR, 1);
    figure();
    plot(sn_vector_ISAR,SPWVD_f_vector);
    SPWVD_f_vector_diff=diff(SPWVD_f_vector);
    SPWVD_f_vector_diff_abs=abs(SPWVD_f_vector_diff);
    [temp_diff_min, temp_index]=min(SPWVD_f_vector_diff_abs);
    center_slow_time_moment_index=temp_index;
    temp_left_index=temp_index;
    temp_right_index=temp_index;
    threshold2=temp_fre_resolution * 10;
    temp_j=1;
    exit_flag=false;
    while center_slow_time_moment_index-temp_j>=1 && exit_flag
==false
        temp_left_index=temp_left_index-1;
        if abs(SPWVD_f_vector(center_slow_time_moment_index)-SPWVD
_f_vector(temp_left_index))<=threshold2
            temp_j=temp_j+1;
        else
            exit_flag=true;
        end
    end
    temp_j=1;
    exit_flag=false;
    while center_slow_time_moment_index+temp_j<=Nslow_ISAR
&& exit_flag==false
        temp_right_index=temp_right_index+1;
        if abs(SPWVD_f_vector(center_slow_time_moment_index)-
SPWVD_f_vector(temp_right_index))<=threshold2
            temp_j=temp_j+1;
```

```
            else
                exit_flag=true;
            end
        end
        slow_time_window_moments_number=temp_right_index-temp_
left_index+1;
        if mod(slow_time_window_moments_number,2)==1
            slow_time_window_moments_number=slow_time_window_
moments_number-1;
            temp_right_index=temp_right_index-1;
        end
        center_slow_time_moment_index=(temp_right_index+temp_left
_index-1)/2+1;
    else
        slow_time_window_moments_number=Nslow_ISAR;
    end
end
if slow_time_window_moments_number<Nslow_ISAR          %Perform
time windowing
filedata=filedata(center_slow_time_moment_index-slow_time_window_
moments_number/2:1:center_slow_time_moment_index+slow_time_
window_moments_number/2,:);

sn_vector_ISAR=sn_vector_ISAR(center_slow_time_moment_index-
slow_time_window_moments_number/2:1:center_slow_time_moment_
index+slow_time_window_moments_number/2);
    Nslow_ISAR=slow_time_window_moments_number;
    PRT_ISAR=(sn_vector_ISAR(Nslow_ISAR)-sn_vector_ISAR(1))/
(Nslow_ISAR-1);
    PRF_ISAR=1/PRT_ISAR;
end
%%Perform range-doppler imaging on time windowing ISAR echo
```

```
zero_padding_factor=1;
SS=ifft2(filedata,zero_padding_factor * Nslow_ISAR,zero_padding_factor * Nfast_ISAR);
[Icen Cm Cn]=im_cen(SS);
%%Draw ISAR refocusing result
if stretch_option==1
    global_mean=mean(mean(abs(Icen)));          %image stretching
    stretched_abs_Icen=1+ (254 * 0.33333 * stretch_scale_factor * abs(Icen).^(stretch_exp_factor))/global_mean;   %sarscape_5.1_help.pdf P710
    temp_indexs=find(stretched_abs_Icen>255);
    stretched_abs_Icen(temp_indexs)=255;       %for the values greater than 255, set them to 255
else
    stretched_abs_Icen=abs(Icen);
end
clear Icen;
%%%============End of ISAR Refocusing============
save('data.mat','Yc','Ptarget_pie','stretched_abs_Icen','-append');

/ * fty.m * /
%%FFT in row of matrix 矩阵行做 FFT: fty.m
function fs=fty(s);
fs=fftshift(fft(fftshift(s.'))).';

/ * ftx.m * /
%%FFT in column of matrix 矩阵列做 FFT:ftx.m
function fs=ftx(s);
fs=fftshift(fft(fftshift(s)));

/ * iftx.m * /
%%IFFT in column of matrix 矩阵列做 IFFT:iftx.m
```

```
function s=iftx(fs);
s=fftshift(ifft(fftshift(fs)));

/ * ifty.m * /
%%IFFT in row of matrix 矩阵行做 IFFT:ifty.m
function s=ifty(fs);
s=fftshift(ifft(fftshift(fs.'))).';

/ * im_cen.m * /
function [Icen,Cm,Cn] = im_cen(Ic)
%%% Image centering based on centroid
I = abs(Ic);
[N,M] = size(I);
MI = max(max(I));
Iz = zeros(N,M);
nze = find(I>0.1 * MI);
Iz(nze) = I(nze);
I = Iz;
Icen = Ic;
for mm = 1:2
    oM = cumsum(ones(1,M));
    Cm1 = sum(sum(I). * oM)/sum(sum(I));
    shift = -round(Cm1)+floor(M/2);
    Im1 = circshift(sum(I).',round(shift)).';
    vm1 = sum((Im1. * (oM-floor(M/2))).^2);
    Im2 = fftshift(Im1);
    vm2 = sum((Im2. * (oM-floor(M/2))).^2);
    if vm1<vm2
        Cm = Cm1;
    else
        Cm = mod(Cm1+M/2,M);
    end
```

```
    oN = cumsum(ones(1,N));
    Cn1 = sum(sum(I.').*oN)/sum(sum(I));
    shift = -round(Cn1)+floor(N/2);
    In1 = circshift(sum(I.').',shift).';
    vn1 = sum((In1.*(oN-floor(N/2))).^2);
    In2 = fftshift(In1);
    vn2 = sum((In2.*(oN-floor(N/2))).^2);
    if vn1<vn2
        Cn = Cn1;
    else
        Cn = mod(Cn1+N/2,N);
    end
    Icen = circshift(Icen,[-round(Cn)+floor(N/2),-round(Cm)+
floor(M/2)]);
    I = abs(Icen);
end
/*im_con_radial_movement.m*/
% funzione CONTRASTOBETAGAMMA: definisco la funzione da massimizzare
function contr=im_con_radial_movement(x,srx,t,fstep,fmin)
c=3e8;
[M,N]=size(srx);
fmax=(N-1)*fstep+fmin;
f=linspace(fmin,fmax,N).'; %frequency in range direction, not in
azimuth direction
% generates radial motion compensation matrix in the (f,t) domain with
the passed radial motion parameters
H = exp(sqrt(-1)*4*pi*f*(x(1)*t(1:M)+x(2)*t(1:M).^2)/c);
immag=srx.*H.'; %radial motion compensation
im=ifft2(immag); %% image formation via 2D-fft
I=mean2(abs(im));
con=sqrt(mean2((abs(im)-I).^2))/I; % image contrast
```

```
contr=-con; % transform a gain function into a cost function

/ * im_con_windowing.m * /
function contr=im_con_windowing(para_windowing_vector,para_data_
array)
if mod(para_windowing_vector(2),2)==1 % to guarentee para_
windowing_vector(2) is an even number
    para_windowing_vector(2)=para_windowing_vector(2)+1;
end
data_array_sub=para_data_array(para_windowing_vector(1)-para_
windowing_vector(2)/2:1:para_windowing_vector(1)+para_windowing
_vector(2)/2,:);     %para_windowing_vector(1): the index of center
slow-time moment in window, para_windowing_vector(2): the number
of slow-time moments in window
im=ifft2(data_array_sub); %% image formation via 2D-fft
I=mean2(abs(im));
con=sqrt(mean2((abs(im)-I).^2))/I;     % image contrast
contr=-con;     % transform a gain function into a cost function

/ * mocomp.m * /
function segnale=mocomp(srx,beta,gamma,delta,t,fstep,fmin,lambda)
[N,M]=size(srx);
c=3e8;
fmax=(M-1) * fstep+fmin;
f=linspace(fmin,fmax,M);
H=zeros(N,M);
for n=1:N
    for m=1:M
        H(n,m)=exp(j * 4 * pi * f(m) * (beta * t(n)+gamma * (t(n))^2
+delta * (t(n))^3)/c);
    end
end
```

```
segnale=srx.*H;

/*pre_est.m*/
%% radial velocity estimation via radon transform
%------------------------
% This sub-routine provides an estimate for the radial velocity and
% acceleration to be used to initialize the ICBA algorithm
%------------------------
function [betaapp gammaapp]=pre_est(filedata, Fsr, C, PRT, Nslow,
Nfast, t, f, fstep, fmin)
trasf=fft(filedata.');
%trasf=ifft(filedata.');
massimo=max(max(abs(trasf)));
trasf1=abs(trasf);
mask=trasf1>0.5*massimo;
trasf2=mask.*trasf1;
%trasf2=trasf1;
figure();
colormap(gray(256));
imagesc(trasf2);
%axis([1 Nslow 630 670]);
cita_vector = 0:0.1:179;
r = radon(trasf2,cita_vector);
% slope estimation
[mar indr] = max(r);
[mat indt]=max(mar);
indteta = cita_vector(indt)-90;
teta_rad = indteta/180*pi;
dtao = 1/Fsr;
betaapp=C*dtao*tan(teta_rad)/(2*PRT);     % radial velocity estimate
% radial acceleration estimation
%presize = min([32,N,M]);                 %data size reduction
```

```
presize = min([Nslow,Nfast]);    %zp modify
sr_red=filedata(1:presize,1:presize);
[Nt,Nf]=size(sr_red);
t1=t(1:Nt);                % time vector for size-reduced data
f1=f(1:Nf);                % frequency vector for size-reduced data
gm = 5;                  % range of tested radial accelerations [-gm gm]
Nc = 100;        % number of accelerations tested within the range [-gm gm]
vettgamma=linspace(-gm,gm,Nc);       % acceleration vector
contr = zeros(1,Nc);
for n=1:Nc
    gammav=vettgamma(n);
    contr(n)=im_con_radial_movement([betaapp,gammav],sr_red,t1,
fstep,fmin); % calculates the IC for each value of the radial acceleration
end
[maxcontr indcon] = min(contr);       % finds the max of the IC
gammaapp=vettgamma(indcon);          % radial acceleration estimate
```

```
/ * Radar_Scatter_Distance_Computing.m * /
function [distance_vector, radar_scatter_deviation_in_x_diretion_vector]
=Radar_Scatter_Distance_Computing(p_x0, p_y0, p_z0, p_X0, p_Y0,
p_Z0,p_Vs0, p_As, p_heading_angle, p_slow_time_vector, p_b_array,
p_a_3D_array, p_Vr, p_H)
%p_x0, p_y0, p_z0: Coordinates of scatter in Esb
%p_X0, p_Y0, p_Z0: At central moment, coordinates of ship's rotation
center in Er
%p_Vs0, p_As, p_heading_angle: Ship's velocity at central moment,
ship's acceleration, ship's heading angle deviated from X positive axis
%p_slow_time_vector: Vector of slow time
%p_b_array: Rotation array b [b11 b12 b13;b21 b22 b23;b31 b32 b33]
%p_a_3D_array: Rotation array a [a11 a12 a13;a21 a22 a23;a31 a32 a33]
at t0, [a11 a12 a13;a21 a22 a23;a31 a32 a33] at t1, ...
%p_Vr, p_H: Platform's velocity, platform's height
```

```
Vsx=p_Vs0 * cos(p_heading_angle);
Vsy=p_Vs0 * sin(p_heading_angle);
Vsz=0;
Asx=p_As * cos(p_heading_angle);
Asy=p_As * sin(p_heading_angle);
Asz=0;
temp_X0_vector=p_X0+Vsx * p_slow_time_vector+0.5 * Asx * p_slow_time_vector.^2;
temp_Y0_vector=p_Y0+Vsy * p_slow_time_vector+0.5 * Asy * p_slow_time_vector.^2;
temp_Z0_vector=p_Z0+Vsz * p_slow_time_vector+0.5 * Asz * p_slow_time_vector.^2;
temp_len=length(p_slow_time_vector);
distance_vector=zeros(1, temp_len);
radar_scatter_deviation_in_x_diretion_vector=zeros(1, temp_len);
for temp_i=1:1:temp_len
    temp_a_array=p_a_3D_array(:,:,temp_i);
    temp_vector=[temp_X0_vector(temp_i) temp_Y0_vector(temp_i) temp_Z0_vector(temp_i)]'+p_b_array * temp_a_array * [p_x0 p_y0 p_z0]'-[p_Vr * p_slow_time_vector(temp_i) 0 p_H]';
    distance_vector(temp_i)=norm(temp_vector);
    radar_scatter_deviation_in_x_diretion_vector(temp_i)=temp_vector(1);
end

/ * range_cell_indexs_sorting.m * /
function variance_sorted_range_cell_indexs=range_cell_indexs_sorting(p_data_array)    %p_data_array:行表示方位向,列表示距离向
temp_amplitude_mean_vector=mean(abs(p_data_array));    %按列平均,求各距离单元的均值
temp_power_mean_vector=mean((abs(p_data_array)).^2);
temp_vector=1-temp_amplitude_mean_vector.^2./temp_power_mean_vector;    %按列求各距离单元的方差
```

```
[temp_sorted_vector,variance_sorted_range_cell_indexs]=sort(temp_
vector);    %将各距离单元的方差从小到大排列

/* Read_Targets_Info.m */
function [Ntarget, Ptarget]=Read_Targets_Info(p_filename)
%positions and reflectivities of targets,format:[x, y, z, reflectivity]
fid = fopen(p_filename);
Ntarget = 0;
cur_line = fgetl(fid);
while ischar(cur_line)
    Ntarget = Ntarget + 1;
    temp_index_vector = findstr(cur_line,',');
    Ptarget(Ntarget, 1) = str2num(cur_line(1:temp_index_vector(1) - 1));
    Ptarget(Ntarget, 2) = str2num(cur_line(temp_index_vector(1) + 1:
temp_index_vector(2) - 1));
    Ptarget(Ntarget, 3) = str2num(cur_line(temp_index_vector(2) + 1:
temp_index_vector(3) - 1));
    Ptarget(Ntarget, 4) = str2num(cur_line(temp_index_vector(3) + 1:
length(cur_line)));
    cur_line = fgetl(fid);
end
fclose(fid);

/* Rot_Matrix_Getting.m */
function [rot_matrix]=Rot_Matrix_Getting(p_yaw, p_pitch, p_roll)
a11=cos(p_pitch)*cos(p_yaw);
a12=-cos(p_pitch)*sin(p_yaw);
a13=sin(p_pitch);
a21=sin(p_roll)*sin(p_pitch)*cos(p_yaw)+cos(p_roll)*sin(p_yaw);
a22=-sin(p_roll)*sin(p_pitch)*sin(p_yaw)+cos(p_roll)*cos(p_yaw);
a23=-sin(p_roll)*cos(p_pitch);
a31=-cos(p_roll)*sin(p_pitch)*cos(p_yaw)+sin(p_roll)*sin(p_yaw);
```

```
a32=cos(p_roll) * sin(p_pitch) * sin(p_yaw)+sin(p_roll) * cos(p_yaw);
a33=cos(p_roll) * cos(p_pitch);
rot_matrix=[a11 a12 a13;a21 a22 a23;a31 a32 a33];

/ * Rotation_3D_Array_A_Computing.m * /
function [Rotation_3D_Array_A]=Rotation_3D_Array_A_Computing(p_
A_yaw, p_T_yaw, p_Cita_yaw, p_A_pitch, p_T_pitch, p_Cita_pitch, p
_A_roll, p_T_roll, p_Cita_roll, p_slow_time_vector)
%p_A_yaw, p_T_yaw, p_Cita_yaw: Cosine parameters of yaw angle
%p_A_pitch, p_T_pitch, p_Cita_pitch: Cosine parameters of pitch angle
%p_A_roll, p_T_roll, p_Cita_roll: Cosine parameters of roll angle
%p_slow_time_vector: Vector of slow time
if isinf(p_T_yaw)==0
yaw_vector=p_A_yaw * p_T_yaw/(2 * pi) * (sin(2 * pi/p_T_yaw * p_
slow_time_vector+p_Cita_yaw)-sin(p_Cita_yaw));
else
    yaw_vector=p_A_yaw * cos(p_Cita_yaw) * p_slow_time_vector;
end
if isinf(p_T_pitch)==0

pitch_vector=p_A_pitch * p_T_pitch/(2 * pi) * (sin(2 * pi/p_T_pitch * p_
slow_time_vector+p_Cita_pitch)-sin(p_Cita_pitch));
else
    pitch_vector=p_A_pitch * cos(p_Cita_pitch) * p_slow_time_vector;
end
if isinf(p_T_roll)==0

roll_vector=p_A_roll * p_T_roll/(2 * pi) * (sin(2 * pi/p_T_roll * p_slow_
time_vector+p_Cita_roll)-sin(p_Cita_roll));
else
    roll_vector=p_A_roll * cos(p_Cita_roll) * p_slow_time_vector;
end
```

```
temp_len=length(p_slow_time_vector);
Rotation_3D_Array_A=zeros(3,3,temp_len);
for temp_i=1:1:temp_len
    Rotation_3D_Array_A(:,:,temp_i)=Rot_Matrix_Getting(yaw_
vector(temp_i), pitch_vector(temp_i), roll_vector(temp_i));
end

/* slow_time_window_moments_number_computing.m */
function rtn_number=slow_time_window_moments_number_computing
(para_data_array,para_center_index,para_nslow)
step_value=5;
cur_window_moments_number=2*step_value;
IC_pre=-im_con_windowing([para_center_index cur_window_moments
_number],para_data_array);
cur_window_moments_number=cur_window_moments_number+2*
step_value;
IC_cur=-im_con_windowing([para_center_index cur_window_moments
_number],para_data_array);
if IC_cur>IC_pre
   IC_pre=IC_cur;
   cur_window_moments_number=cur_window_moments_number+2*
step_value;
   IC_cur=-im_con_windowing([para_center_index cur_window_
moments_number],para_data_array);
   while IC_cur>IC_pre
       IC_pre=IC_cur;
       cur_window_moments_number=cur_window_moments_number
+2*step_value;
       IC_cur=-im_con_windowing([para_center_index cur_window_
moments_number],para_data_array);
       if cur_window_moments_number>=para_nslow
           rtn_number=para_nslow;
```

```
            return;
        end
    end
    cur_window_moments_number=cur_window_moments_number-2 * step_value;
    temp_step=step_value-1;
    temp_window_moments_number=cur_window_moments_number+
2 * temp_step;
    IC_cur=-im_con_windowing([para_center_index temp_window_
moments_number],para_data_array);
    if IC_cur<IC_pre
        cur_window_moments_number=cur_window_moments_number
-2 * step_value;
    end
    IC_temp=[];
    while step_value>=1
        step_value=step_value-1;
        temp_window_moments_number=cur_window_moments_number
+2 * step_value;
        IC_temp=[IC_temp-im_con_windowing([para_center_index
temp_window_moments_number],para_data_array)];
    end
    IC_temp=flip(IC_temp);
    [IC_temp_max,max_index]=max(IC_temp);
    rtn_number=cur_window_moments_number+2 * max_index;
else
    rtn_number=para_nslow;    %abnormal case
end

/ * tfrspwv.m * /
function [tfr,t,f] = tfrspwv(x,t,N,g,h,trace);
if (nargin == 0),
 error('At least 1 parameter required');
```

```
end;
[xrow,xcol] = size(x);
if (xcol==0)|(xcol>2),
 error('X must have one or two columns');
end
if (nargin <= 2),
 N=xrow;
elseif (N<0),
 error('N must be greater than zero');
elseif (2^nextpow2(N)~=N),
% fprintf('For a faster computation, N should be a power of two\n');
end;
hlength=floor(N/4); hlength=hlength+1-rem(hlength,2);
glength=floor(N/10);glength=glength+1-rem(glength,2);
if (nargin == 1),
 t=1:xrow; g = window(glength); h = window(hlength); trace = 0;
elseif (nargin == 2)|(nargin == 3),
 g = window(glength); h = window(hlength); trace = 0;
elseif (nargin == 4),
 h = window(hlength); trace = 0;
elseif (nargin == 5),
 trace = 0;
end;
[trow,tcol] = size(t);
if (trow~=1),
 error('T must only have one row');
end;
[grow,gcol]=size(g); Lg=(grow-1)/2; % g=g/sum(g);
if (gcol~=1)|(rem(grow,2)==0),
 error('G must be a smoothing window with odd length');
end;
[hrow,hcol]=size(h); Lh=(hrow-1)/2; h=h/h(Lh+1);
```

```
if (hcol~=1)|(rem(hrow,2)==0),
  error('H must be a smoothing window with odd length');
end;
tfr= zeros (N,tcol);
if trace, disp('Smoothed pseudo Wigner-Ville distribution'); end;
for icol=1:tcol,
 ti= t(icol); taumax=min([ti+Lg-1,xrow-ti+Lg,round(N/2)-1,Lh]);
%  if trace, disprog(icol,tcol,10); end;
 points= -min([Lg,xrow-ti]):min([Lg,ti-1]);
 g2=g(Lg+1+points); g2=g2/sum(g2);
 tfr(1,icol)= sum(g2 .* x(ti-points,1) .* conj(x(ti-points,xcol)));
 for tau=1:taumax,
  points=-min([Lg,xrow-ti-tau]):min([Lg,ti-tau-1]);
  g2=g(Lg+1+points); g2=g2/sum(g2);
  R=sum(g2 .* x(ti+tau-points,1) .* conj(x(ti-tau-points,xcol)));
  tfr(1+tau,icol)=h(Lh+tau+1) * R;
  R=sum(g2 .* x(ti-tau-points,1) .* conj(x(ti+tau-points,xcol)));
  tfr(N+1-tau,icol)=h(Lh-tau+1) * R;
 end;
 tau=round(N/2);
 if (ti<=xrow-tau)&(ti>=tau+1)&(tau<=Lh),
  points=-min([Lg,xrow-ti-tau]):min([Lg,ti-tau-1]);
  g2=g(Lg+1+points); g2=g2/sum(g2);
  tfr(tau+1,icol) = 0.5 * ...
   (h(Lh+tau+1) * sum(g2 .* x(ti+tau-points,1) .* conj(x(ti-
tau-points,xcol)))+...
    h(Lh-tau+1) * sum(g2 .* x(ti-tau-points,1) .* conj(x(ti+
tau-points,xcol))));
 end;
end;
if trace, fprintf('\n'); end;
tfr= fft(tfr);
```

```
% if (xcol==1), tfr=real(tfr); end;
 if (nargout==3),
 f=(0.5 * (0:N-1)/N)' ;
end;

/ * tftb_window.m * /
function h=tftb_window(N,name,param,param2);
if (nargin==0), error ( 'at least 1 parameter is required' ); end;
if (N<=0), error('N should be strictly positive.' ); end;
if (nargin==1), name= 'Hamming' ; end;
name=upper(name);
if strcmp(name,'RECTANG' ) | strcmp(name,'RECT' ),
 h=ones(N,1);
elseif strcmp(name,'HAMMING' ),
 h=0.54-0.46 * cos(2.0 * pi * (1:N)' /(N+1));
elseif strcmp(name,'HANNING' ) | strcmp(name,'HANN' ),
 h=0.50-0.50 * cos(2.0 * pi * (1:N)' /(N+1));
elseif strcmp(name,'KAISER' ),
 if (nargin==3), beta=param; else beta=3.0 * pi; end;
 ind=(-(N-1)/2:(N-1)/2)' * 2/N; beta=3.0 * pi;
 h=besselj(0,j * beta * sqrt(1.0-ind.^2))/real(besselj(0,j * beta));
elseif strcmp(name,'NUTTALL' ),
 ind=(-(N-1)/2:(N-1)/2)' * 2.0 * pi/N;
 h=+0.3635819 ...
     +0.4891775 * cos(       ind) ...
     +0.1363995 * cos(2.0 * ind) ...
     +0.0106411 * cos(3.0 * ind);
elseif strcmp(name,'BLACKMAN' ),
 ind=(-(N-1)/2:(N-1)/2)' * 2.0 * pi/N;
 h= +0.42 + 0.50 * cos(ind) + 0.08 * cos(2.0 * ind) ;
elseif strcmp(name,'HARRIS' ),
 ind=(1:N)' * 2.0 * pi/(N+1);
```

```
  h=+0.35875 ...
   -0.48829  * cos(       ind) ...
   +0.14128  * cos(2.0 * ind) ...
   -0.01168  * cos(3.0 * ind);
elseif strcmp(name,'BARTLETT') | strcmp(name,'TRIANG'),
  h=2.0 * min((1:N),(N:-1:1))'/(N+1);
elseif strcmp(name,'BARTHANN'),
  h=0.38 *  (1.0-cos(2.0 * pi * (1:N)/(N+1))') ...
    + 0.48 *  min((1:N),(N:-1:1))'/(N+1);
elseif strcmp(name,'PAPOULIS'),
  ind=(1:N)' * pi/(N+1); h=sin(ind);
elseif strcmp(name,'GAUSS'),
  if (nargin==3), K=param; else K=0.005; end;
  h= exp(log(K) *  linspace(-1,1,N)'.^2 );
elseif strcmp(name,'PARZEN'),
  ind=abs(-(N-1)/2:(N-1)/2)' * 2/N; temp=2 * (1.0-ind).^3;
  h= min(temp-(1-2.0 * ind).^3,temp);
elseif strcmp(name,'HANNA'),
  if (nargin==3), L=param; else L=1; end;
  ind=(0:N-1)';h=sin((2 * ind+1) * pi/(2 * N)).^(2 * L);
elseif strcmp(name,'DOLPH') | strcmp(name,'DOLF'),
  if (rem(N,2)==0), oddN=1; N=2 * N+1; else oddN=0; end;
  if (nargin==3), A=10^(param/20); else A=1e-3; end;
  K=N-1; Z0=cosh(acosh(1.0/A)/K); x0=acos(1/Z0)/pi; x=(0:K)/N;
  indices1=find((x<x0)|(x>1-x0));
  indices2=find((x>=x0)&(x<=1-x0));
  h(indices1)= cosh(K * acosh(Z0 * cos(pi * x(indices1))));
  h(indices2)= cos(K * acos(Z0 * cos(pi * x(indices2))));
  h=fftshift(real(ifft(A * real(h))));h=h'/h(K/2+1);
  if oddN, h=h(2:2:K); end;
elseif strcmp(name,'NUTBESS'),
  if (nargin==3), beta=param; nu=0.5;
```

```
 elseif (nargin==4), beta=param; nu=param2;
 else beta=3 * pi; nu=0.5;
 end;
 ind=(-(N-1)/2:(N-1)/2)' * 2/N;
 h=sqrt(1-ind.^2).^nu .* ...
   real(besselj(nu,j * beta * sqrt(1.0-ind.^2)))/real(besselj(nu,j *
beta));
elseif strcmp(name,'SPLINE'),
 if (nargin < 3),
  error('Three or four parameters required for spline windows');
 elseif (nargin==3),
  nfreq=param; p=pi * N * nfreq/10.0;
 else nfreq=param; p=param2;
 end;
  ind=(-(N-1)/2:(N-1)/2)';
  h=sinc((0.5 * nfreq/p) * ind) .^ p;
elseif strcmp(name,'FLATTOP'),
 ind=(-(N-1)/2:(N-1)/2)' * 2.0 * pi/(N-1);
 h=+0.2810639 ...
     +0.5208972 * cos(      ind) ...
     +0.1980399 * cos(2.0 * ind) ;
else error('unknown window name');
end;
```

第四节　基于 SAR/ISAR 联合处理的实测数据成像

为了验证基于 SAR/ISAR 联合处理成像方法的有效性，本节分别对高分三号卫星、TerraSAR-X 卫星的实测数据进行了成像处理。

一、高分三号卫星实测数据重聚焦处理

将 GF3_KAS_FSII_028404_E119.7_N38.1_20220101_L1A_VHVV_

L10006186827 文件作为输入，由实测数据生成的实际 SAR 图像如图 5-6(a)所示，生成的原始 SAR 图像如图 5-6(b)所示，经过重聚焦处理后的仿真结果如图 5-6(c)所示。

(a)实测数据生成的实际 SAR 图像

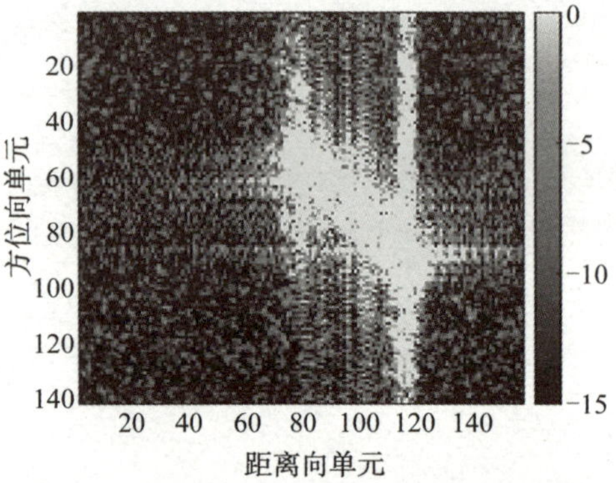

(b)原始 SAR 图像

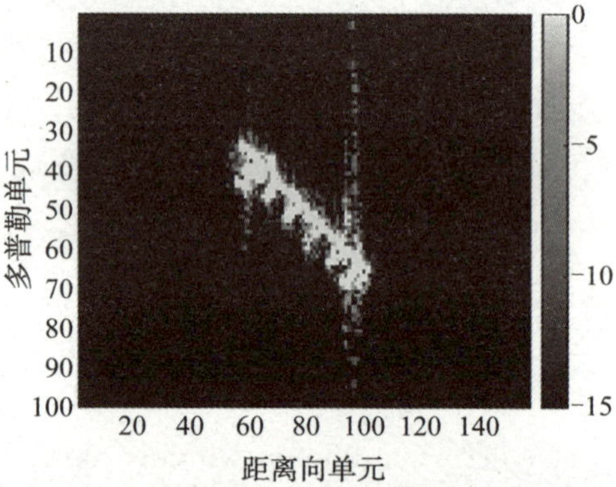

(c)重聚焦图像

图 5-6 第一组高分三号卫星实测数据处理

将 GF3_KRN_FSI_023905_E120.7_N38.5_20210223_L1A_VHVV_L10005497937 文件作为输入，由实测数据生成的实际 SAR 图像如图 5-7(a)所示，生成的原始 SAR 图像如图 5-7(b)所示，经过重聚焦处理后的仿真结果如图 5-7(c)所示。

(a) 实测数据生成的实际 SAR 图像

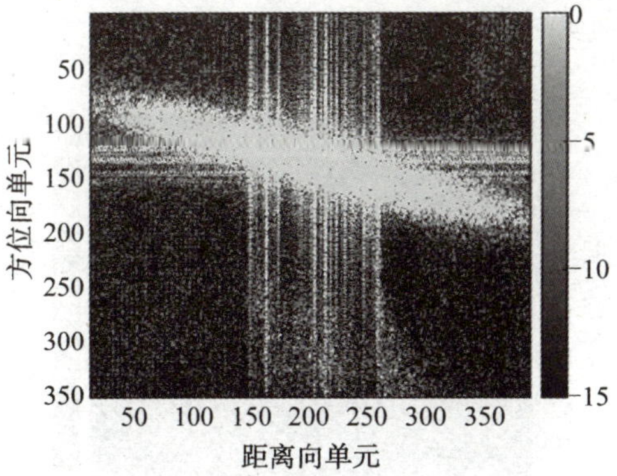

(b)原始 SAR 图像

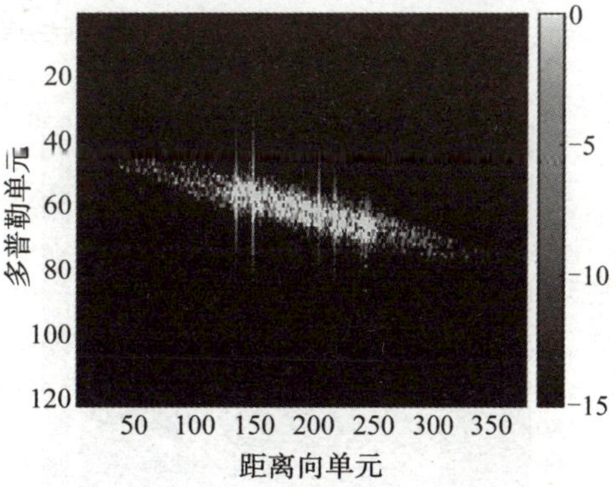

(c)重聚焦图像

图 5-7　第二组高分三号卫星实测数据处理

将 GF3_MYN_UFS_029664_E118.2_N24.0_20220329_L1A_DH_L10006378916 文件作为输入，由实测数据生成的实际 SAR 图像如图 5-8(a)所示，生成的原始 SAR 图像如图 5-8(b)所示，经过重聚焦处理后的仿真结果如图 5-8(c)所示。

(a)实测数据生成的实际 SAR 图像

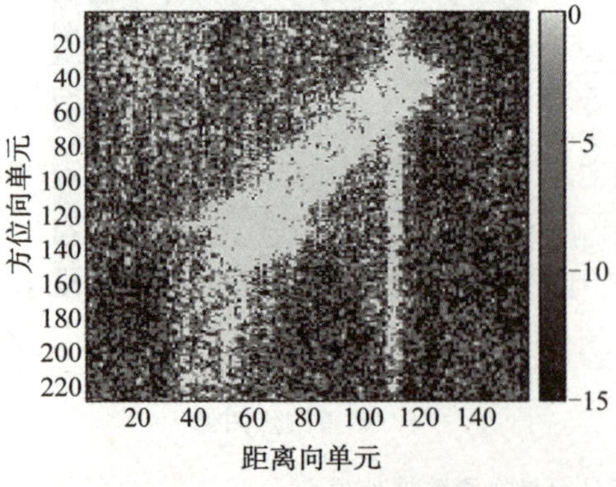

(b)原始 SAR 图像

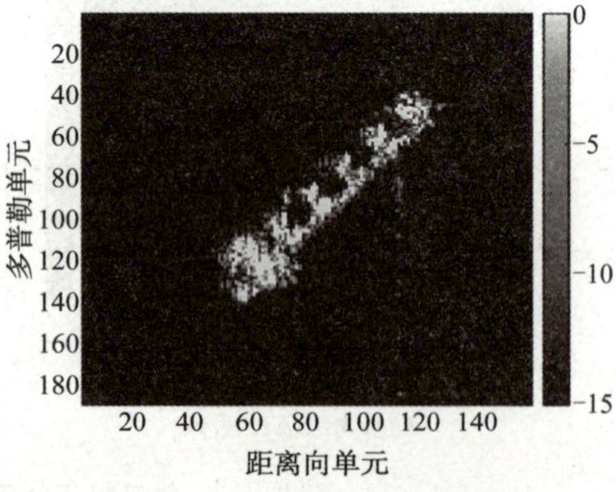

(c)重聚焦图像

图 5-8　第三组高分三号卫星实测数据处理

将 GF3_SAY_QPSI_029239_E121.9_N26.8_20220228_L1A_AHV_L10006320454 文件作为输入，由实测数据生成的实际 SAR 图像如图 5-9(a)所

示，生成的原始 SAR 图像如图 5-9(b)所示，经过重聚焦处理后的仿真结果如图 5-9(c)所示。

(a)实测数据生成的实际 SAR 图像

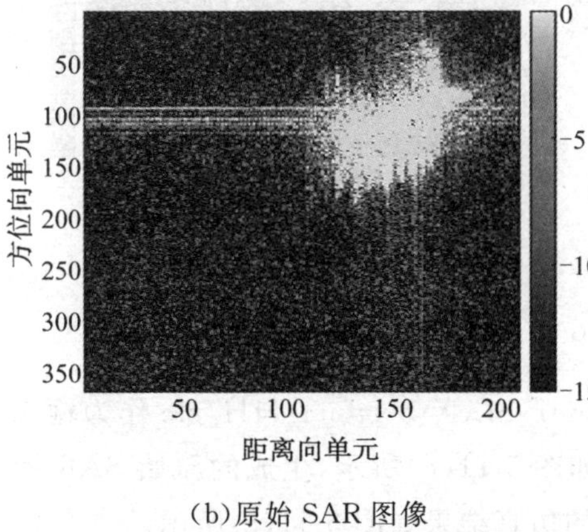

(b)原始 SAR 图像

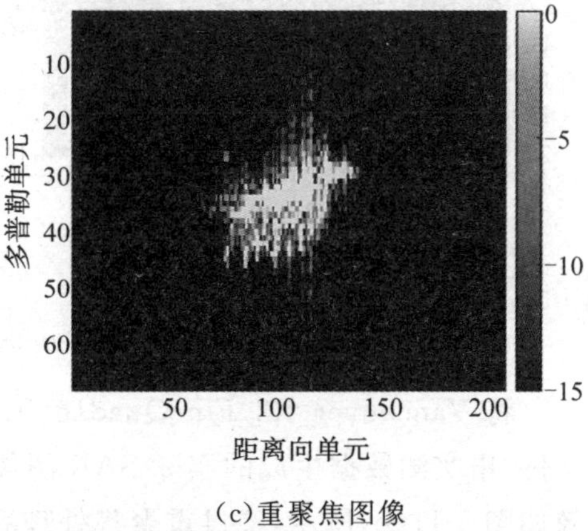

(c)重聚焦图像

图 5-9　第四组高分三号卫星实测数据处理

二、TerraSAR-X 卫星实测数据重聚焦处理

将 SAR-EDU_TSX_Data_San_Francisco\\testaaa_HH_slc 作为输入文件，由实测数据生成的实际 SAR 图像如图 5-10(a)所示，生成的原始 SAR 图像如图 5-10(b)所示，经过重聚焦处理后的仿真结果如图 5-10(c)所示。

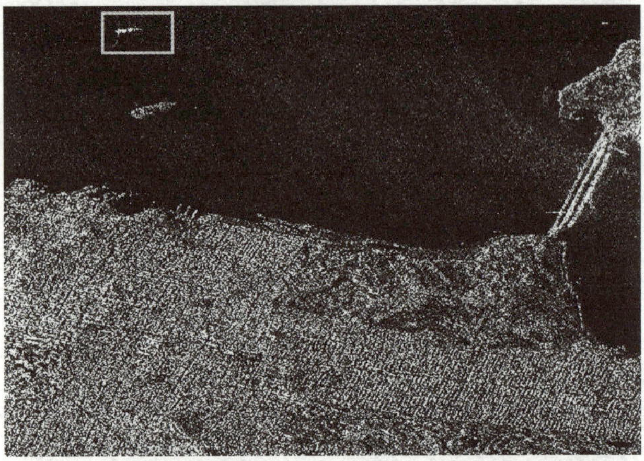

(a)实测数据生成的实际 SAR 图像

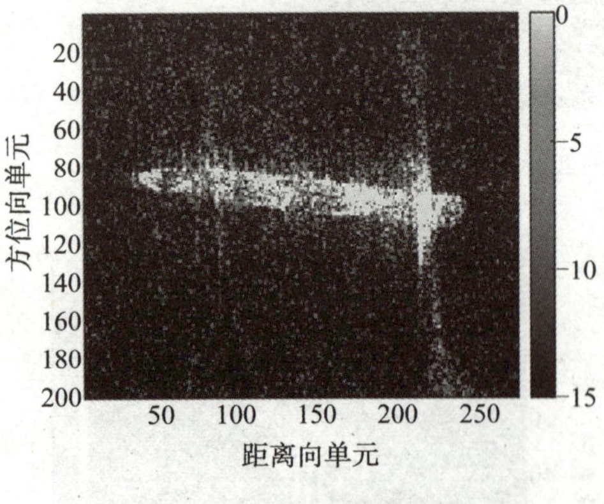

(b)原始 SAR 图像

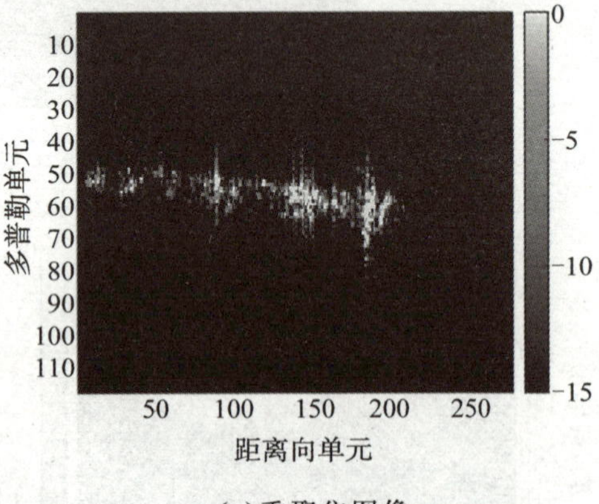

(c)重聚焦图像

图 5-10　第一组 TerraSAR-X 卫星实测数据处理

将 Vancouver_R2_FineQuad15_Frame1_SLC\\product_HH_slc 作为输入文件，由实测数据生成的实际 SAR 图像如图 5-11(a)所示，生成的原始 SAR 图像如图 5-11(b)所示，经过重聚焦处理后的仿真结果如图 5-11(c)所示。

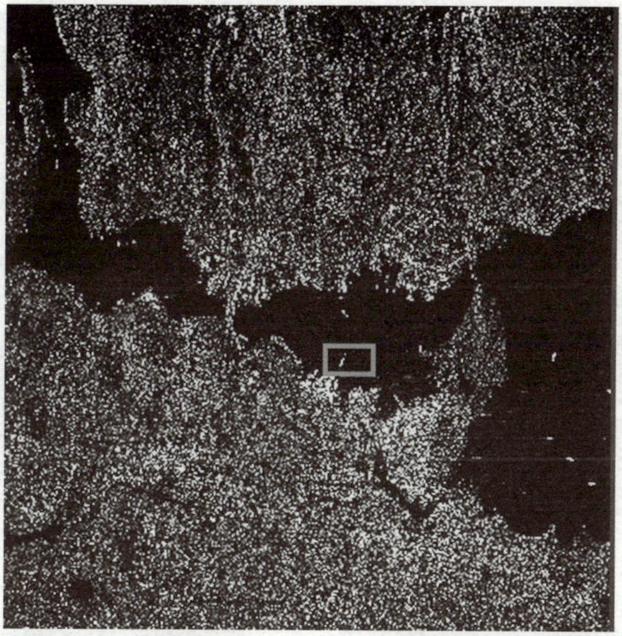

(a)实测数据生成的实际 SAR 图像

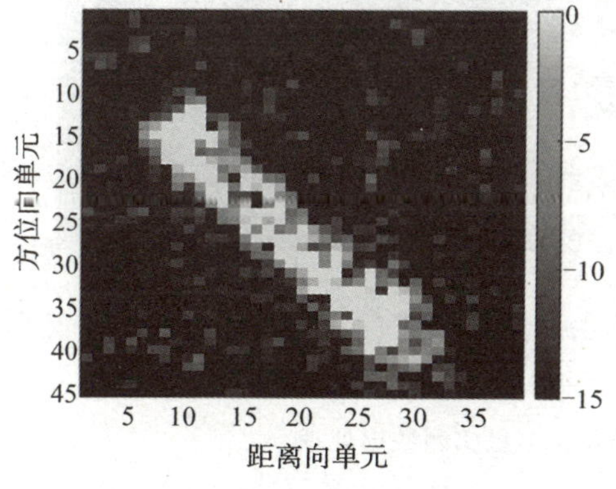

(b)原始 SAR 图像

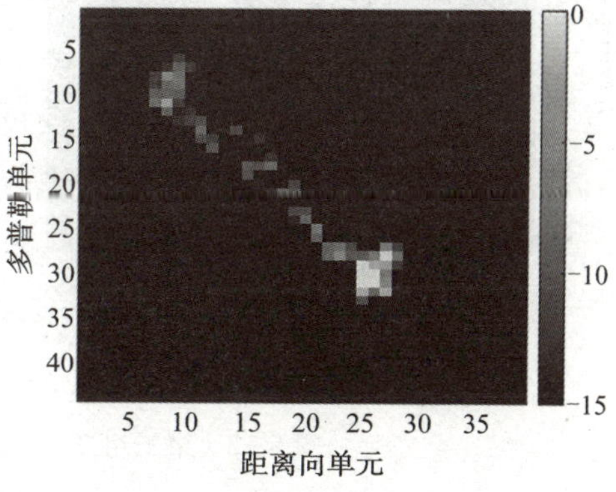

(c)重聚焦图像

图 5-11　第二组 TerraSAR-X 卫星实测数据处理

将 Vancouver_R2_FineQuad15_Frame1_SLC\\product_HH_slc 作为输入文件，由实测数据生成的实际 SAR 图像如图 5-12(a)所示，生成的原始 SAR 图像如图 5-12(b)所示，经过重聚焦处理后的仿真结果如图 5-12(c)所示。

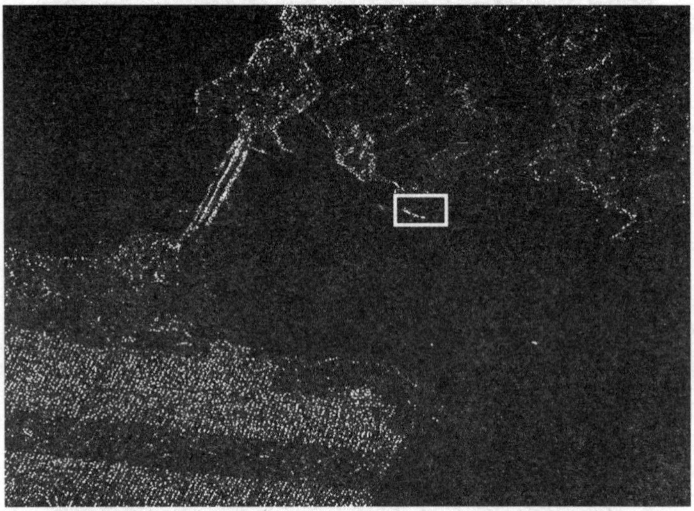

(a)实测数据生成的实际 SAR 图像

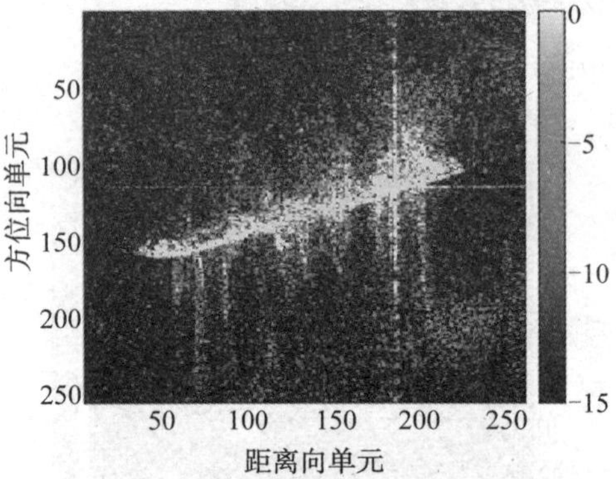

(b)原始 SAR 图像

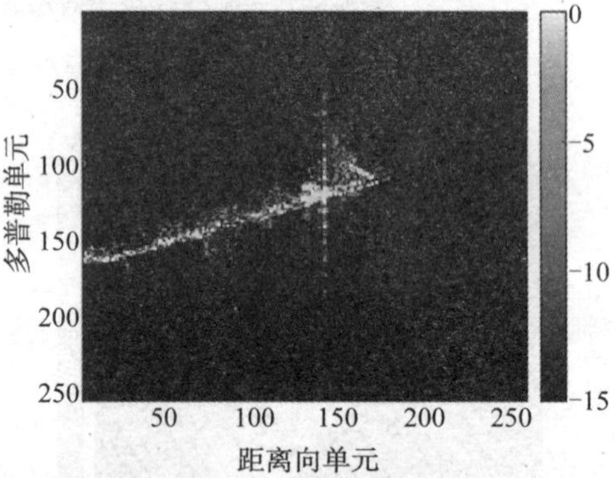

(c)重聚焦图像

图 5-12 第三组 TerraSAR-X 卫星实测数据处理

将 TSX\\tsx_small_boat_HH_slc 作为输入文件，由实测数据生成的实际 SAR 图像如图 5-13(a)所示，生成的原始 SAR 图像如图 5-13(b)所示，经过重聚焦处理后的仿真结果如图 5-13(c)所示。

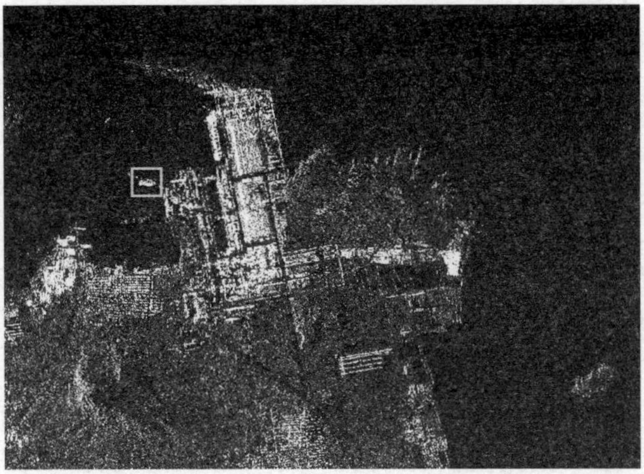

(a)实测数据生成的实际 SAR 图像

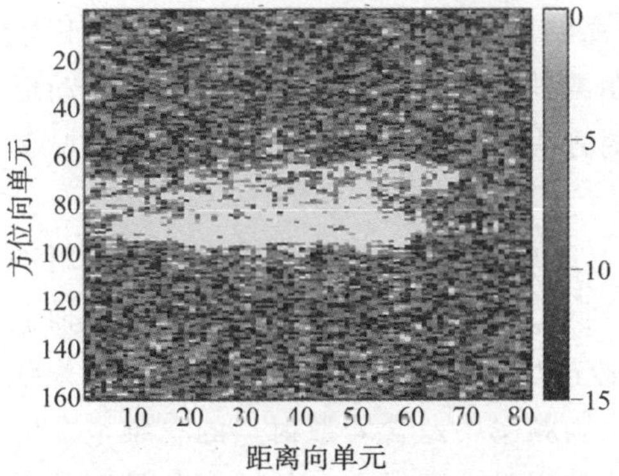

(b)原始 SAR 图像

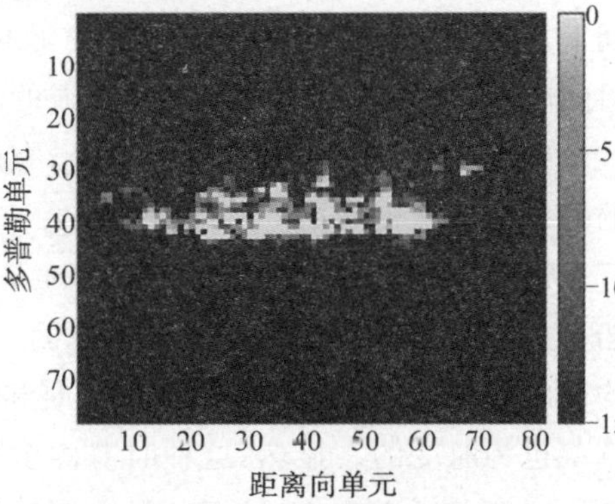

(c)重聚焦图像

图 5-13　第四组 TerraSAR-X 卫星实测数据处理

第五节　船只目标雷达成像技术展望

SAR 具有分辨率高、信噪比大等优点，利用 SAR 对海面船只目标进行探测具有明显的优势，发展 SAR 船只目标探测技术对海上维权、渔业管理、海上交通管理、失事船只救助、军事侦察等领域具有重要意义。经过多年的发展，目前的 SAR 船只检测技术已能相对较好地完成发现船只目标的任务，但在船只成像领域仍存在许多不足,亟待解决。

首先,辐射分辨率是SAR成像系统的重要指标,反映SAR在散射强度方面的分辨能力。结构复杂的中大型船只具有较为复杂的电磁散射特性,可能存在明显的阴影、强烈的角反射、多径效应等现象,使得从雷达图像中提取船只特征变得困难。另外,目前雷达图像中所呈现出的船只主要由强散射点组成,缺少船只轮廓信息。可以将船只船体分解为众多部件进行建模,如分解为球体、长方体、二面角、圆柱、方形顶帽和平面上倒圆柱等标准部件。研究部件的船只成像技术,将使图像中的船只轮廓更加明显,并且通过提取船只主要部件的特征可以更准确地对船只进行分类、识别。

其次,船只在海面上的复杂摇摆蕴含着船只结构信息。一般情况下,机载SAR、星载聚束SAR的典型积累时间都在若干秒以上,能够获取丰富的目标信息。但当船只目标积累时间相对较长时,船只横滚、俯仰和偏航三维转动引起的多普勒频率变化的估计精度低,不能满足成像要求。因此,如何在长积累时间下实现船只目标的多普勒频率变化的高精度估计是一个难题。此外,当积累时间较长时,目标散射点会产生明显的距离徙动、多普勒扩散问题,并且徙动形式复杂,严重影响检测性能。目前已有的方法无法有效校正长时间成像情况下的跨距离单元徙动。

最后,船只目标的三维摇摆转动是造成现有的SAR三维成像技术应用于船只成像时图像质量不佳的根本原因。对于三自由度摇摆转动,由于三个轴上均同时存在转动,造成旋转轴的指向和转速均为时变的,因此散射点的多普勒频率也为时变的。显然,这种时变的多普勒频率中蕴含着散射点的三维坐标信息。对于单通道雷达,目标散射点绕转轴处于雷达视线方向的转动分量不会引起雷达和散射点间的瞬时距离产生变化,对应的多普勒频率为零,因此无法测量目标以雷达视线方向为轴的转动分量,从而导致船只成像精度不高。因此,如何在单通道雷达基础上实现目标的三维成像仍是一个具有挑战性的研究方向。目前,曲线SAR、圆迹SAR、层析SAR、阵列干涉SAR等现有SAR三维成像技术均针对静止场景的成像而设计,并不能直接应用于运动船只的三维成像,且专门针对SAR体制下运动目标三维成像的研究相对较少。因而探索SAR三维运动船只的成像技术将为海上目标探测领域提供新思路,提升我国海上船只目标的预警管控能力。

总之,船只目标的雷达成像技术还有很多挑战亟待突破,期盼国内外研究同行迎难而进,促进雷达船只成像新技术的不断涌现。

参考文献

［1］FREEMAN A. Simple MTI using Synthetic Aperture Radar［C］. Proc. of IEEE Geoscience and Remote Sensing Symposium（IGARSS），Strasbourg，France，1984：65-69.

［2］BARBAROSSA S. Doppler-Rate Filtering for Detecting Moving Targets with Synthetic Aperture Radars［C］. Proc. of SPIE Millimeter Wave and Synthetic Aperture Radar，Orlando，FL，USA，1989：140-147.

［3］BARBAROSSA S，FARINA A. A Novel Procedure for Detecting and Focusing Moving Objects with SAR Based on the Wigner-Ville Distribution［C］. Proc. of IEEE International Conference on Radar，Arlington，VA，USA，1990：44-50.

［4］CHEN H C，MCGILLEM C D. Target Motion Compensation by Spectrum Shifting in Synthetic Aperture Radar［J］. IEEE Transactions on Aerospace and Electronic Systems，1992，28(3)：895-901.

［5］PERRY R P，DIPIETRO R C，FANTE R L. SAR Imaging of Moving Targets［J］. IEEE Transactions on Aerospace and Electronic Systems，1999，35(1)：188-200.

[6] 汤立波，李道京，吴一戎，等. 海面运动舰船目标的高分辨率 SAR 成像 [J]. 电子与信息学报，2006，28(4)：624-627.

[7] 张云，姜义成，李宏博，等. 一种改善 SAR 对舰船目标成像质量的新方法研究 [J]. 电波科学学报，2009，24(4)：588-592.

[8] 杨传安，齐向阳，李宁，等. 一种基于参数估计的运动舰船 SAR 成像方法 [J]. 国外电子测量技术，2017，36(5)：30-36.

[9] WARD K D. Radar Imaging of Ships at Sea [C]. Proc. of IEE Colloquium on Synthetic Aperture Radar, London, United Kingdom, 1989: 238-242.

[10] GIBBINS D, SYMONS J, HAYWOOD B. Ship Motion Estimation from ISAR Data [C]. Proc. of the International Symposium on Signal Processing and Its Applications, Brisbane, Australia, 1999: 333-336.

[11] BERIZZI F, DIANI M. ISAR Imaging of Rolling, Pitching and Yawing Targets [C]. Proc. of International Radar Conference, Beijing, China, 1996: 346-349.

[12] PASTINA D, MONTANARI A, APRILE A. Motion Estimation and Optimum Time Selection for Ship ISAR Imaging [C]. Proc. of IEEE Radar Conference, Huntsville, AL, USA, 2003: 7-14.

[13] CHEN V C, QIAN S. Joint Time-Frequency Transform for Radar Range-Doppler Imaging [J]. IEEE Transactions on Aerospace and Electronic Systems, 1998, 34(2): 486-499.

[14] MARTORELLA M, BERIZZI F. Time Windowing for Highly Focused ISAR Image Reconstruction [J]. IEEE Transactions on Aerospace and Electronic Systems, 2005, 41(3): 992-1007.

[15] HAJDUCH G, LE CAILLEC J M, GARELLO R. Airborne High-resolution ISAR Imaging of Ship Targets at Sea [J]. IEEE Transactions on Aerospace and Electronic Systems, 2004, 40(1): 378-384.

[16] LI Y, SU T, ZHENG J, et al. ISAR Imaging of Targets with Complex Motions Based on Modified Lv's Distribution for Cubic Phase Signal [J]. IEEE Journal of Selected Topics in Applied Earth Observations and Remote Sensing, 2015, 8(10): 4775-4784.

[17] PASTINA D, SPINA C, APRILE A. A Slope-based Technique for Motion Estimation and Optimum Time Selection for ISAR Imaging of Ship Targets [C]. Proc. of European Signal Processing Conference, Florence, Italy, 2006: 1-5.

[18] WARD K D, TOUGH R J A, HAYWOOD B. Hybrid SAR-ISAR Imaging of Ships [C]. Proc. of IEEE Radar Conference, Arlington, USA, 1990: 64-69.

[19] PORTER N J, TOUGH R J A, WARD K D. SAR, ISAR and Hybrid SAR/ISAR—A Unified Treatment of Radar Imaging [C]. Proc. of IEEE Radar Conference, Lynnfield, USA, 1993: 134-139.

[20] PORTER N J, TOUGH R J A. Processing Schemes for Hybrid SAR/ISAR Imagery of Ships [C]. Proc. of IEE Colloquium on Radar and Microwave Imaging, London, United Kingdom, 1994: 1-5.

[21] DAMINI A, HASLAM G E. SAR/ISAR Ship Imaging: Theoretical Analysis and Practical Results [C]. Proc. of European Conference on Synthetic Aperture Radar (EUSAR), Königswinter, Germany, 1996: 443-446.

[22] RAPSILBER D. Air Borne ISAR Processor for Ship Target Imaging [C]. Proc. of European Conference on Synthetic Aperture Radar (EUSAR), Königswinter, Germany, 1996: 435-438.

[23] KELLER H P, RABEL R. Realisation of an Airborne ISAR Processor for Ship Target Imaging [C]. Proc. of European Conference on Synthetic Aperture Radar (EUSAR), Königswinter, Germany, 1996: 439-442.

[24] DAMINI A, MCDONALD M, HASLAM G E. X-band Wideband Experimental Airborne Radar for SAR, GMTI and Maritime Surveillance [J]. IEE Proceedings. Radar, Sonar and Navigation, 2003, 150(4): 305-312.

[25] 李玺,刘国岁,单荣光,等. 舰船的混合 SAR-ISAR 成像研究 [J]. 现代雷达,1998 (4): 18-25.

[26] 李士国,储晓彬,单荣光,等. 机载雷达对舰船成像 [J]. 现代雷达,1999(3): 25-28, 38.

[27] 李士国,单荣光,储晓彬,等. 基于 SAR/ISAR 的机载雷达舰船成像 [J]. 信号处理,2000, 16(2): 151-155.

[28] LI S G, SHAN R G, CHU X B, et al. Method and Experiment of Airborne Radar Ship Imaging Based on SAR/ISAR [C]. Proc. of International Conference on Computational Electromagnetics and Its Applications (ICCEA), Beijing, China, 1999: 251-254.

[29] LI S G, NI J L, SHAN R G, et al. A New Method for SAR/ISAR Imaging of Moving Aircraft or Ship [C]. Proc. of International Radar Conference, Alexandria, Egypt, 2000: 251-254.

[30] 汪玲,朱岱寅,朱兆达. 基于 SAR 实测数据的舰船成像研究 [J]. 电子

与信息学报，2007，29(2)：401-404.

[31] 汪玲. 逆合成孔径雷达成像关键技术研究 [D]. 南京：南京航空航天大学，2006.

[32] 汪玲，朱兆达，朱岱寅. 机载 ISAR 舰船侧视和俯视成像时间段选择 [J]. 电子与信息学报，2008，30(12)：2835-2839.

[33] 马瑜杰，李亚超，邢孟道. 机载雷达对多舰船目标的成像方法研究 [J]. 雷达科学与技术，2008，6(4)：261-267.

[34] 高悦欣，李凉海，张振华，等. 基于实测数据的机载毫米波 ISAR 舰船目标成像算法研究 [J]. 遥测遥控，2012，33(2)：32-37.

[35] 保铮，王根原，罗琳. 逆合成孔径雷达的距离-瞬时多普勒成像方法 [J]. 电子学报，1998，26(12)：79-83.

[36] 许小剑，李晓飞，刁桂杰，等. 时变海面雷达目标散射现象学模型 [M]. 北京：国防工业出版社，2013.

[37]皮亦鸣，杨建宇，付毓生，等. 合成孔径雷达成像原理 [M]. 成都：电子科技大学出版社，2007.

[38] CUMMING I G，WONG F H. 合成孔径雷达成像算法与实现 [M]. 洪文，胡东辉，韩冰，等译. 北京：电子工业出版社，2007.

[39] 刘永坦. 雷达成像技术 [M]. 哈尔滨：哈尔滨工业大学出版社，2014.

[40] 保铮，邢孟道，王彤. 雷达成像技术 [M]. 北京：电子工业出版社，2005.

[41] 邢孟道，高悦欣，陈溅来，等. 海上舰船目标雷达成像算法 [J].科技导报，2017，35(20)：53-60.

[42]李凉海，刘善伟，周鹏，等. SAR 卫星组网观测技术与海洋应用研究进展 [J]. 海洋科学，2021，45(5)：145-156.

[43] RANEY R K，RUNGE H，BAMLER R，et al. Precision SAR Processing using Chirp Scaling [J]. IEEE Transactions on Geoscience and Remote Sensing，1994，32(4)：786-799.

[44] CAFFORIO C，PRATI C，ROCCA F. SAR Data Focusing using Seismic Migration Techniques [J]. IEEE Transactions on Aerospace and Electronic Systems，1991，27(2)：194-207.

[45] BAMLER R. A Comparison of Range-Doppler and Wavenumber Domain SAR Focusing Algorithms [J]. IEEE Transactions on Geoscience and Remote

Sensing, 1992, 30(4): 706-713.

[46] MITTERMAYER J, MOREIRA A, LOFFELD O. Spotlight SAR Data Processing Using the Frequency Scaling Algorithm [J]. IEEE Transactions on Geoscience and Remote Sensing, 1999, 37(5): 2198-2214.

[47] FORNARO G, LANARI R, SANSOSIT E, et al. A Two-step Spotlight SAR Data Focusing Approach [C]. Proc. of IEEE Geoscience and Remote Sensing Symposium (IGARSS), Honolulu, HI, USA, 2000: 84-86.

[48] MOREIRA A, MITTERMAYER J, SCHEIBER R. Extended Chirp Scaling Algorithm for Air- and Spaceborne SAR Data Processing in Stripmap and ScanSAR Imaging Modes [J]. IEEE Transactions on Geoscience and Remote Sensing, 1996, 34(5): 1123-1136.

[49] BROWN W M. Synthetic Aperture Radar [J]. IEEE Transactions on Aerospace and Electronic Systems, 1967, 3(1): 1-20.

[50]李源. 逆合成孔径雷达理论与对抗 [M]. 北京:国防工业出版社,2013.

[51] BERIZZI F, MARTORELLA M, GIUSTI E. Radar Imaging for Maritime Observation [M]. Boca Raton, USA: CRC Press, 2016.

[52] MARTORELLA M, PASTINA D, BERIZZI F, et al. Spaceborne Radar Imaging of Maritime Moving Targets with the Cosmo-SkyMed SAR System [J]. IEEE Journal of Selected Topics in Applied Earth Observations and Remote Sensing, 2014, 7(7): 2797-2810.

[53] 王勇,姜义成. 基于自适应 Chirplet 分解的舰船目标 ISAR 成像 [J]. 电子与信息学报,2006, 28(6): 982-984.

[54] WANG Y, JIANG Y C. ISAR Imaging of Maneuvering Target Based on the L-Class of Fourth-Order Complex-Lag PWVD [J]. IEEE Transactions on Geoscience and Remote Sensing, 2010, 48(3): 1518-1527.

[55] 王勇. 基于时频分析技术的机动目标 ISAR 成像方法研究 [D]. 哈尔滨:哈尔滨工业大学,2008.

[56] CHEN V C, MARTORELLA M. Inverse Synthetic Aperture Radar Imaging Principles, Algorithms and Applications [M]. 1st edition. Raleigh: Scitech Publisher, 2014.

[57] CHEN C C, ANDREWS H C. Target-Motion-Induced Radar Imaging [J]. IEEE Transactions on Aerospace and Electronic Systems, 1980, AES-16(1):

2-14.

[58] WEHNER D R. High Resolution Radar [M]. Boston: Artech House, 1987.

[59] NOVIELLO C, FORNARO G, MARTORELLA M. Focused SAR Image Formation of Moving Targets Based on Doppler Parameter Estimation [J]. IEEE Transactions on Geoscience and Remote Sensing, 2015, 53(6): 3460-3470.

[60] JIANG Y C, WANG H Y. Hybrid SAR/ISAR Imaging of Ship Targets Based on Parameter Estimation [J]. Remote Sensing Letters, 2017, 8(7): 657-666.

[61] WANG Y, CHEN X F. 3-D Interferometric Inverse Synthetic Aperture Radar Imaging of Ship Target with Complex Motion [J]. IEEE Transactions on Geoscience and Remote Sensing, 2018, 56(7): 3693-3708.

[62] LIU W K, SUN G C, XIA X G, et al. Focusing Challenges of Ships with Oscillatory Motions and Long Coherent Processing Interval [J]. IEEE Transactions on Geoscience and Remote Sensing, 2021, 59(8): 6562-6572.

[63] CAO R, WANG Y, YEH C, et al. A Novel Optimal Time Window Determination Approach for ISAR Imaging of Ship Targets [J]. IEEE Journal of Selected Topics in Applied Earth Observations and Remote Sensing, 2022, 15: 3475-3503.

[64] LI N, XING M, HOU Y, et al. Ship Focusing and Positioning based on 2-D Ambiguity Resolving for Single-Channel SAR Mounted on High-Speed Maneuvering Platforms with Small Aperture [J]. IEEE Transactions on Geoscience and Remote Sensing, 2022, 60: 1-13.